初级工商管理(EBA)系列教材

实用管理学

上海市总工会、上海开放大学组织编写
杨加陆 袁 蔚 主 编
徐 蔚 董曲波 副主编

复旦大学出版社

目 录

第一章 管理学基础 ... 1

第一节 组织与管理 ... 1
第二节 管理者 ... 6
第三节 组织环境 ... 12

第二章 管理理论与实践 ... 22

第一节 管理理论的发展 ... 22
第二节 管理实践的突破 ... 26

第三章 计划 ... 42

第一节 目标和目标管理 ... 42
第二节 决策 ... 47
第三节 计划的编制 ... 52
第四节 计划的实施 ... 58

第四章 组织 ... 62

第一节 组织设计 ... 62
第二节 组织结构设计 ... 65
第三节 职权设计 ... 77

第四节　人员配备 ·· 84
　　第五节　组织变革 ·· 89

第五章　领导 　　　　　　　　　　　　　　　　　　　　　　　　　　95
　　第一节　领导与领导方式 ··· 95
　　第二节　激励 ··· 103
　　第三节　沟通管理 ··· 114
　　第四节　冲突管理与危机管理 ·· 123

第六章　控制 　　　　　　　　　　　　　　　　　　　　　　　　　　132
　　第一节　控制的基本原理 ·· 132
　　第二节　控制的过程 ·· 138
　　第三节　管理控制的原则和要求 ·· 143

第七章　管理技能与管理艺术 　　　　　　　　　　　　　　　　　　148
　　第一节　管理技能的开发 ·· 148
　　第二节　管理者的艺术 ··· 152

第八章　班组管理与团队建设 　　　　　　　　　　　　　　　　　　164
　　第一节　班组管理 ··· 164
　　第二节　团队建设 ··· 173

第九章　创业管理 　　　　　　　　　　　　　　　　　　　　　　　181
　　第一节　创业者与创业活动 ··· 181
　　第二节　创业机会识别与评价 ·· 189
　　第三节　创业计划的编制 ·· 197
　　第四节　新企业申办的程序 ··· 199

参考文献　　　　　　　　　　　　　　　　　　　　　　　　　　　203

后　记　　　　　　　　　　　　　　　　　　　　　　　　　　　　204

第一章 管理学基础

第一节 组织与管理

管理学研究的是对人类社会活动的管理。就人类社会活动的领域而言,主要有公共领域和非公共领域之分。管理学也相应地分为公共管理学和组织管理学两大门类。公共管理学研究的对社会公共事务的管理,实质上是围绕公共组织对外实施管理展开的;而公共组织如何进行内部管理、加强自身建设、提高行政效率,这属于组织管理学研究的范畴。组织管理学研究的是包括公共组织在内的各个组织领域管理工作所包含的普遍原理和一般方法,人们习惯上称之为管理学。因此,我们可以说,管理学是研究组织管理普遍原理和一般方法的科学。

一、组织

(一)组织的含义

> **基本概念:组织**
> 组织(静态)是为了达到某一特定目标,在分工协作的基础上,经由不同层次的权力和责任制度而构成的人群结合系统。
> 组织(动态)是在特定环境中,为了有效地实现特定目标,确定成员、任务及各项活动之间的关系,合理配置组织资源的过程。

我们可以从静态和动态两个角度来理解组织的含义。从动态的角度来理解,组织是一种无形的"组织活动";从静态的角度来理解,组织是一种有形的实体。虽然组织实体出现了虚拟化的趋势,但我们这里还是从有形实体的角度来分析。组织被视作一种反映工作者、职位、任务以及它们之间特定关系的工作系统和关系网络,这一系统或网络,可以通过部门和层次来确定它们的分工范围、程度、相互协调配合的关系以及各自的任务和职责等,从而形成组织的框架体系或结构。组织的定义包含以下含义:

1. 组织是有目标的

任何组织,都是为实现某些特定目标而存在的。无论这个目标是明确的,还是隐含的,目标是组织存在的基础和前提。

2. 组织是有分工协作的

为了实现目标,需要对目标进行分解落实,这就必须把工作和成员划分到具有相异功能的部门。每个部门专门从事一种或几种特定的工作,这是分工的要求,但这种分工在组织内部是相对固定的;为了提高效率,各个部门还必须相互协同和配合,分工必须与协作结合起来。分工协作在组织内部形成了不同的职位和部门。

3. 组织是有不同的权力层次和责任制度的

随着目标的分解,在组织内部形成了自上而下的不同的管理等级,并通过组织设计,以制度的形式赋予不同等级的管理者以不同的权力和责任。这些都是组织有序运行和有效达成自身目标的必要保证。

(二) 组织的分类

组织的分类就是对组织的样式、种类进行归纳和组合。其目的在于发现各种组织之间的共性和个性差异,从而能够全面地了解组织现象,以便于更好地开展组织工作。

1. 公共组织与非公共组织

按照组织的目标不同,可以将组织分为公共组织和非公共组织。

> **基本概念:公共组织与非公共组织**
>
> 公共组织是以实现公共利益为目标,以提供公共服务、管理公共事务、供给公共产品为基本职能的组织。
>
> 非公共组织是不以实现公共利益为目标,而追求自身利益的组织实体。

(1) 公共组织。公共组织一般都拥有公共权力或者经过公共权力的授权,负有公共责任,包括政府组织和非营利性的非政府组织。政府是典型的公共组织;非政府公共组织是在政府之外组成的,受权于政府而进行公共管理的社会组织,是政府公共管理的重要组织依托,非政府公共组织的管理不具有最终强制性。这些非政府公共组织包括学校、研究机构、社区服务机构、文化团体、咨询机构、行业协会、消费者协会等。

(2) 非公共组织。企业是典型的非公共组织。非公共组织还包括:以营利为目的的社会中介组织;在政治生活中,服务于非公共利益的特定利益集团;在社会生活中,基于特定的宗教信仰而形成的宗教组织;基于特定的生活兴趣而形成的非正式组织。作为典型的非公共组织,经济组织是以营利为目的,以社会经济资源的运用为主要手段,以生产、存储、销售、运输、服务等为主要活动方式的社会组织。经济组织是现代社会组织常见的、与社会生活关系最直接的组织形式,具有生产性、营利性和市场性的特点,具体包括生产组织、商业企业、金融组织、交通运输组织和其他服务性组织等。

公共组织与非公共组织由于其目标不同,它们所提供的产品、管理的对象和开展管理活动的依据也各不相同。

2. 正式组织和非正式组织

按组织的形成方式分,组织可以分为正式组织和非正式组织。

> **基本概念**:正式组织与非正式组织
>
> 正式组织是为了有效实现特定目标,而明确规定组织成员之间职责范围和相互关系的一种实体结构。
>
> 非正式组织是指组织成员关系为非官方规定的,在自发的基础上为满足某种心理需要而有意或无意形成的不定型组织。

(1) 正式组织。正式组织在组织内部又称作正式群体。巴纳德认为,正式组织的基本要素有三个:第一是协作意愿,也就是个体为组织贡献力量的愿望;第二是共同目标,共同目标是协作愿望的必要前提;第三是信息沟通,信息沟通是组织成员理解共同目标、协同工作的条件,是组织的基础。

(2) 非正式组织。任何正式组织的形成肯定会伴随着非正式组织的产生。也就是说,组织中人与人的长期接触、交往和相互作用,会使某些成员具有一定同质性的心理状态和行为方式,并赋予这种心理状态和行为方式以一定的组织化、体系化的特征。非正式组织在组织内部也称作非正式群体。

 实例:单位里的同乡会

上海市总工会发布的"十一五"期间上海职工队伍发展状况报告显示,2010年,参加上海市综合保险的外来从业人员为404万,加上未交纳综合保险的农民工,农民工总数至少占上海从业人员的40%以上。上海的职工队伍不断扩大,外来从业人员正成为上海重要的新生劳动力资源,成为上海经济建设不可或缺的组成部分。而很多外来务工人员都是经老乡介绍来打工的。他们在异城他乡,相互抱团取暖,各种各样或紧密或松散的老乡会群体由此而生。

请思考:调查你所在的或所熟悉的一家企业,有没有这样的老乡会群体?它可能具有的积极意义和消极意义何在?作为管理者应该采取哪些管理对策?

非正式组织的作用具有两重性。其积极意义表现在:它能为组织功能的发挥起到补充、促进作用,如:保持组织特定的文化价值、促进组织沟通,维护正式组织的凝聚力;对组织成员而言,它能为成员提供满足感以及解决困难,维护成员个人的人格完整。而其消极意义表现在对正式组织可能有的牵制甚至破坏作用,如:集体抵制正确指示的执行和实施、影响工作效率、散布谣言、破坏成员的积极性、造成任务上的冲突等。非正式组织是一种客观存在,在管理过程中,既要注意非正式组织的积极作用,又要克服其消极作用。

二、管理

(一) 管理的含义

> **基本概念:管理**
> 管理是通过计划、组织、领导和控制等职能,对组织资源进行有效配置,以实现组织目标的活动。

有关管理的定义,学界众说纷纭。这反映了管理活动的丰富性,以至人们从不同领域、不同层面和不同视角对管理的定义进行概括时难免各有侧重。但所有定义大多指向以下三方面内容:

1. 管理的对象

管理的对象是组织资源,管理的核心在于对组织资源的有效配置并使之不断地优化组合。

2. 管理的手段

管理的手段就是对组织资源整合的方式,包括计划、组织、领导和控制,它们构成了管理活动的基本过程,体现了管理的基本职能。

3. 管理的目标

管理的目标在于推动组织目标的实现。管理目标并不等同于组织目标。组织目标强调的是组织各项活动的综合结果,体现了组织所要实现的整体价值。管理目标应该服从并服务于组织目标。

(二) 管理的属性

管理的属性反映了管理活动的根本性质和特点。管理具有两重性:

1. 自然属性和社会属性

管理活动起源于人类的共同劳动,是对人们共同劳动的协调指挥和监督控制。通过协调指挥表现出来的自然属性,是与管理活动和社会生产力要素相联系的;通过监督控制表现出来的社会属性,则是与社会生产关系要素和社会文化相联系的。管理的自然属性揭示了管理的共性,为我们学习、借鉴不同社会制度和社会文化的国家和地区的管理经验和方法提供了理论依据。管理的社会属性则揭示了管理的特殊性,提示我们在学习与借鉴一切先进的管理理念、管理经验时,不能照搬照抄,必须具体考虑这些管理理念和管理经验的社会制约性。

2. 科学性和艺术性

管理活动既要遵循管理的一般规律和基本原理,又要发挥创造性。由于数学的方法、运筹学的原理以及电子计算机管理信息系统和网络技术在管理中得到了广泛应用,管理工作在更高程度上实现了科学化和精确化。但是管理又是一门不甚精确也很难精确的科学,或者说,它是一门软科学。在管理工作所涉及的众多因素中,人的因素和环境的因素占据举足轻重的地位。但人的因素和环境的因素具有极大的不确定性,管理者的主观经验和主客观条件的影响以及对环境发展趋势的判断,都无法通过数学原理、数学模式和数学关系来分析显示和规划表达。因此,管理学并不能为管理者提供解决一切问题的标准方法和答案。管理者只能以管理的普遍原理和基本方法为基础,结合实际,对具体情况作具体分析,才能求得问题的解决。从这个角度来说,管理者既要有科学家的精神,又要兼具艺术家的气质。管理者既要学习和掌握管理理论、原理、方法以及系统的管理知识并用以指导管理实践,又要根据实际情况,发挥主观能动性,创造性地解决管理问题,从而有效地去实现组织目标。

(三) 管理的职能

1. 管理的四项基本职能

管理的职能涉及管理的功能、管理的作用以及通过怎样的形式和方式来贯彻和实现组织的目标和要求。管理学创始人之一的法约尔认为,管理具有计划、组织、指挥、协调和控制五大职能。此后对管理职能有不同的分解和描述,不同的研究者对管理职能的研究不断丰富了各项管理职能的内容。至今,人们普遍接受的管理职能有四项:计划、组织、领导和控制。对于这些职能在本书的后续章节中将有进一步的分解和阐述。从中我们可以得到的共识是:无论组织的性质多么不同,组织所处的环境多么不同,但管理人员所从事的管理职能却是相同的。

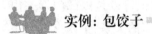
实例:包饺子

　　中国北方有包饺子过除夕的习俗。大年三十,全家人围坐在一起包饺子。家庭子女多的,会在子女之间形成明确的分工:老大和面、老二拌馅,老三擀皮,父母包饺子。由于分工明确,包饺子的效率非常高,很快就全部包好。一家人吃着热腾腾的饺子,一起迎接新年的到来。

　　请思考:在日常的包饺子活动中包含了哪些管理工作?蕴含了哪些管理原理?这么简单的包饺子活动尚且如此,那么对于一个组织来说,它又包括了哪些管理活动呢?这些管理活动之间的关系如何?

2. 四项职能之间的关系

(1) 四项职能在组织系统内呈现出一个完整的流程。这四个方面职能的展开和实现的过程,使得管理活动在一个组织框架体系里呈现出一个完整的流程,这个流程的逻辑顺序可以描述为:计划→组织→领导→控制。管理活动首先从计划开始,其他职能都是为执行计划职能所确定的组织目标服务的。为了实现组织目标和保证计划方案的实施,必须开展大量的组织工作,如建立合理的组织结构、权力体系和沟通渠道,由此产生了组织职能。组织职能需要领导的推动,需要领导有效地指挥、调动和协调各方面的力量,解决组织内外的冲突,最大限度地发挥组织效力,于是产生了领导职能。为了保证各项职能工作的有效开展,必须通过检查、监督,发现问题并采取行动纠正偏差,从而体现了控制职能。可见,管理过程首先是由计划职能开始,之后才依次产生了组织、领导和控制职能,使得管理呈现为一个连续进行的活动过程。

(2) 四项职能是一个相互依存、彼此关联的循环过程。虽然在理论上管理活动表现为一个"计划→组织→领导→控制"的逻辑顺序,但我们不能将这四个方面的工作割裂开来,不能过分地强调它们各自的独立性。因为,在实际工作中,这四个方面的工作是相互依存、彼此关联、不断循环的。比如计划确定以后,要通过组织职能和领导职能的发挥来落实和执行计划,而计划执行的结果又需要通过管理的控制职能来纠正实际与计划之间的偏差。根据上一个管理过程中控制职能的发挥所提供的信息,管理活动又要重新确定组织的下一个计划,开始新一轮的管理过程。这样就存在着一个计划→控制→计划的循环。从这个循环可以看出,计划是控制的基础,控制要根据计划所确定的标准来进行,通过控制使计划的执行结果与预定的计划相符合;控制则为计划提供反馈信息,使计划的制定能更有利于组织目标的实现。如果计划与实际之间的偏差是由于外部环境变化所导致的话,那么,纠正偏差的措施就是调整计划方案本身。由此可见,控制工作开始于计划,控制工作贯穿在管理的全过程之中,并将管理的职能联为一个有机的整体。

第二节 管 理 者

管理者是以人员形态出现的管理主体。当然组织的管理主体,也可以是以部门形态出现的管理机构。因此对于各级管理者来说,要正确处理好个人与组织的关系、个人立场与组织立场的关系,避免主观主义和长官意志。

> **基本概念**:管理者
> 管理者是指在组织系统中通过执行计划、组织、领导、控制等职能活动,带领成员为实现组织目标而共同努力的个人。

一、管理者的特点

(一) 管理者的阶层

管理者阶层是管理者在组织管理中所处的层次位置。通常情况下,可以把一个组织内的管理者分为高层管理者、中层管理者和基层管理者三个层级。

1. 高层管理者

高层管理者往往是组织决策层的管理者。高层管理者要关注组织的发展方向,制定本组织的总目标和发展战略以及保证目标实施的制度和政策,掌握组织的大政方针并评价组织的整体绩效,关注中层和基层管理者的选用,培育有利于组织持续发展的组织文化等。对外,要关注环境的变动,为组织开创良好的发展环境。高层管理者必须具备战略能力,体现在对组织发展的战略和大局的把握上。

2. 中层管理者

中层管理者是组织的执行层。中层管理者的主要职责是分解和落实组织高层的目标和任务,在部门和专业领域调配组织的资源,监督和协调基层管理者的工作,在组织好本部门工作的同时,还要协调好与其他部门之间的关系。与高层管理者的战略能力相比,他们必须具备的是执行能力,把握组织运行的流程和环节。中层管理者也应该关心和思考组织发展的大局,成为高层管理者某一方面的参谋。

3. 基层管理者

基层管理者是操作层的管理者,他们所管辖的是操作人员而不涉及其他管理者。他们的主要职责是具体落实工作计划,给下属作业人员分派具体工作任务,直接指挥和监督现场作业活动,保证各项任务的有效完成。与中层管理者相同,他们同样需要具备执行能力。

管理者的阶层性与组织系统的层级性相关。组织中的层级一般表现为这样的特点,即高层管理者少,中层管理者多一些,基层管理者更多,使得整个组织呈现为金字塔式结构。这三个层级的管理者构成了一个有机的整体,保证整个组织的管理工作正常地进行。但不同层级的管理者不仅地位不同,所分担的责任和所发挥的作用也是各不相同的。低一层的管理者既是管理活动的主体,实际上又是更高一层管理主体的管理对象。高层管理者应当关注各个层级的管理实施,但又应注意尽可能不轻易跨级干涉下面各层级的工作。中层管理者则具有承上启下的作用。基层管理者可能也从事具体的作业工作,而有些作业人员也身兼一些管理工作,也就是说,管理工作与作业工作是可以并存的。

(二) 管理者的分属/分管领域

在一个组织中,管理者是有其不同的分属或分管领域的。对于基层和中层的管理者来说,他有其分属的部门,而对于一些高层管理者来说,比如公司的副总,虽然很难说他们属于哪一个部门,但他们是有不同的分管领域的。

1. 部门管理者

部门管理者仅仅负责管理组织中某一类活动(或职能),比如在一个企业内部,可以具体划分为生产部门的管理者(生产经理)、营销部门的管理者(营销经理)、财务部门的管理者(财务经理)以及研究开发部门的管理者(研究开发经理),这是根据管理者所管理的专业领域性质来划分的。

部门管理者作为更高一级管理者的管理对象,可能同时面对许多不同的上级管理者。有时,来自不同上级管理者的指令和要求甚至是相互矛盾的。因此,对于不同管理部门的管理者来说,从整体着眼、从本职着手是很重要的。高层管理者要建立健全组织的沟通机制,在组织体制上保证组织沟通的畅通,从而使各部门的管理者和管理实施能够彼此协调。

2. 综合管理者

从管理者所承担工作的领域宽度来看,一些管理者负责了整个组织或组织中某个事业部的全部活动,而不仅仅是某一类活动(或职能),这样的管理者是综合管理者,比如,对于小企业来说,总经理就是一个综合管理者,而对于大型企业或跨国公司来说,各个事业部的经理要统管所在事业部包括生产、销售、人事、财务等在内的全部活动,事业部经理也是综合管理者。

在理解管理者上述特点的时候,必须认识到,组织的每一个人员实际上都在从事一定的管理工作,他们都有特定的管理对象。管理实施需要全员的参与。各级管理者如何发挥全体成员的工作自主性和积极性,是管理实施的重要条件。

二、管理者角色

> **基本概念:管理者角色**
> 管理者角色是指作为管理者在组织系统内从事各种活动时的立场、行为和作用等一系列特性的归纳。

管理学家亨利·明茨伯格在观察、分析了企业经理人员的日常工作之后,把经理人员在实际工作中履行的角色分为三大类,虽然亨利·明茨伯格研究的是企业经理人员,但对于我们理解一般组织中的管理者角色来说,也具有参考价值。

(一)人际关系方面的角色

在人际关系方面,管理者在组织中履行了礼仪性和象征性的角色。

1. 挂名首脑

挂名首脑是象征性的首脑,作为组织的官方代表,履行许多法律性或社会性的例行义务,比如迎接来访者、签署文件,出席其他组织安排的会议等。

2. 领导者

作为组织的领导者,要负责用目标、愿景来激励和动员下属,负责人员配备和培训,奖励和惩戒员工。

3. 联络者

联络者要注意开发、建立和维护组织发展所必需的各种关系资源,在与外界联系的同时,对内还要发挥上下级之间的联系作用。

(二)信息传递方面的角色

信息传递方面的角色要求管理者负责在组织内部承上启下地接受和传递信息,注意与各部门之间的信息沟通,此外,还应该保持与相关的外部组织和机构之间的信息沟通。

1. 监听者

作为监听者,管理者通过监测环境,从不同的渠道,利用各种方法和手段去收集和处理信息,比如内部业务信息、外部相关信息、各种意见和倾向、组织成员方面的士气和动态等。

2. 传播者

管理者应当把从外界和上下级那里得到的信息,按照必要性原则,利用组织规定的沟通渠道和各种非正式渠道,传递给组织的相关成员,以便组织成员共享信息,保持组织信息沟通渠道的畅通。

3. 发言人

管理者有时要代表组织向外界公布组织的态度、决定、报表、报告和进行演讲等,使组织的政策和信息能够及时为外界所了解和认可。

（三）决策制定方面的角色

管理的一项核心工作是决策，管理者角色中的最为重要的方面是制定决策。

1. 企业家

企业家的角色要求管理者寻求组织和环境中的机会，避免环境的威胁性因素，帮助组织进行战略决策，制定组织发展方案，推动组织的变革。

2. 混乱驾驭者

面对组织发展中随时可能出现的突发事件和危机事故，管理者必须及时反应，并且作出妥善处理。这种处理危机、化解冲突的能力是一个成熟的管理者必须具备的。一个管理者代表组织解决各种"混乱"事件时，他发挥了混乱驾驭者的作用。

3. 资源分配者

管理职责的核心在于根据组织目标的需要对组织或管理范围内拥有的各种资源进行配置。在很大程度上说，作出管理决策就是对组织资源作出合理、有效的配置。

4. 谈判者

当组织在与其他组织商定合作或成交条件时，或者当组织需要与环境的某一方面进行事务交涉时，管理者扮演的就是谈判者的角色。

处在不同层级以及具备不同技能的管理者在担任某一角色时所发挥的作用是各不相同的。管理者能否发挥上述角色的作用，首先取决于作为管理主体资格的合法性，这种合法性是组织本身及其活动程序的合法性所赋予的。然而，这并不意味着管理者具备了合法性的身份就一定能够发挥这一方面角色的作用，管理者的角色还取决于他的技能以及自身的个人特质。从这个意义上说，管理者应该努力提高自身的素养，以便使自己能够更好地发挥更多方面角色的作用。

三、管理者素质

管理者素质，是指一个管理者应具备的各种条件在质量上的综合。管理者应该具备的素质是多方面的，不同的管理岗位要求的素质又是不尽相同的，但有些素质，是合格的管理者都应该具备的。

 实例：常青旅游公司的新项目

常青旅游公司王总经理多年从事旅游工作，从导游、业务员干起，积累了一定的经验。他的业务能力十分强，对市场变化敏感，常常能够提出独到的见解。在市场结构出现变化的情况下，他以特有的眼光发现了惊险性旅游项目与某一年龄段男性消费者之间的相关性。在此基础上，他设计了具有针对性的旅游路线与项目，并进行了适当的前期宣传。王总经理和他的同事都认为，项目的推出，一定会提高公司的盈利水平并扩大公司的社会影响。

这个项目涉及诸多因素，需要交通管理、保险、环保等方面的综合协调。王总经理亲自出马,花了半年时间,走访有关政府部门和业务管理机构。结果让他感到沮丧。他抱怨,这么好的一个创意,竟然不能得到有关方面的理解。

王总经理的新项目得到正式批准的时间比预期整整晚了一年,等到王总经理拿到批文时,市场上已经有两家旅游公司推出类似的项目,因此常青旅游公司丧失了大量的市场机会。

有一次,与一位几年未见的老领导会面,王总经理自然要对上述这个过程发一通牢骚。深知王总经理个性和特点的老领导,给王总经理分析起他的个人素质和能力特点,并以此事为例,对王总经理如何提升自己的素质和能力提出了建议。

请思考:王总经理具备了哪些方面的能力?哪些方面的能力还比较欠缺?为什么?请以你所在单位为例,分析你所熟悉的一名高层管理者的素质特点,并对管理者如何优化自己的能力谈谈你的看法。

(一) 政治素养

组织管理者的政治素养表现在对权力的运用上。树立正确的权力观,是管理者有效运用权力的前提。

1. 发挥权力的积极性

权力具有两重性。积极的权力是建立在社会化基础上的,它表现为关心组织的利益和目标,帮助群体和成员设置目标、沟通信息、寻找实现目标的途径,同时鼓励和帮助成员去完成目标。消极的权力是建立在个人主义基础上的,表现为对被管理者的统治并使之屈从,被管理者完全处在被动的地位,潜力得不到充分的发挥。有效的管理者应该发挥权力的积极性,避免权力的消极性。

2. 遵守权力的制约

任何权力都不是绝对的,任何权力都要受到高一级权力的限制,即使是组织的最高权力也通常要受到法律权力和政府政策权力的制约。同时,权力也要受到同级其他权力和下级权力范围的约束,也就是说,任何权力都有一个相对的边际范围,它的有效性都只能表现在一定的范围之内。因此,管理者应该具有群众观念,自觉接受群众的监督,兼听则明,从善如流。

3. 承担权力的责任

权力必须与责任联系在一起,责任是权力的基础。每一位管理者都肩负着一定的责任,都必须对自己的管理行为负责,都必须对自己的责任作出承诺。管理者应当具有组织观念,把自己看成是组织和群体的一部分,把自己的工作看成是组织运行的一部分,对组织负责、对上级负责、对下属负责、对自己的行为负责,在工作中表现出应有的责任感和奉献精神。

(二) 知识素养

管理是一项综合性的工作,涉及多方面的知识。所以,作为一个管理者,需要有较宽的知识面、较高的知识水平和较完备的知识结构。

1. 管理者知识结构的类型

管理者理想的知识结构应该是动态的"T"形知识结构。动态的"T"形知识结构有三个基本标量:一是某一专业知识方面的"深度";二是相关知识的"宽度";三是与时俱进的"时间度"。这就意味着对管理者来说相关的知识面要宽,特定的知识面(如与本组织相关的专业知识以及与管理活动相关的管理知识)要深。同时,随着科学技术的迅猛发展,知识废旧率不断提高,知识废旧周期不断缩短。一个现代管理者的知识结构如果缺乏时间标量,没有反映知识更新率的指数,那就仍然是不完整的。动态的"T"形知识结构要求现代管理者的知识结构随着社会的发展和科学技术的进步而不断更新,要求管理者吸收新鲜事物快、应变能力强,要求管理者的知识结构始终处于动态变化之中。这既是知识经济时代对管理者提出的新要求,也是创建学习型组织的任务所在。

2. 管理者知识结构的内容

管理者的知识结构应包括以下三个方面:一是专业知识,它要求各级管理者成为自己所在组织、部门或行业的内行。不过,对于最高管理者,这方面可以有例外。二是管理知识,一个现代管理者,不仅要懂得现代管理学、现代领导学的一般原理和方法,而且要熟悉本行业、本部门、本组织的特殊规律和方法;不仅要熟悉传统的管理方法,而且要掌握现代管理技术;不仅要掌握对财、物、信息的管理,而且要懂得对人的管理。三是相关知识,即与专业知识相关的知识领域以及与管理知识相关的知识领域。前者的具体内容视管理者所涉及的专业而定,后者的具体内容包括社会学、经济学、法学、心理学等诸多方面。

(三) 能力素质

不同管理阶层的管理者,都必须具有相应的能力,管理者应该具有以下几种基本能力:

1. 统驭能力

统驭能力是管理驾驭全局的能力,包括组织协调能力、指挥控制能力以及决策能力。其中,组织协调能力是基础,指挥控制能力是关键,决策能力是核心。管理者为了有效地实现组织或部门目标,必须善于利用组织或部门的力量,善于授权用人,善于调动所有成员的积极性和创造性;管理者还应该有效进行指挥和控制,要正确下达命令,并做到指令与指导相结合,同时要奖惩分明,令行禁止。管理者要作出正确决策,必须具有集思广益的能力、正确的判断能力和优化选择的能力。

2. 创新能力

创新是一种高层次的思维活动能力,它要求管理者善于发现新问题、总结新经验,善于提出新设想、新方案,善于探索,勇于创新。在知识经济时代,创新是组织发展的灵魂,管理者的创新能力是组织适应环境变局、谋求发展的动力来源。

3. 应变能力

应变能力是适应主客观条件变化的能力。面对复杂多变的情况,管理者必须审时度势,顺应不断变化的形势。变与不变的关键在于"应",管理者应具有把握变与不变之间的辩证关系的能力,善于在不变中求变以及在变中求不变。唯有如此,组织才能在稳定中求得发展。

4. 交往能力

交往能力是指妥善处理组织内外关系的能力。包括与周围环境建立广泛联系和对外界信息的吸收、转化能力,以及正确处理组织内部上下左右关系的能力。社会交往能力是一个人"情商"的重要表现,管理者应该善于交往、善于待人接物、善于兼听不同意见。

5. 学习能力

学习能力是管理者自我求知、谋求发展的能力。管理者应该善于从实践中学习、从书本上学习、从自己和他人的经验教训中学习,把学习当作一种责任、一种素质、一种觉悟、一种修养,当作提高自身管理能力的现实需要和时代要求。从这个意义上说,学习能力也为管理者完善其他方面的素养、提高其他各个方面的能力,提供了有效的途径。

(四) 心理素质

心理素质是一个人在心理活动过程和个性方面所表现出来的持久而稳定的基本特点,是影响一个管理者工作作风和管理风格的重要因素,也是选用各级管理者的重要标准。

1. 志向

志向是一个人的追求、事业心和责任感。一个优秀的管理者,应该要有较高的成就需要和积极向上的价值观。他的追求不应该主要是个人的金钱、地位和声名,而是执著地追求工作成就和事业。

2. 意志

意志体现为自觉确定目标,并根据目标支配和调节行动、克服困难以实现目标的心理品质。管理者的意志品质首先表现为坚定的信念,他应该具备克服困难的勇气和坚持不懈的精神;其次是"非从众主义"的个性特征,管理者应该清醒地辨别周围唯唯诺诺的现象,不盲目随从;第三是胆识,管理者面对风险和压力时,要有胆略和气魄。意志品质是一个管理者走向成功的重要心理条件。

3. 情绪情感

情绪情感是对客观事物的态度体验。在不同的情境下,人们可以产生两种不同性质的情绪,即正性情绪和负性情绪,两者对人们行为的交互作用产生积极或消极的影响。管理者应该具有积极的情绪情感,热情、开朗、情绪稳定,克服冷漠、孤傲、易怒、粗暴、狭隘、嫉妒等消极的情绪情感。情绪情感与性格有关,管理者的情绪情感与性格交互影响,一定程度上决定了管理者的管理风格和所管理组织的工作气氛、人际关系和群体气氛。

4. 宽容

管理者必须具备宽容的心理品格,一方面能够接受各种各样与自己性格、风格不同的人,并能"异中求同",与各种类型的人打好交道,建立起良好的人际关系;另一方面能够宽容别人的缺点和闪失,容得下别人的长处和优点。宽容不仅是一种良好的心理品质,而且也是处理各种人际关系的技巧。

第三节 组织环境

组织环境是指所有影响组织运行和组织绩效的因素或力量。任何组织,都必须通过组织界限选择自己的活动领域和划定自己的活动范围。组织界限是将组织同环境区别开来的人为设置的尺度。

一、组织界限与环境

(一)组织界限

组织界限包括有形的界限和无形的界限。有形的界限是可以识别的,比如企业的围墙、门卫以及对外发布的规定等;无形的界限则是指能够影响组织成员的但视觉无法识别的众多因素,通常以组织规则和章程的形式,通过组织的社会活动和成员的心理活动表现出来。

1. 组织界限的功能

每一个组织应该有组织界限,组织界限是在组织同环境的相互作用中形成的。组织界限的功能表现在:

(1) 保证组织的自主性和独立性。组织界限的基本功能是区隔,使组织在一定的活动范围内不受环境的干扰。在组织界限之内,组织拥有决定内部事务的自主权。

(2) 保证组织是一个相对独立的开放系统。组织界限最重要的功能是保证组织对环境有选择地开放。组织与环境的关系表现为不断循环的各种投入和产出的交换。组织要从环境中获得投入,借助于组织功能将投入转换成产出,再把产出投入到环境中,使产出成为其他组织的投入,如此循环,使得组织成为一个"开放系统"(图 1-1)。

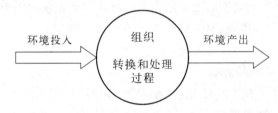

图 1-1 开放的组织系统

但是事实上,组织并不是一个完全开放的系统,它只能根据自身的条件和能力,有选择地接受外部环境的投入,有选择地向外部提供组织的产出,而组织界限无论对组织接受投入、输出还是产出来说,都起着一种类似于过滤和筛选的作用。通过组织界限,组织可以根据自己的需要有选择地输入能量、材料和信息,以便组织有效地加以处理。通过组织界限,组织向环境输送特定的产出。从这个意义上说,组织是一个"半开放系统",或者是"相对独立的开放系统"。组织界限的状况反映了一个社会组织的开放或封闭程度。组织界限的渗透性强,表明它的开放程度相对大,同环境的相互作用的频率相对高,反之则低。

2. 组织界限的变化

组织界限是组织的一部分。组织的开放性更多地通过组织成员来实现,而组织人员的活动使得组织界限具有不同程度的可渗透性。这种可渗透性在组织变革发展的当代社会表现出不断增强的趋势。

（1）超越组织界线工作。在传统的流程中，组织内部的部门之间、组织与外部的顾客之间都有一条界线，这些界限是行为权力的界线。流程改造以后，可以超越界线行事以提高整体效果。许多企业实行的项目小组制就是一种工作超越组织界限的现象。在这种制度下，每一项工作在其最有意义的地方进行，从而节约了时间，降低了成本。

  实例：超越组织界限工作

在传统的企业中，企业组织与合作者和顾客之间都存在不可渗透的组织界限，随着再造工程的推行，许多工作可以超越组织界限来完成，比如：保险公司可以请修理厂代为检查汽车损坏程度；复印机维修部将常换的部件放在用户处，用户自己更换部件后再去收款；百货商店的库存交由供应商处理等。

请思考：超越组织界限工作的实质是什么？结合企业的实际说明还有哪些工作可以超越组织界限？

（2）组织实体界限模糊。随着经济全球化和一体化的发展趋势，组织界限开始变得模糊。虚拟公司的出现，打破了企业的组织界限，使组织更加开放。企业仅仅保留其核心功能，而将其他功能虚拟化，以各种方式借用外力整合，进而创造企业本身的竞争优势。现代的虚拟企业不再是法律意义上的完整的经济实体，不具备独立的法人资格。一些具有不同资源及优势的企业为了共同的利益或目标缔结联盟，组成虚拟企业，这些企业可能是供应商，可能是顾客，也可能是同业中的竞争对手。这种新型的企业组织模式打破了传统的企业组织界限，使企业界限变得模糊，有人称之为无边界企业。

（二）组织与外部环境的关系

组织所处的外部环境在不断变化，组织与外部环境之间的关系也在不断变化，因此，组织必须正确认识、调整和把握与外部环境之间的关系，并据此制定相应的经营管理策略。

1. 主动适应环境

作为一个相对独立的开放系统，企业除了要对环境开放外，还必须考虑如何适应环境问题，不同的环境特点和变化率，需要不同的组织类型与之相适应。没有最佳的、对所有组织都有效的组织形式。组织的适当形式取决于任务性质和所处环境的类型，即使在同一个组织内部，组织各子系统之间也应该具有不同的类型。对于不同的任务也需要不同的管理方法。

2. 建立新型的竞合关系

正如自然界中的生物组成环境一样，企业的环境也是由大量的其他组织构成的。组织与环境是互动的，不仅环境会选择组织，组织也会主动地构造自己的未来，尤其当组织联合起来时，环境就不再是独立的、影响组织的外在力量。合作竞争理论强调合作竞争的同时性，也就是说企业之间既不是单纯的竞争，也不是单纯的合作，而是竞争与合作共存。不同的企业都有一个共同创造利益的目标——"做蛋糕"。这时候企业与相关的伙伴企业之间存在着合作关系。而在项目完成或在项目进行过程中都存在一个分配的情况,伙伴企业之间又存在着一个分享利益的目标——"分蛋糕",这是伙伴企业之间存在的一个竞争关系。竞争合作总是同时存在的,伙伴之间是竞争和合作的共同体。认识到这一点,有助于企业决策者对企业之间的合作保持清醒的头脑,有助于决策者构建企业与环境的关系,从而实现与环境的共同发展,创造共生共赢的局面。

 实例:通用汽车公司与它的供应商

  通用汽车公司是全球最大的汽车制造商之一,常常因为自己的订单大而逼迫供应商大幅度降低价格,从而节省了大笔采购费用。但是这种看似高明的做法却影响了它对市场波动的抵御能力。一方面由于供应商利润受损,供应商难以投入大量的研发资金,从而阻碍了供应商与通用公司同步发展的步伐,结果还影响了通用的整车质量;另一方面,这种做法降低了供应商对通用的忠诚度,在供货紧张时,供应商不给通用留货,而把货供给其对手,使得一些日本汽车制造商从中得益。

  请思考:面对这种情境,通用汽车公司应该如何改善与供应商的关系?

二、环境的要素

以组织实体界线(系统边界)来划分,可以把环境分为内部环境和外部环境。

(一)内部环境

内部环境是影响组织绩效的内在因素,包括组织的资源拥有状况和利用能力,也包括组织内部所提供的具体的工作环境,如物理环境、心理和文化环境。

1. 资源环境

(1)实物资源。实物资源既包括了初级的一般性资源(如土地、建筑物、设施、机器、原材料等),也包括了高级的专业性资源(如先进的设备、物流配送系统、分销系统,可以随时变现的自然资源储备等),后者往往是企业获取竞争优势的来源之一。

(2)财力资源。财力资源是一种能够获取和改善其他资源的资源,是反映组织活动条件的一项综合因素,对财力资源的分析,不仅要分析组织的资金拥有情况(各类资金的数量)、构成情况(自有资金与债务资金的比重)、筹措渠道(金融市场或商业银行),还要分析组织对资金的利用情况以及在资金的利用上是否还有潜力可挖。

(3)权利资源。权利资源是组织拥有的各种权利,如:对他人资源的利用权利,自身所拥有的品牌、专利、版权、商标名称等。特殊行业的经营权,是某些企业的重要资源。知识技术资产是企业权利资源中的关键部分。

(4)形象资源。形象作为资源条件存在,是现代资源观的广泛拓展,是在可持续发展问题引起高度重视的背景下产生的。形象决定了社会关注、了解和信任、赞誉的程度,与此相关的指标是舆论和关系:舆论是社会对组织政策和行为的评价,关系是组织与各类公众良好而广泛的联系。形象决定了顾客和相关合作者对企业的信任度和忠诚度,决定了社区、政府对组织的支持程度,是企业能否得到持续发展的重要条件。

(5)人力资源。从组织角度来看,人力资源是那些属于组织成员、为组织工作的各种人员的总和。进一步说,人力资源是指组织成员所蕴藏的知识、能力、技能以及他们的协作力和创造力。人力资源对于企业竞争优势的贡献不仅在高层管理人员和专业技术人员的价值,更主要在于各个层次员工的整体价值。人力资源是企业的核心资源。

2. 具体工作环境

(1)物理环境。物理环境要素包括工作地点的空气、光线和照明、声音(噪声和杂音)、色彩等。物理环境对于员工的工作安全、工作心理和行为以及工作效率都有极大的影响,防止物理环境中的消极性和破坏性因素,创造一种适应员工生理和心理需求的工作环境,这是实施有序而高效管理的基本保证。

(2)心理环境。心理环境指的是组织内部的精神环境。心理环境包括组织内部和睦融洽的人际关系,组织成员的责任心、归属感、合作精神和奉献精神等。心理环境制约着组织成员的士气和合作程度的高低,影响了组织成员的积极性和创造性的发挥,进而决定了组织管理的效率和管理目标的达成。

(3)文化环境。文化环境主要指组织的制度文化和精神文化。制度文化包括组织的工艺操作规程和工作流程、规章制度、考核奖励制度以及健全的组织结构等;精神文化包括组织的价值观念、组织信念、经营管理哲学以及组织的精神风貌等。一个良好的组织文化对组织成员的行为不仅发挥着约束作用,同时也发挥着激励和导向作用,是组织生存和发展的基础和动力。

(二)外部环境

外部环境是与组织及组织活动相关的、在组织系统之外的一切物质和条件的统一体。外部环境从总体上来说是不易控制的,因此它的影响相当大,有时甚至能影响到整个组织结构的变动。对外部环境作分析,目的是要寻找出在这个环境中可以把握住哪些机会,必须要规避哪些风险,从而推动组织健康发展。

1. 一般外部环境

一般外部环境包括自然地理环境和社会环境。这些环境因素对组织的影响是间接的、长远的。当一般外部环境发生剧变时,会导致组织发展的重大变革。

(1)自然地理环境。自然地理环境主要包括自然资源、地理条件和气候条件等。组织需要根据自然环境的状况,研究原材料供应、能源供应、产品贸易的地理方向以及生产、交通、运输条件等对组织活动的影响,特别是在经济发展的某个时期,政府对某些地区采取倾斜政策时,地理位置对组织活动的影响尤其重要。

(2)社会环境。社会环境是与组织有关的各种社会关系的总和,主要包括:政治法律环境、经济环境、社会文化环境、科学技术环境。

① 政治法律环境。政治法律环境泛指一个国家的政权性质和社会制度,以及国家的方针、政策、法律和法规等。不同的国家,有不同的政治法律环境。政治法律因素对组织来说是不可控的,带有强制性约束力。通过政治法律环境的研究,组织可以使自己的行为符合国

家和政府的方针政策以及法律法规要求,并使自己的行为最大限度地得到有关方面的保护和支持。

② 经济环境。经济环境由宏观和微观两方面因素构成。从宏观经济环境来分析,主要包括:国家和地区的经济发展水平、增长速度,国民经济结构、产业结构、社会经济发展战略和发展计划等。微观经济环境包括:收入水平、消费偏好、就业问题等。经济环境因素对组织,特别是经济组织的经营活动尤其重要。

③ 社会文化环境。社会文化环境是一个极其广泛的概念,这里主要是指社会意识形态与价值观念、公民受教育程度、人们的心理习惯、价值观与道德水准、社会时尚的变化和生活方式的变化等。社会文化环境因素直接关系到组织成员的来源和构成、组织人力资源的素质和组织的价值取向等。

④ 科学技术环境。科学技术环境是组织生存和发展的物质技术保证。主要包括:科学与技术的发展水平、创新技术的状况、运用新技术的程度、产品中技术含量的多少、技术变革的速度、科技与生产力之间的转换速度等。研究科学技术环境,除了要考察与组织所处领域的活动直接相关的产品和技术的发展与变化,还应及时了解政府对科技开发的投资和支持重点。

2. 特定外部环境

特定外部环境对企业组织的影响是直接的、迅速的。特定外部环境在发生变化过程中带有一定程度的不确定性,会导致决策必须要承担一定程度的风险。因此,只有降低这种不确定性,才能减少决策的风险。

(1) 供应商。供应商是指可以为企业生产提供原材料、设备、工具及其他资源的企业。供应商是否能够按时、按量、按质地提供生产所需要素,影响着企业生产规模的保持和扩大;供应商提供货物时所要求的价格决定着企业的生产成本,影响着企业的利润水平。对供应商的研究主要包括:供货商的供货能力,是否存在其他货源或企业寻求其他供货渠道的可能性;供应商所处行业的集中程度;寻找替代品的可能性;企业后向一体化的可能性。

(2) 顾客/用户。顾客/用户对产品的总需求决定着行业的市场潜力,从而影响行业内所有企业的发展边界。不同用户的讨价还价能力会诱发企业之间的价格竞争,从而影响企业的获利能力。对顾客/用户的研究主要包括顾客/用户的需求研究(如:总需求、需求结构、购买力)和价格谈判能力研究。

(3) 竞争者。企业面对的通常是一个竞争市场,同类产品的生产和销售通常不止一家企业,多家企业必然采取各种竞争措施争夺用户,从而形成竞争。没有任何一个企业可以忽视竞争者。对现有竞争对手的研究包括现有竞争对手的数量、分布及其竞争实力,并找出主要的竞争对手,分析竞争对手的发展动向等。对竞争对手的研究还包括对潜在竞争对手的研究和替代品生产厂家的分析。

(4) 政府机构和社会团体。政府对一个企业的调节和控制可以通过一系列的政策、法规、条例及规章来实施。企业的行为在一定范围内必须要符合政府的有关规定,确认哪些可以做,哪些不可以做。社会团体的影响也是必须要考虑的一个问题。虽然社会团体不是一种政府行为,但是它们对现实社会中的很多敏感性问题有独到的考虑,诸如动物保护协会、环境保护团体等。现代组织所面临的社团压力将越来越大,对于各类可能涉及的社团应该予以足够的重视。

三、内外环境综合分析的方法

> **基本概念**:SWOT 分析法
> 　　SWOT 分析法是优势(strength)、劣势(weakness)、机会(opportunity)、威胁(threat)分析法的简称,通过将外部环境带来的机会及威胁与组织内部的优势及劣势综合分析,形成环境分析矩阵。

分析组织环境时不能将内外环境割裂开来。单纯地分析内部环境和外部环境都是片面的。SWOT 分析方法是常用的内外环境综合分析技术,使企业更易充分发挥优势、把握机遇,规避内部的劣势与外部的威胁。企业战略应是"能够做的"和"可以做的"之间的有机组合。

(一) SWOT 分析

SWOT 分析可以分为两部分:第一部分为 SW,主要用来分析内部条件;第二部分为 OT,主要用来分析外部条件。

1. SW 分析

优势(S)是企业具有的能力或做得好的方面。可能属于企业内部优势的有以下几个方面:技术技能;有专业性实物资源;品牌形象和商誉;积极进取的公司文化;人力资源;组织体系优势(如:高质量的控制体系、完善的信息管理系统);融资能力;竞争能力优势(如:产品开发周期短、强大的经销商网络、与供应商良好的伙伴关系、对市场环境变化的灵敏反应、市场份额的领导地位)。

劣势(W)是指企业某种缺少或做得不好的方面,是致使企业处于劣势的条件。可能导致内部劣势的因素有:设备老化、管理混乱、缺少关键技术、研究开发落后、资金短缺、经营不善、产品积压、竞争力差等。

2. OT 分析

机会(O)是有利于企业盈利能力和市场发展的因素。管理者应当抓住每一个机会,评价每一个机会的成长和利润前景,选取那些可与公司财务和组织资源匹配、使公司获得竞争优势的潜力最大的机会。潜在的发展机会可能有:新产品、新市场、新需求、外国市场壁垒解除、竞争对手失误等。

威胁(T)是对企业盈利能力和市场地位构成威胁的因素。管理者应当及时确认危及未来利益的威胁,作出评价并采取相应的战略行动来抵消或减轻它们所产生的影响。公司的外部威胁可能有:新的竞争对手、替代产品增多、市场紧缩、行业政策变化、经济衰退、客户偏好改变、突发事件等。

(二)构造SWOT矩阵

在进行上述分析的时候,必须区分公司的现状与前景,必须与竞争对手进行比较,避免复杂化与过度分析。在SWOT分析的基础上将调查分析得出的各种因素进行排序,构造SWOT矩阵(图1-2):

优 势	机 会
劣 势	威 胁

图1-2 SWOT分析矩阵

构造SWOT矩阵时应该注意:将那些对公司发展有直接、重要、大量、迫切、久远影响的因素优先排列出来,而将那些间接、次要、少许、不急、短暂的影响因素排列在后面。在罗列作为判断依据的事实时,要尽量真实、客观、精确,并提供一定的定量数据来弥补SWOT定性分析的不足。

(三)制定SWOT战略

运用系统分析的方法,将排列与考虑的各种环境因素相互匹配起来加以组合,形成SWOT矩阵分析图(图1-3),得出一系列公司未来发展的战略。制定战略的基本思路是:发挥优势因素、克服弱点因素、利用机会因素、化解威胁因素;考虑过去、立足当前、着眼未来。

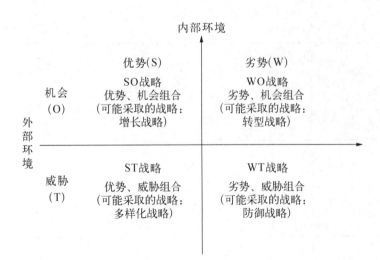

图1-3 SWOT战略

图中,优势-机会(SO)战略是一种发挥企业内部优势而利用企业外部机会的战略;劣势-机会(WO)战略的目标是利用外部机会来弥补内部劣势;优势-威胁(ST)战略是利用企业的优势回避或减少外部威胁的影响;劣势-威胁(WT)战略是一种旨在减少内部劣势的同时回避外部环境威胁的防御性选择。

 **问题与思考**

1. 请把握下列概念：组织、公共组织、非正式组织、管理、管理者角色、组织环境、组织界限、SWOT分析。
2. 怎样理解企业与环境的新型关系？你能不能收集一个实例，分析它与伙伴企业之间的合作与竞争关系？
3. 请比较不同层次的管理者在管理职责方面的差异。
4. 你认为自己具备了哪些管理者素质？在哪些方面还比较欠缺？如何弥补和提高？

 **实践与应用**

1. 请你观察一下自己所在单位的日常管理活动，将这些管理活动按照职能进行归类，并填写在下列的表中。

管理职能	管理活动
计 划	1 2 3 …… ……
组 织	1 2 3 …… ……
领 导	1 2 3 …… ……
控 制	1 2 3 …… ……

2. 请你调查一家熟悉的企业，并与学习小组成员一起对该企业进行SWOT分析，然后将你们分析得出的各种因素填写在下面的表中。

_____公司 SWOT 分析表

Strengths(S) 优势	Opportunities(O) 机会
1. 2. 3. 4. 5. … …	1. 2. 3. 4. 5. … …
Weaknesses(W) 劣势	Threats(S) 威胁
1. 2. 3. 4. 5. … …	1. 2. 3. 4. 5. … …

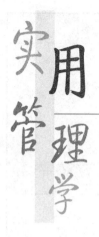

第二章 管理理论与实践

第一节 管理理论的发展

管理理论是大量的学者和实业家在总结管理工作客观规律的基础上逐步形成的,由最初的零碎研究,到逐渐形成有关管理理论、原理、方法以及系统化的管理知识,最终构建了一个比较完备的理论体系。管理学是一门不断发展的科学。以 20 世纪初泰罗的《科学管理原理》为标志,管理开始成为一门独立学科。一般认为,管理理论发展至今,经历了古典管理理论、行为科学理论和现代管理理论三个发展时期。20 世纪 80、90 年代以后,由于组织内外环境的深刻变化,管理实践也在不断地创新与突破,随之出现了许多新的理论和新的方法。

一、管理理论的发展阶段

(一)古典管理理论

古典管理理论的代表是泰罗的科学管理理论、法约尔的一般管理理论和韦伯的管理组织理论。泰罗从现场作业的角度、法约尔从公司总经理和组织结构的角度、韦伯从政府组织以及结构形式的角度分别研究企业和社会组织的管理问题。泰罗被后人誉为"科学管理理论之父",法约尔被誉为"经营管理理论之父",韦伯被誉为"组织理论之父"。

 实例:UPS 公司最快捷的运送

美国联合邮包公司(简称 UPS)雇用了 15 万名员工,平均每天将 900 万个包裹发送到美国各地和 180 个国家。UPS 的工程师们对每一位司机的行驶路线都进行了时间研究,并对每种送货、暂停和取货活动都设立了标准。这些工程师们记录了红灯、通行、按门铃、穿过院子、上楼梯、中间休息喝咖啡的时间,甚至上厕所的时间,将这些数据输入计算机中,从而给出每一位司机每天工作中的详细时间表。每个员工必须严格遵循工程师设定的程序工作,才能完成每天的定额任务。

这种刻板的时间表使UPS成为世界上效率最高的公司之一。比如,联邦捷运公司平均每人每天取送80件包裹,而UPS却是130件!为了实现他们的宗旨:"在邮运业中办理最快捷的运送",UPS的管理当局系统地培训他们的员工,使他们以尽可能高的效率从事工作。

请思考:UPS成功地运用了哪种管理理论?这种理论的中心思想和基本方法有哪些?

1. 泰罗的科学管理理论

从1878年开始,针对当时企业效率低下、管理落后的问题,泰罗先后在他所任职的米德维尔钢铁公司和伯利恒钢铁公司进行了旨在提高劳动生产率的各种试验研究,包括金属切削试验、生铁搬运试验以及铁砂和煤炭的铲掘试验。所有这些试验集中于"动作"、"工时"的问题以及工具、材料和工作环境等标准化问题。根据这些成果,泰罗为作业人员制定了每日的工作定额和为完成这些定额的标准化工具,并在此基础上,进一步提出了科学选择和挑选工人、实行有差别的计件工资制、把计划职能与执行职能分开等设想。科学管理理论指出,任务管理是由科学地规定作业标准、实行标准化、实行激励工资等原理构成的。这些原理至今仍然是企业管理的重要基础。而泰罗提出的科学地挑选和培训员工的思想也是现代人力资源开发的重要观点。

2. 法约尔的一般管理理论

泰罗的科学管理理论无法解决企业总体的一些重要问题。法约尔以大型企业整体为研究对象,1916年出版了《工业管理和一般管理》一书,成为最早全面论述一般管理理论的权威著作。法约尔认为,经营与管理是两个不同的概念,管理只是经营的一部分。法约尔把企业经营分为六大基本职能:技术活动、商业活动、财务活动、安全活动、会计活动和管理活动。前五种职能活动都不负责制定企业的总经营计划,不负责建立社会组织并协调各方面的力量和行动,而管理活动则可以涵盖这些职能。管理活动包含五项职能,即计划、组织、指挥、协调、控制。如何实现管理的这些职能?法约尔总结了十四条一般管理原则,这十四条原则至今仍然具有重要的实践指导意义。另外,法约尔非常重视管理教育,认为人的管理能力同其他技术能力一样可以通过教育来获得。法约尔的一般管理理论是管理理论发展史上的一个里程碑。它对管理职能的概括和分析为管理学提供了一般性的理论框架,对西方管理理论的发展具有重大影响,成为管理过程学派的理论基础,也是以后各种管理理论和管理实践的重要依据之一。

3. 韦伯的行政组织理论

不同于泰罗、法约尔的研究,韦伯关注和思考的是组织结构在管理中的作用,他在管理思想上的主要贡献是其提出的行政组织理论,也就是"理想的官僚组织理论"。韦伯所说的"官僚"是就组织结构的特点和规范而言的,并不是指不负责任、工作效率低下等现象。韦伯的官僚组织理论把官僚制度看作是一种建立在权威和理性基础上的最有效率的组织形式,认为理想的组织应以合理、合法的权力为基础,他的官僚组织理论对传统行政管理学注重政府组织以及结构形式的研究产生了重要影响,成为对公共行政组织进行理论研究的先驱。韦伯的理论是对泰罗、法约尔理论的一种非常重要的补充,对后来的组织理论学家影响甚大。他对理想的官僚组织模式的描绘,为官僚组织指明了制度化的组织准则,这是他在管理思想上的最大贡献。

20世纪初由泰罗发起的科学管理运动导致了古典管理理论的产生。古典管理理论是现代管理理论的基础。古典管理理论所要解决的问题也是现代管理理论所要解决的问题,因此,古典管理理论对现代管理理论的研究仍然有着巨大的指导和借鉴作用。

(二) 行为科学理论

古典管理理论的最大局限在于把组织看成是一个封闭的系统,把组织中的人看成是只有经济需要的经济人,因此他们过多地强调了科学性、精密性和纪律性,只注重对物和工作的管理而忽视了对人的管理,只强调工作效率而忽视了对工作者的各种社会心理的满足。可以说,当时的企业里,只有机械工程师而没有心理学工程师,是一种目中无人的管理,而当人们开始运用心理学原理和方法来解释和解决工业管理领域的问题的时候,行为科学理论就开始出现了,管理学进入了新的发展时期——行为科学理论阶段。

1. "霍桑实验"与早期行为科学

"霍桑实验"是1924—1932年间以哈佛大学教授梅奥为首的一批学者在美国芝加哥西方电气公司所属的霍桑工厂进行的一系列实验的总称。实验旨在研究工作条件与工作效率之间的关系。实验持续了八年之久,分为四个阶段:照明实验、福利实验、访谈实验、群体实验。通过照明实验和福利实验,研究者发现生产效率并不取决于工作环境和福利待遇,而主要取决于士气,士气则取决于感受到各种需要的满足程度。工人们长期以来对工厂的各项管理制度和方法存在许多不满,访谈实验的行为他们提供了发泄机会,发泄过后心情舒畅,士气提高,使产量得到提高。群体实验则表明,为了维护班组内部的团结,可以放弃物质利益的引诱。由此研究者们提出了"非正式群体"的概念,认为在正式的组织中存在着自发形成的非正式群体,这种群体有自己的特殊的行为规范,对人的行为起着调节和控制作用。通过"霍桑实验",梅奥创立了人际关系学派。梅奥指出:工人是"社会人"而非"经济人";企业中存在着非正式组织;新的领导能力在于提高工人的满意度。

2. 行为科学的发展

行为科学理论的研究基本上可以分为两个时期,早期的行为科学从梅奥的"霍桑实验"开始,以人际关系学派为标志。1949年在美国芝加哥召开的一次跨学科的世界性会议上,正式将人际关系学派定为行为科学。因此,行为科学真正的发展是在20世纪50年代以后。行为科学有广义与狭义之分。广义的行为科学是运用自然科学的实验和观察方法,研究在自然和社会环境中人的行为。为了避免同广义的行为科学相混淆,出现了组织行为学这一名称,它专指研究组织领域(工作环境)中人的行为规律的一门综合性学科,它集中研究一定工作环境中的个体行为、群体行为和组织行为。个体行为理论主要围绕行为动机、行为过程和行为结果的研究,群体行为理论着重研究群体的相互作用,组织行为理论侧重研究组织的设计、组织的变革与发展以及领导理论。

(三) 现代管理理论

现代管理理论的发展呈现出分立和综合并存的特点。出现了许多新的管理理论和管理学说,并形成了众多的学派。各种管理理论和学派在历史渊源和内容上又相互影响和联系,越来越注意综合各学派之所长。学派的分化和综合,形成了各学派盘根错节的局面,孔茨把这种现象称为"管理理论丛林"。孔茨在 1961 年发表了《管理理论丛林》,1980 年发表了《再论管理理论丛林》,归纳了各学派在理论上的差异。现代管理理论主要有社会系统学派、管理过程学派、决策理论学派、经验主义学派、管理科学学派和权变理论学派。在这六大理论学派中,系统管理和权变管理理论是最突出的。

二、管理理论发展的脉络

在盘根错节的管理理论丛林中,我们可以发现管理学发展的一些清晰脉络。从研究方法来看,出现了从应用研究、理论假设到实证分析的趋势;从管理实践来看,由原来的基层管理为主发展到以高层管理为主、由日常业务性管理为主发展到以经营战略管理为主;从管理思想来看,从以物为中心的管理发展到以人为中心的管理,从对科学、理性、效率、效用的追求到重视人的感情和尊严、人的价值和发展。现代管理越来越趋向于采用系统和权变的观点和方法,而理性主义和人文主义则是贯穿在管理理论与实践发展演变中的两条主线。

(一) 系统权变的观点

1. 系统观

系统管理学派综合运用以往各个学派的知识,又突破了他们各自的局限,例如:管理过程学派强调结构系统和管理系统;行为学派强调社会心理系统;管理科学学派则强调技术系统等。系统学派体现的系统观点克服了各个学派仅从局部出发来研究管理的缺陷,它以整个组织系统为研究管理的出发点,研究组织内各分系统及其相互关系,从而试图从整体出发来阐明管理的本质。

2. 权变观

权变理论是把管理科学学派、行为科学学派、管理过程学派、系统管理学派的理论和方法都作为权变关系中的管理变量,通过"权宜应变",融各学派于一体,在管理环境越来越复杂多变的情况下,为组织管理探索出更多的切实可行且行之有效的管理方法。

(二) 理性主义和人文主义线索

1. 理性主义线索

理性主义线索最早体现在泰罗的思想及其管理制度之中,是推动管理理论发展的主要力量,但泰罗的思想表现出明显的机械理性主义的倾向。到了 20 世纪 60—70 年代,管理学开始重视数学和计算机技术在决策中的运用,通过制定和运用数学模型与程序系统,对管理领域中的各种资源进行系统和定量的分析,以实现最优的规划和决策。运筹学、统计应用、最优化模型、计算机模拟、管理信息系统等多种技术和工具,开始广泛应用于企业管理中。但理性主义的管理思想过分强调数学和计算机的方法,甚至把它看成是唯一的逻辑,而忽视了管理人员的经验和主客观条件影响以及对环境发展趋势的判断,事实上,并非所有的管理问题都能定量化和运用模拟予以分析和解决的。

> **基本概念:人本管理**
>
> 人本管理泛指在管理活动中,始终把人放在中心的位置,在手段上,着眼于所有成员工作积极性的发挥和人力资源的优化配置;在目的上,追求人的全面发展以及由此带来的组织效益的最优化。

2. 人文主义线索

人文主义的线索始于"霍桑实验"。"霍桑实验"的研究结果否定了古典管理理论对人的假设,行为科学的管理学家们将管理学的研究课题由"经济人"转向"社会人",是管理学的一个重大突破,标志着人文主义在管理思想中的抬头。从此,人的社会和心理需求以及组织内部的人际关系和群体互动对工作效率的影响成为管理研究中的一个主题。随着行为科学的问世,人文主义的思想和方法一直在探索和实践着,但由于工业经济时代人的观念、生产方式、技术条件、市场需求特点等的局限,制约了人文主义管理思想的真正实现。

知识经济时代,一方面知识日渐成为组织经营活动中最重要的资源,人对知识的掌握和驾驭以及由此带来的管理创新使得人在经济活动中的地位和作用比以往任何时候都变得更加突出和重要;另一方面,人的思维方式、价值观念也发生了巨大的变化,人的自主性、个性化、自我价值实现的愿望等都将得到充分的尊重。这些都促使组织在管理中把对人的关注、人的个性和能力的释放、人的积极性的调动推到了中心地位,"以人为本"的管理得到了空前的强化。人本管理不仅体现在组织价值理念的深刻变化,同时也必将反映在组织管理方法、管理手段乃至组织建构上的一系列变革,管理方式将更加多元化和人性化。

第二节 管理实践的突破

随着管理学、经济学、社会学、心理学、计算机科学等科学技术的广泛应用,管理方法也在不断推陈出新。新型管理方法不仅推动着管理实践的突破,而且还推动着新的管理思想、新的管理理论的形成和发展。

一、企业再造

传统企业是建立在专业分工理论基础上的以职能为中心的职能导向型组织。在专业分工理论的影响下,科层制成为企业组织的主要形态,这种体制将员工分为严格的上下级关系,即使存在一定程度的分权管理,也大大束缚了员工的积极性、主动性和创造性;由于分工过细,将一个连贯的业务流程转化成若干个支离破碎的片段,导致员工的技能专业化,成为一个片面发展的机器附属物,也阻碍了各个业务部门之间的交流工作和沟通;各个部门犹如"铁路警察",各管一段,虽然管理人员几乎占据整个企业人数的20%,但是却没有人对企业的整体负责,机构臃肿、互相推诿,致使经营过程的运作成本居高不下。基于专业分工理论的经营管理模式严重制约了企业的成功运作,因此,企业必须从根本上重新思考业已形成的基本信念,以工作流程为中心,重新设计企业的经营、管理及运营方式,企业再造理论应运而生。

(一)企业再造的基本思想

1. 企业再造的内涵

基本概念:企业再造

企业再造(Business Process Reengineering,简称BPR)是指对企业流程进行根本性的再思考和彻底性的再设计,以便在成本、质量、服务和速度等衡量企业绩效的重要指标上取得显著性进展。

1993年,迈克·哈默和詹姆斯·钱皮出版了《再造企业》一书,最早提出了企业再造理论。在其定义中主要有四个关键词值得重视。

(1)"基本的"(fundamental)。流程再造对企业固有的基本信念提出了挑战。这些信念往往深深根植于企业内部,深刻地影响企业各种经营活动的开展,也影响企业对业务流程的设计和执行。具有较长历史的企业尤其如此。业务流程再造需要对这些原有的、固定的思维定势进行根本性的"手术",产生创造性思维,从而促进基本信念的重大转变。

(2)"彻底的"(radical)。流程再造需要对原有的事物进行彻底的改造。与对原有流程改良性的变革思路不同,流程再造绝不是渐进式的改良措施,也不是仅仅满足于对组织的修修补补,而是努力开辟完成工作的崭新的途径,是要彻底打破旧有的模式,重建企业的业务流程,使企业产生脱胎换骨一样的巨大变化。

(3)"显著的"(dramatic)。通过再造,企业并非在业绩上取得点滴的改善或逐渐的提高,而是要在经营业绩上取得显著的改进。

(4)"流程"(process)。流程再造直接针对的就是原有的被割裂得支离破碎的业务流程,其目的就是要重建完整和高效率的新业务流程。因此,在再造的过程中,要树立"以流程为导向"的思想。以完整的业务流程为再造的出发点和终点,用崭新的流程替代传统的以分工理论为基础的流程。

2. 企业再造的特点

起初提出的企业再造,是指企业流程再造(也称业务流程重组)。通过对流程的重新设计,使企业更加迅速和灵活地应对市场变化,激发和增进企业的竞争力。

(1)企业再造的核心领域是流程。企业经营流程的再造与企业重组的不同之处在于,企业重组是对企业各种资源的组合形式进行重新组合,如:资产重组、业务重组、人员重组等,而流程则是企业形成价值增加的过程和方式。

(2) 企业再造是一个不断发展的概念。自从 20 世纪 90 年代初哈默提出业务流程再造的思想以来,业务流程再造的内涵得到了深层次的延伸,企业再造贯穿于企业的各个环节、各个方面。从原先单纯针对企业内部流程再造转变为与经营战略集成、企业能力再造、企业文化再造相结合对企业进行整体的再造,并随着企业的发展进一步延伸至对企业外部业务网络再造。因此,作为一个新的管理理论和方法,企业再造仍在继续发展之中。

(3) 企业再造的最终目的在于实现企业形态的根本转变。企业再造着眼于整体与未来,站在企业外部审视企业现有的流程问题,以先进的信息系统和信息技术为手段,以顾客中长期需要为目标,最大限度地减少对产品增值无实质作用的环节和过程,建立起科学的组织结构和业务流程,最终实现职能导向的组织形式向流程导向型的组织的转变。

(二)企业再造的原则

将企业再造理论的原则与传统企业管理原则作比较,不同点体现在以下三个方面:

1. 以流程为中心

企业再造不仅是机构调整,也不仅是减员增效,甚至也不是单纯地重新设计建造企业流程。其最终目标是实现职能导向的组织形式向流程导向型的组织的转变。在一个以流程为导向的企业里,企业组织的基本单位是不同的流程而不是职能相对单一的刚性部门,甚至流程本身也不是刚性的,而是随着市场的变化可以随时增减和改变的,最大限度减少无效劳动以及提高对顾客的反应速度。

2. 以顾客为导向

以顾客为导向,意味着企业要从顾客的视角来审视企业现有的流程问题,判断流程的绩效。企业存在的理由是为顾客创造价值,而价值是由流程创造的。顾客要的是流程的结果,过程则与顾客无关。任何流程的设计和实施都必须以顾客的标准为标准。顾客导向是企业再造的保证。

3. 以人为本的团队管理

在以流程为中心的企业中,每一个流程都有专门的流程主持人负责,有各类专业人员组成的团队负责实施。在以流程为中心的工作团队中,每一个人都关心流程的运转情况,团队成员必须是复合型的人才,需要具备全面知识、综合观念和敬业精神。这就在客观上要求企业坚持以人为本,推动员工不断学习以胜任具有挑战性的目标。

 实例:通用汽车公司与供应商之间的业务流程重组

通用汽车公司(GM)采用共享数据库、EDI 等信息技术,将公司的经营活动与配件供应商的经营活动连接起来。配件供应商通过 GM 的数据库了解其生产进度,拟定自己的生产计划、采购计划和发货计划,同时通过计算机将发货信息传给 GM 公司。GM 的收货员在扫描条形码确认收到货物的同时,通过 EDI 自动向供应商付款。这样,使 GM 与其零部件供应商的运转像一个公司似的,实现了对整个供应链的有效管理,缩短了生产周期、销售周期和订货周期,减少了非生产性成本,简化了工作流程。

请思考：GM是如何简化与供应商之间的工作流程的？结合自己的工作实际，分析一下哪些工作流程是可以简化的？

（三）企业再造的程序

在具体的实施过程中，再造工程可以按照以下程序进行：

1. 业务流程诊断

流程再造是建立在对原有流程的认识基础上的，对原有流程的认识不同，可能会产生不同的方案。业务流程的诊断，不是分析或找出流程中的每一个环节，而是检查流程的主要环节，找出影响产品质量和服务的关键所在。首先要对原有流程进行全面的功能和效率的分析，发现其存在的问题，在此基础上，还要查清问题的原因，明确问题是由于流程本身造成的，还是由于流程之间的关系不协调造成的。不仅要对单项流程进行合理的整合，更应该加强流程网络的总体规划，使流程之间彼此协调，降低系统内耗。最后还要审视业务流程与管理流程之间是否具有动态的适应性，以确定是否有必要相应地改造管理流程。

2. 业务流程改造

业务流程改造可以从以下几方面着手：一是简化工序，将几道工序进行合并，由一人完成；二是构造新流程，将完成几道工序的人员组合成小组或团队，减少交接手续，共享信息；三是推进同步工程，将连续式或平行式流程改为同步工程。连续流程指所有的工序都按照先后顺序进行；平行工序指流程中的所有工序都独立进行，最后将各工序的半成品或部件进行汇总和组装；同步工程是将多道工序在互动的情况下同时进行，各工序既可以交流互动，又缩短了流程的周期。

3. 完善流程再造的辅助系统

业务流程的实施，是以企业相应的组织结构、人力资源配置、业务规范、沟通机制乃至企业文化为保证的，所以只有制定与流程改进方案相配套的企业再造规划，完善流程再造的辅助系统，才能到达流程再造的目的。

4. 组织实施与持续完善

实施再造流程方案是完成流程再造的关键。这些工作中主要有：成立实施小组；对参加改造人员进行培训；全体员工配合；新流程实验性启动、检验；全面开展新流程。流程改造后，还要对改造的流程进行修正、改善等工作，以保证新的流程全面达到改造的预定目标。这一步骤包括以下一些主要的工作：检测流程运作状态；与预定改造目标进行比较分析；对不妥之处进行修正与完善。

（四）企业再造的管理价值

流程再造将重塑企业价值观，围绕着流程再造建立的新价值观主要体现在两个方面：一是树立顾客至上的价值观。顾客的需求就是企业的目标，员工行为的准则不再是老板是否满意，而是顾客是否满意；二是树立以人为本的价值观。要彻底摒弃官僚制的价值观，在组织结构由层级式向扁平式转变的过程中，经理人员的管理方式由监督控制型转向指导型，员工的工作方式由被监控下的工作转为在授权条件下的工作。

1. 以价值流为导向进行组织设计

价值流的思想实际就是坚持顾客导向，按照价值增值的过程将相关的操作业务环节进行重新整合，组成高效率的、能够适应顾客需要的完整的流程，并以此为基础重新设计企业的组织结构。

2. 按照"合工"的思想重新设计企业流程

随着社会的巨大变化，分工理论对企业产生的不利影响愈加突出。"合工"的思想是将原本属于一个业务流程的若干个独立操作重新整合起来，将被分割得支离破碎的企业流程按照全新的思路加以改造，从而获得适应新的经济时代的高效率和高效益。

3. 用彻底的变革代替渐进式变革

与采用改良方式推动企业管理发展的思路不同，企业再造从一开始就要进行完全彻底的变革，而且这个变革直接针对经历多年的分工思想，为管理理论的发展重新奠定了重要的基石。

二、平衡计分法

对企业的经营业绩进行准确、有效的评价，一直是企业追求的目标。传统的以财务指标体系为主的业绩评价方法虽然具有定量化、易操作、可比性强等特点，但是容易导致企业经营者的短期行为。财务报告传达的是已经呈现的结果，滞后于现实的指标，并没有传达未来业绩的推动要素是什么，以及如何通过对客户、供应商、员工、技术革新等方面的投资来创造新的价值。20世纪90年代兴起的平衡计分卡，把客户、内部业务流程、学习和成长等非财务项目引入业绩评价体系中，弥补了以财务指标为主进行业绩评价的缺陷，大大推动了企业业绩评价的改进。

（一）平衡记分法的基本原理

> **基本概念**：平衡计分法
> 平衡计分法（Balanced Score Card，简称BSC）是从财务、客户、内部运营、学习与成长四个角度，将组织的战略落实为可操作的衡量指标和目标值的一种新型绩效管理体系。

1. 财务（Financial）

财务业绩指标可以显示企业的战略及其实施和执行是否对改善企业盈利作出贡献。财务目标通常与获利能力有关，其衡量指标有营业收入、资本报酬率、经济增加值等，也可能是销售额的迅速提高或创造现金流量。

2. 客户（Customer）

在平衡记分卡的客户层面，管理者确立了其业务单位将要竞争的目标客户和市场，以及业务单位在这些目标客户和市场中的衡量指标。客户层面指标通常包括客户满意度、客户保持率、客户获得率、客户盈利率，以及在目标市场中所占的份额。这些指标使业务单位的管理者能够明确客户和市场战略，从而创造出出色的财务回报。

3. 内部运营(Internal Processes)

管理者要确认组织擅长的关键的内部流程,这些流程帮助业务单位提供价值主张以吸引和留住目标细分市场的客户,并满足股东对卓越财务回报的期望。内部运营既包括短期的现有业务的改善,又涉及长远的产品和服务的创新,涵盖了企业的改良/创新过程、生产经营过程和售后服务过程。

4. 学习与成长方面(Innovation & Learning)

企业的学习与成长是基于员工的学习与成长,因而可以考虑采用如下的评价指标:员工培训支出、员工满意程度、员工的稳定性、员工的生产率等。

上述四个评价维度是相互依赖、支持和平衡的,能够形成一个有机统一的企业战略保障和绩效评价体系。

(二)平衡记分法的基本流程

1. 设置相应的四张计分卡

以组织的共同愿景与战略为内核,运用综合与平衡的哲学思想,依据组织结构,将公司的愿景与战略转化为下属各责任部门在财务、顾客、内部流程、创新与学习等四个方面的系列具体目标,并设置相应的四张计分卡。其基本框架如图2-1所示:

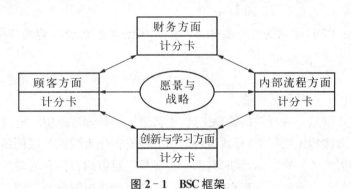

图2-1 BSC框架

2. 设置绩效评价指标体系

依据各责任部门分别在财务、顾客、内部流程、创新与学习四种计量维度设置对应的绩效评价指标体系。这些指标不仅与公司战略目标高度相关,而且是以先行(Leading,客户、内部经营、学习与成长是先行指标)与滞后(Lagging,财务指标是滞后指标)两种形式,同时兼顾和平衡公司长期与短期目标、内部与外部利益,综合反映战略管理绩效的财务与非财务信息。

3. 设定各项指标的具体评分规则

由各主管部门与责任部门共同商定各项指标的具体评分规则。一般是将各项指标的预算值与实际值进行比较,对应不同范围的差异率,设定不同的评分值。以综合评分的形式,定期(通常是一个季度)考核各责任部门在财务、顾客、内部流程、创新与学习四个方面的目标执行情况,及时反馈,适时调整战略偏差,或修正原定目标和评价指标,确保公司战略得以顺利与正确地实行。

实例：平衡计分卡在 YDH 公司的运用

YDH 是一家国际航空快件有限公司，1998 年起公司在北京、上海和广州三个合资公司开始运用作业成本法（ABC 法）。通过 ABC 法的运用，公司对成本结构和在中国不同地区的成本差异有了了解，有效地辅助了成本基准的制定和管理，并且为公司制定具有竞争力和有赢利的价格政策提供了更具有价值的信息。当公司认识到平衡计分卡能够配合内部的组织结构，帮助公司制定一个把管理目标和奖励系统相结合的模式时，便决定开始实行平衡计分卡。公司以前衡量分公司主要是用财务指标，看收入的增长是否达到标准，采用的是盈利和收款的情况等这些硬性的财务指标。在平衡计分卡里他们不但重新设计了财务指标，如使用超过 90 天的应收账款来描述收入与预算的完成情况、利润和预算的完成情况，还新增了很多客户的指标，如客户保有率，以及新增客户、客户满意度等外部的、软性的指标。

公司在总部成立了"平衡计分卡小组"，负责公司的策略制定、实施、考评和完善。他们还邀请了一家培训顾问企业设计整个课程，然后再培训 39 个分公司的内部培训师，内部的培训师再培训内部员工。

实施平衡计分卡促进了公司的业绩增长，公司业务年平均增长率为 40%，营业额跃升 60 倍之多。

请思考：YDH 公司为什么要运用 BSC？从公司运用 BSC 的实际中我们能得到什么启示？

（三）平衡计分法的管理价值

平衡计分法不仅是一种有效的管理工具，更体现了一种管理思想。通过实施 BSC，企业可克服财务评估方法的短期行为，有效地将组织的战略转化为组织各层的绩效指标和行动，使整个组织行动服务于战略目标，同时有助于各级员工对组织目标和战略的沟通和理解，有利于组织和员工的学习成长以及核心能力的培养，从而提高组织整体管理水平，实现组织长远发展。BSC 的管理价值在于：

1. 与企业战略目标相结合

平衡计分法是加强企业战略执行力的最有效的战略管理工具，能够将企业的战略目标转化为员工的日常行动。平衡计分法四方面的因果关系能使管理者看到各种非财务因素与实现长期财务目标之间的联系。比如，实现财务业绩目标，需要占领市场、赢得顾客，这就要从顾客角度出发，考虑顾客的满意程度。为了提高顾客满意程度，就必须提高产品质量和服务质量，优化企业内部程序，从而要求企业不断地进行创新和学习，提高企业实力，实现企业的战略目标。

2. 全方位衡量企业价值

平衡记分卡的特点主要体现在它的平衡性，其目的在于确保企业的均衡发展。平衡记分卡从四个维度全面考察企业，能够实现企业财务指标和非财务指标的平衡、企业长期战略目标和短期经营目标之间的平衡、企业外部和企业内部之间的平衡、企业领先指标与滞后指标之间的平衡,可以在企业业绩和管理的效率等方面带来巨大的效益。

3. 体现以人为本的管理思想

平衡计分法在创新和学习方面,充分肯定人的能力、学习和坚持不懈的努力以及对企业的忠诚,是业绩指标的重要内容。在平衡计分法中每个员工都可以找到自己的位置,了解其工作是怎样影响财务指标的,增强了员工的成就感,提高了员工的积极性和主动性。同时,通过充分的信息交流与共享,有效地建立起企业信任,包括员工之间、领导和员工之间、管理层之间、顾客与企业之间的信任,从而形成凝聚力。

4. 揭示企业的业绩动因

平衡计分法包含了许多非财务指标,不仅缩短了信息的反映周期,还能从中发现导致财务指标变动的深层次原因,便于企业各级管理层在对前期活动作出评价的同时,更多地考虑今后的策略。

三、组织学习

> **基本概念**:组织学习
>
> 组织学习是指组织为了实现发展目标、提高核心竞争力而围绕信息和知识技能所采取的各种行动,是组织不断努力改变或重新设计自身以适应持续变化的环境的过程。

从 20 世纪 90 年代开始,有关学习型组织的理论开始盛行,创建学习型组织,进行五项修炼成为管理理论和实践的热点。组织学习是企业寻找一种新的方法,以对这个不断变化的世界作出有效反应。学习型组织是一个不断适应与变革的组织。21 世纪最成功的企业将是基于创建学习型组织的企业。

(一)组织学习的类型

阿吉里斯和舍恩在其合著的《组织学习》一书中最早界定了组织学习的概念,提出了三种组织学习的类型。

1. 单环学习

单循环学习是指组织内部设计的一个诊断、监视错误并纠正错误的机制,是在现有的组织框架内修正导致目标没有实现的错误。这种学习机制的设计容易产生"刺激反应"的行为特征,较适用于环境相对稳定的组织。

2. 双环学习

双环学习除了进行单环的学习模式之外,还要更进一步去监视组织规范、目标及可能存在的错误假设,并予以纠正。双环学习是一种创新性学习,学习结果不仅可以产生表面上的变革,还可以引发组织深层结构的改变。通过双环学习,在组织中塑造一种创造性学习的环境,提高人们的反思性学习能力,从而促进组织的不断发展。

3. 再学习

再学习是上述两种学习经验的转化和再应用,并借此过程内化成组织的能力。组织学习经过单循环和双循环的过程后所产生的学习经验,可以成为组织未来自我解决问题的基础,通过再学习来提高组织解决问题的能力。

(二)组织学习的方法

1990年,美国麻省理工学院斯隆管理学院的彼得·圣吉教授在《第五项修炼——学习型组织的艺术与实务》中提出了学习型组织的五项修炼技能。

1. 自我超越

自我超越要求成员形成创造性张力,通过照镜子、找标杆,把"工具性"的工作观转变为"创造性"的工作观,在自我超越中实现个人愿景和组织的整体愿景。

2. 改善心智模式

心智模式是植根于人们内心的思维逻辑。改善心智模式的修炼就是不断检视、修正成员和组织认识周围世界的思维模式,增加组织的适应能力。

3. 建立共同愿景

共同愿景是由组织的共同目标和价值观组成,建立共同愿景就是要在鼓励成员个人愿景的基础上,塑造组织的整体愿景。组织在持续不断地鼓励发展个人愿景的同时,将个人的愿景整合为组织的共同愿景,驱使人们为之而奋斗与奉献。

4. 团队学习

团队学习是培养和发展组织成员整体合作与实现共同目标能力的过程。只有将个体力量整合为整体力量,才能提高团队的智商,达到组织学习的目的。团队学习的目的是使成员个人的力量汇集,发挥团队整体运作的效应。

5. 系统思考

系统思考是五项修炼的核心,其他四项修炼都必须结合系统思考而进行,它要求整体地、动态地看清问题的本质,避免孤立地、静止地、表面地看待问题。

 实例:争当学习型的"光明人"

光明食品集团工会于2010年启动"创建学习型企业,千名班组长学EBA"工程,旨在全面提升企业班组长的综合素质。为此,在调研的基础上,集团工会确定了EBA培训工程的框架和规划,并专门下发了文件,将此项工作计划补充写入《光明食品集团集体合同》,作为子公司工会达标升级、经营者任期考核的指标之一。同时对培训费用作出明确规定,EBA学员的学费一律在公司职工教育经费中列支。集团工会在EBA培训工程的实施过程中,确立了学员的主体地位,针对下属企业特点,采取送教上门的方式,在上海开放大学光明集团分校、市区企业、近郊农场和江苏大丰农场等地开设多个教学点,力求服务好基层、服务好学员,并通过建立学习型小组,达到互动学习、共同提高的目的。EBA培训工程实施以来,在集团内形成了学习求知、岗位成才的良好风尚,推动了广大员工争当学习型"光明人"的热潮。集团工会将继续推进EBA培训工程的不断深化,使之成为促进光明集团发展壮大的育人工程。

请思考:请结合光明集团EBA培训项目的实施,分析企业应该如何推进学习型班组的建设?

（三）学习型组织的构建

组织学习不等于学习型组织。学习型组织是一种理想的组织形态，是一种对外界保持高度适应性的具有自我更新能力的组织形态。而组织学习则是一个过程，是一种适应外部环境的过程，或是纠错的过程，或是知识创造的过程。学习型组织是组织学习的结果。要构建学习型组织，就必须要营造良好的学习氛围，进行组织学习。

1. 学习型组织的特点

（1）扁平的组织结构。企业不再是多层级的纵向管理，而是层级很少的自我管理，呈现出扁平的结构形式。学习型组织形成了多个学习中心，而不是传统企业组织那样只有一个中心（即高层管理层），从而使权力得到更好的分解，避免权力过于集中。

（2）企业目标由共同愿景驱动。企业目标不再以"战略规划"为指导，而是由共同愿景驱动。战略规划原本应该是企业组织长期的、前瞻性的思考，但它却经常表现为反应式与短期性的。而学习型企业组织是以共同愿景来牵引着组织向明天迈进，创造未来。

（3）企业的决策权不再集中在最高层。学习型组织尽最大可能将决策权延伸至离"最高"阶层最远的地方，即决策权往中下层移动，使基层的决策与执行得到有效的统一，给基层人员行动的自由，让他们去实现自己的构想，并对所产生的结果负责。

（4）企业与个人之间不再通过"契约"而是通过"盟约"来联结。"契约"是一天的劳动交换一天的报酬，而"盟约"关系则是建立在对价值、目标、重大议题以及管理过程的共同的誓愿上，通过"盟约"把组织与个人联成一个不可分割的整体。

2. 学习型组织的构建

五项修炼涉及个人思维模式的转变以及与此相适应的组织系统的变革，因此，修炼是一个比较漫长的过程，要有组织、有计划地去构建学习型组织的框架与实施内容。

（1）利用五项修炼开展组织学习。通过改善组织成员的心智模式和组织成员的团队学习，夯实组织发展与创新的基础；通过建立组织的共同愿景与目标，形成组织发展的动力系统，系统思考组织问题。

（2）营造学习环境。要营造乐于学习、善于学习的组织环境，通过改变领导方式和实施有效激励来鼓励和调动组织成员的学习积极性，营造浓厚的学习氛围。

（3）创新学习内容和形式。学习内容要结合组织自身的现状并组织学习的相关理论加以设计，引导组织成员从自身的日常工作中去发现问题，并对问题提出解决的思路与方案。学习形式可以多样化，报告会、团队学习、个人学习等均可作为学习型组织的学习方式，目的是通过有效的学习真正掌握相关知识，真正能学以致用。

四、企业文化

对于企业文化的理论研究源于日本在二次大战后的崛起。战后日本的崛起成为20世纪世界经济的一大奇迹。而日本经济的崛起，是因为在日本企业内部有一种巨大的精神因素在起作用，这就是日本优秀的企业文化、企业精神。20世纪80年代，企业文化理论研究开始盛行。随着世界经济一体化的发展趋势，又有学者开始采用文化因素分析组织行为的差异，出现了跨文化管理理论。

基本概念：企业文化

企业文化是企业成员在较长时期的生产经营实践中逐步形成的共有价值观、信念、行为准则及具有相应特色的行为方式、物质表现的总称。

（一）企业文化的结构

企业文化的结构一般分为四个层次：物质层、行为层、制度层和精神层。

1. 物质层

物质层是企业文化的表层，是形成制度层和精神层的条件，它能折射出组织的经营思想、经营管理哲学，工作作风和审美意识。对企业来说，它一般体现在企业面貌、产品的外观和包装、技术工艺设备特性、纪念物等方面。

2. 行为层

行为层是企业文化的浅层，它是企业经营作风、精神面貌、人际关系的动态体现，它也在一定程度上折射出企业精神和企业价值观。行为文化是活动文化，包括企业经营、教育宣传、人际关系的活动、文娱体育活动中产生的文化现象。从人员结构上划分，企业行为层文化包括企业家行为、员工行为和模范人物行为。企业家行为主要体现在其专业素养、思想道德、人格风范、创新精神、理想追求等方面。员工的行为决定企业整体的精神风貌和企业文明程度。模范人物能卓越地体现企业价值观的某个方面，和企业所倡导的目标一致，并取得良好的成绩，具有先进性。

3. 制度层

制度层是企业文化的内层。它集中体现了组织文化的物质层及精神层对员工和组织行为的要求，是对员工和企业行为产生规范性、约束性影响的行动准则，主要包括工作制度、责任制度、特殊制度、特殊风俗等。

4. 精神层

精神层是组织文化的深层，主要是指企业的领导和员工共同信守的基本信念、价值标准、职业道德及精神风貌，它是企业文化的核心和灵魂，是形成企业文化的物质层、行为层和制度层的基础与原因，它也是评价一个企业是否形成了自己独特文化的主要标志和标准，一般包括企业经营哲学、企业精神、企业风气、道德规范等。

企业文化的物质层、行为层、制度层和精神层是密不可分的，它们相互影响、相互作用，共同构成企业文化的完整体系。

 实例：天人合一的古井文化

古井酒厂建于1957年。古井集团在从一个传统的手工酿酒作坊向多元化经营的企业集团发展的过程中，培育了"以人为本、天人合一"的古井文化。古井文化的特色表现在：

（1）"四子"立业。"四子"指的是"抓班子、立柱子、上路子、创牌子"。"抓班子"就是要有一个好的领导班子，班子建设的关键是培育企业家；"立柱子"，就是高度重视企业的支柱性产品的发展，并形成支柱产品群；"上路子"是指管理规范化、高效化、现代化;"创牌子"指力创民族品牌与名牌的统一,铸就属于广大消费者心目中的金牌。

(2) 系统运作。在精神文明层面,古井人以"提高广大人民的生活质量,建设富有、文明、民主"的新古井的经营哲学思想为指导,讲求"业绩报国,双向效忠"的企业道德,以"爱国、爱厂、爱岗位"的爱国思想和敬业精神影响企业全体员工。在制度文化层面,古井先后制定了《生产工艺法规》《产品质量法规》《现场管理法规》等15种企业内部规章制度,以约束员工行为,维护企业经营活动的正常秩序。在行为文化层面,古井人坚持"以人为本",讲求以情动人、以理服人、以德信人的"情、理、德"相结合的柔性管理,做到软硬结合,优化企业管理行为;在物质文化层面上,古井人在厂容、厂貌、产品构成和包装、装备特色、建筑风格、厂旗、厂服、厂标、纪念物、纪念性建筑物等方面大作"文化"章,创建了"花园式工厂""古井亭""古井""古槐""古井酒文化博物馆",向人们展示千年古井酒文化的历史渊源。

(3) "两场效应"。古井的"两场效应"管理法,就是利用现场与市场之间的"促保"互动关系,"抓市场、促现场,抓现场、保市场"。抓市场就是抓经营,开辟市场、培育市场、建设市场,不断提高产品市场占有率、覆盖率和品牌美誉度;抓现场,就是抓管理。古井人实行综合管理,质量、成本、设备、技术、人事、信息、纪律、工艺安全等系统运作,达到整体优化,形成了严格的现场管理标准。古井人始终围绕着市场需要不断改进管理,进而保证满足市场需求,"两场"彼此促进,周而复始,螺旋上升,形成良性循环。

请思考:结合古井的实例说明企业文化的内容层次,并谈谈古井的实践对企业加强文化建设的启示。

(二) 企业文化的形式

从形式看,企业文化的内容可以分为显性和隐性两大类。

1. 显性内容

显性内容就是指那些以精神的物化产品和行为为表现形式的,通过直观的视听器官能感受到的,又符合组织文化实质的内容。它包括:企业标志、工作环境、规章制度和经营管理行为等部分。它们是企业文化的重要组成部分,是企业精神的外化形式,但还不是企业文化的根本内容。

2. 隐性内容

隐性内容是企业文化的根本,是最重要的部分。它虽然隐藏在显性内容的背后,但它直接表现为精神活动,直接具有文化的特质,在企业文化中起着根本的决定性作用。它包括经营管理哲学、价值观念、道德规范、组织精神等方面的具体内容。这些内容都是企业在成长、变革和发展的长期实践中,在社会文化与企业文化的长期渗透和融汇中形成的,这些内容的整合使企业文化呈现出独特的精神个性,使企业显示出自身的生机和活力。因此,在建设企业文化时,要以这些隐性内容作为根本点和出发点。

(三) 跨文化管理

跨文化管理实质上是一种基于文化差异的管理方法。跨文化管理是在企业跨国经营的背景下提出来的。由于跨国经营面临的政治与法律环境更具有复杂性、多变性和不可控制性的特点,为了降低政治与法律风险,跨国公司可以有计划地实行本地化的策略。一方面,鼓励当地人参股投资,即主动采取渐进的程序,逐步鼓励当地人参股投资。具体举措是以公平合理的价格,向当地人出售股份,培养当地厂商为原料供应的来源,鼓励当地公司参与公司的国际营销项目。另一方面是聘请当地人出任重要职务,即在主要的控制大权仍然掌握在母公司的情况下,让本土人才掌握一部分经营管理权,这样的人才能够超越"国土本位主义"或"民族中心主义",具有更强的公司意识,即他们更能够以专业的眼光,以公司的观点来处理和理解问题。确立本地化管理的观念,对于跨国公司的管理具有极大的意义。

五、企业社会责任

20世纪90年代以来,随着全球化进程的加快,跨国公司遍布世界各地。但是生态环境恶化、自然资源破坏、贫富差距加大等全球化过程中的共同问题引起了世界各国(不仅是发达国家,而且包括发展中国家)的关注和不安。"恶意收购""血汗工厂"引起了人们对过分强调股东利益的不满。企业在发展的同时,承担包括尊重人权、保护劳工权益、保护环境等在内的社会责任已经成为国际社会的普遍期望和要求。由此,企业社会责任运动开始在欧美发达国家逐渐兴起,很多欧美跨国公司纷纷制定对社会作出必要承诺的责任守则,或通过环境、职业健康、社会责任认证应对不同利益团体的需要。但这种跨国公司自己制定的生产守则有着明显的商业目的,而且实施状况也无法得到社会监督。在劳工组织、人权组织等非政府组织的推动下,生产守则运动由跨国公司"自我约束"的"内部生产守则"逐步转变为"社会约束"的"外部生产守则"。1997年美国颁布了全球首个道德规范国际标准——SA8000;2002年,联合国正式推出《联合国全球协约》;2010年国际标准化组织(ISO)正式出台了社会责任指南标准(ISO26000)。

> **基本概念**:企业社会责任
> 企业社会责任(Corporate Social Responsibility,简称CSR)是指企业不能仅仅以利润最大化作为唯一目的,而应该最大限度地增进和维护社会利益。

(一)企业社会责任的特点

进入21世纪,企业社会责任呈现出多元化、国际化和标准化的趋势,联合国、世界银行、欧盟、世界经济论坛、世界可持续发展工商理事会、国际商业领袖论坛、国际雇主组织、国际标准化组织等分别从不同角度对企业社会责任进行了定义。但由于"企业社会责任"是一个在动态中不断发展的概念,至今仍未形成一个被普遍接受的定义。大多数定义涉及三方面的纬度:内容(履行哪些责任)、方式(如何履行)、动力(为什么履行)。企业社会责任具有以下三大特点:

1. 概念内涵的开放性

企业社会责任内涵已由早先的"公益""慈善"转为"对利益相关主体负责",即企业针对消费者、员工、供应商、社区、社会组织、同业竞争者等利益相关者制定不同的社会责任目标和内容。与此同时,不同类型的企业的社会责任实践侧重点也有所不同。

2. 义务对象的广泛性

企业是在整合各利益相关者投入的资源的基础上进行生产和创造的,企业必须对其利益相关者负责,企业社会责任的义务对象就涵盖企业所有的利益相关者,其中内部对象包括:股东、经营管理者、生产者;外部对象包括:债权人、消费者或客户、供应商、竞争对手、社区、政府等(图2-2)。

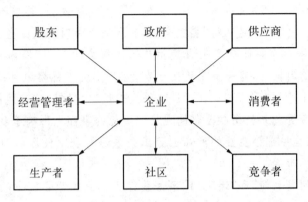

图2-2 企业社会责任义务对象

3. 义务内容的层次性

企业在创造利润、发展自身的同时,除了要对内部成员承担责任之外,还要对外承担一定的社会责任,例如对周边环境、所在社区居民以及促进社会和谐与可持续发展等方面所担负的责任。这些责任既包括遵守基本的法律和商业竞争规则,也包括遵守保护消费者、生态环境和参与社会公益事业等道德方面的规则。美国学者卡罗尔将企业的社会责任由低到高分为四个层次,它们分别是经济责任、法律责任、伦理责任和慈善责任,形成企业社会责任金字塔(图2-3)。

图2-3 企业社会责任金字塔

实例:"问题奶粉"和"连跳门"事件

2008年8月,三鹿集团所生产的婴幼儿配方奶粉,被查出含有三聚氰胺。三聚氰胺这一非法有害物质的添加,致使全国不同地区食用三鹿奶粉的婴幼儿都出现了肾结石等病例,有的甚至导致死亡事件的发生。在随后国家质检总局的抽查中,全国22家婴幼儿奶粉生产企业的69批产品检出了含量不同的三聚氰胺,其中不乏蒙牛、伊利、雅士利等全国知名企业。"问题奶粉"震惊全国,导致消费者对奶制品企业产生信任危机。

2006年起陆续有媒体对富士康克扣员工、"军事化管理"等内幕进行了报道,2010年在不足半年的时间内,富士康集团接连发生13宗员工跳楼事件;2013年又发生两起"连跳门"。富士康被贴上了"血汗工厂""杀人工厂"的标签。"连跳门"事件暴露了某些非公有制企业劳资关系失衡和恶化的现状。类似的事件也影响了我国企业在国际市场的发展,导致相当一部分企业的产品因劳工关系等社会责任因素而无法进入目标市场或被迫退出目标市场。

请思考:"问题奶粉"和"连跳门"事件暴露了企业经营管理中的什么问题?企业在其经营管理过程中应该承担起哪些社会责任?

(二)我国企业社会责任的范围

自企业社会责任运动影响我国以来,越来越多的企业开始认识到社会责任的承担不仅是政府和社会公众对企业提出的外在要求,而且也是企业为了能够在社会上获得长远的生存和发展、提高自身综合实力和竞争能力而赢得社会认同与尊重的重要方式。结合我国经济发展和企业社会责任发展的现状,我国企业社会责任的范围至少包括以下方面:

1. 对政府的责任

企业作为社会公民,应自觉按照政府有关法律、法规的规定,合法经营、照章纳税,承担政府规定的其他责任和义务,并接受政府的监督和依法干预。

2. 对股东的责任

首先,企业应严格遵守有关法律规定,对股东的资金安全和收益负责,力争给股东以丰厚的投资回报。其次,企业有责任向股东提供真实、可靠的经营和投资方面的信息,不得欺骗投资者。

3. 对消费者的责任

企业应该向消费者提供产品质量保证、适当的保用期、公平合理的价格;良好的售前、售中和售后服务;准确解释疑难、妥善解决投诉等。

4. 对员工的责任

企业对员工的责任属于内部利益相关者问题。企业必须保证员工就业安全,提供良好的工作条件、合理的工资和福利、培训和晋升的机会,尊重员工的知晓权和参与权,保护员工的尊严,认可员工的价值。

5. 对生态环境的责任

企业应该充分考虑各种有利于减少生态环境影响的因素,采取切实行动降低自身行为对环境的负面影响;要加强对污染物与废弃物的监控、再利用,提高资源利用率,减少污染排放量;应当将投资战略调整到有利于环境发展、有利于人类可持续发展的轨道,实现自身的发展。

6. 对社区的责任

企业要回馈社区,比如为社区提供就业机会,为社区的公益事业提供慈善捐助,尽可能将组织内部非生产性、专业性的文化与福利设施向社区开放,尽可能避免或减少组织自身活动对社区其他公众正常活动的影响,例如做好"三废"(废水、废烟、废气)的控制与治理、减少噪音、安全生产等。

问题与思考

1. 请理解下列概念:人本管理、企业再造、平衡计分法、组织学习、企业文化、企业社会责任。
2. 管理理论发展演变过程中呈现出的基本脉络和线索有哪些?如何理解?
3. 企业为什么要学习?组织学习与学习型组织有什么区别?企业如何开展学习?如何构建学习型组织?
4. 企业再造的基本原则和管理价值是什么?
5. 平衡计分法的基本原理和管理价值是什么?

实践与应用

1. 请了解一家企业文化建设的实践,编写一则案例,进行小组交流。

要求:(1)写出该企业概况;(2)概括该企业文化建设的举措;(3)开展小组讨论,总结该企业文化建设的经验及其对其他企业的借鉴作用。

2. 分别收集一则企业承担社会责任和违反社会责任的新闻报道,并从以下几个方面开展小组讨论。

要求:(1)企业违反社会责任的具体表现;(2)企业违反社会责任的原因;(3)企业承担社会责任的途径。

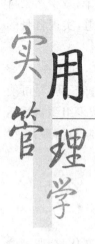

第三章 计划

第一节 目标和目标管理

目标的确定是计划工作的基础。目标是期望的成果，是组织存在的前提，也是组织开展各项工作的基础。所有管理活动，只有在计划工作为组织确定了目标以后才能开展。组织目标决定了组织存在的理由以及组织发展的路线，是管理者和组织中一切成员的行动指南。任何一个组织都有各种不同的目标，只有协调处理好各级各类目标之间的关系，才能保障组织更有效、有序地发展。

 实例：龟兔赛跑新说

兔子输掉与乌龟的比赛后，总结教训，提议与乌龟重新比赛。比赛开始，乌龟按规定路线拼命地往前爬，心里想，这次我输定了。可当它到了终点，却不见兔子的踪影。正在它纳闷时，兔子气喘吁吁地跑了过来。乌龟问："兔兄，难道又睡觉了？"兔子哀叹："睡觉倒没有，但是跑错了路。"原来兔子求胜心切，上路就埋头狂奔，恨不得马上就到终点。等它估计差不多要到终点时，却发现跑到了另一条路上，最终还是落在了乌龟的后面。

请思考：兔子输掉这一轮比赛的原因是什么？管理者能够从中得到什么启示？

一、目标的类型、特征和原则

（一）目标的类型

1. 经济性目标和非经济性目标

根据经济性来划分，组织目标可以划分为经济性目标和非经济性目标。

非公共组织的经济性目标主要包括：利润目标、产品目标、市场目标、竞争目标等。公共组织的经济性目标主要是费用的控制及资金的有效运用。非经济性目标主要是指组织为了更好地实现经济性目标而需要设置的一些基础性的、保证性的目标,具体包括:员工福利目标和社会责任目标等。员工福利目标,如工资水平的提高、福利设施的增加、住房条件和教育条件的改善等。社会责任目标反映了企业对社会贡献的程度,如合理利用自然资源、降低能源消耗、保护生态环境、不造成环境污染、积极参与社会活动,支持社会和地区的文化、体育、教育、慈善事业的发展等。

2. 战略目标、长期目标和年度目标

根据影响程度和时间跨度,组织目标可以划分为战略目标、长期目标和年度目标。

战略目标是一种宏观目标,是对组织发展的一种总体设想。它提出了组织整体发展的基本方向,规划了组织长期的根本任务。长期目标一般是指五年以上的目标,它是组织战略实施所期望的结果,在时间跨度上与组织战略保持一致。年度目标是指实施组织长期目标的年度作业目标,它反映了目标进展的速度和实现的效益水平,年度目标着重考虑各个职能部门或其他下属单位下一年度具体要完成的任务,是长期目标的分解和落实。

3. 定量目标和定性目标

根据是否可以定量化,目标可划分为定量目标和定性目标。

定量目标是可以用数学语言和数学关系表示的,定性目标一般是用叙述性语句描述,不用数字说明。定性目标虽然无法量化,但不能量化不等于不能衡量,可以通过定性化的工作标准,为工作者确定工作内容和要求。例如一些工作难以量化的职位,可以根据工作规范、岗位职责规范或者相关的管理制度规定其工作目标。

(二) 目标的特征

1. 层次性

组织的层次性决定了必须将组织目标逐步分解成一个与之相适应的层次体系,即将组织总目标具体化到组织中的每一个层次、每一个部门和每一个员工,使他们都有具体的目标,这样就形成一个目标层次体系(图3-1)。这就意味着组织目标是能够被分解的。组织目标层次分解有两种常见的方式:一种是自上而下的方法,一种为自下而上的方法,具体选择哪一种分解方法,更多地要考虑组织成员的素质和自我管理能力。

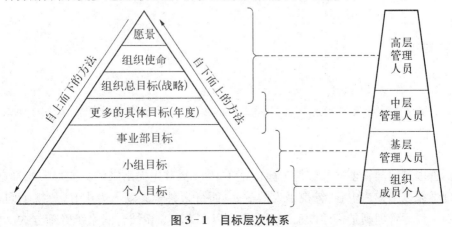

图3-1 目标层次体系

2. 多样性

目标的多样性是指一个总目标可以用不同的指标来反映,即组织应该从多方面使总目标具体化,单一指标是无法胜任的。但须注意的是,多样性的具体目标不能相互矛盾。

3. 动态性

组织的发展必须要与组织外部环境和自身内部条件的变化相适应。组织目标的内容和重点应随外界环境、组织自身优势的变化而变化。

(三) 目标确定的原则

1. 可行性

目标必须是可行的。要保证其可行性,就必须注意目标确定的科学性。通过对组织内外环境进行充分、客观的分析,判断内外部环境的现状和发展趋势对组织的影响程度,明确组织面临的机会和威胁以及组织各种资源条件和主观努力能够达到的程度,在此基础上借助于科学的方法、通过一定的程序,最终制定切实可行的目标。

2. 关键性

任何组织都有多重的发展目标,而某一个发展目标往往又有多样性的指标,因此,在确定组织目标时,必须保证关键性指标的实现,面面俱到的目标往往会使组织无所适从。

3. 可考核性

在组织总体目标分解成部门目标和岗位目标的过程中,必须确认各级部门和岗位在实现总体目标中的责任与权利,规定相应的评价与奖罚制度。通过对量化目标完成情况的监控,保证组织总目标的实现;通过具体目标与组织总目标的衔接,使成员更容易感受到自身工作对组织目标实现的贡献。

4. 权变性

目标并不是一成不变的,应根据内外环境的变化及时调整与修正。一般来说,组织的长期目标应保持相对的稳定性,短期目标要保持一定的灵活性。

5. 激励性

目标既要有实现的可能性,又要有一定的挑战性,既不是唾手可得,也并非高不可攀,而是经过一定的努力可以实现的。合理的目标应当略高于当前的能力,从而使之具有一定的激励性。

二、目标管理

> **基本概念:目标管理**
>
> 目标管理是一种通过制定目标、实施目标,依据目标进行考核评价来实施组织管理任务的过程。

目标管理是美国管理学家彼得·德鲁克在1954年首先提出来的。彼得·德鲁克认为,古典管理学派以工作为中心,忽视了人的一面;而行为科学又以人为中心,忽视了同工作结合的一面。目标管理则是一种以工作为中心和以人为中心相结合的系统管理方式。目标管理的目的是通过目标的激励来调动广大职工的积极性,从而保证实现总目标。目标管理的核心是重视成果评定,提倡个人能力的自我提高。目标管理的特点是以目标作为各项管理活动的指南,并以实现目标的成果来评价其贡献的大小。

(一) 目标管理的特点

1. 以目标为导向的结果式管理

目标管理强调的是目标而不是行动本身,是一种重视"结果"的管理。这种管理要求组织的每一层次、每个部门及每个成员首先考虑各自目标的实现。当每个层次、每个部门及每个成员的目标完成时,就意味着组织总目标的实现。在目标管理方式中,一旦分解目标确定,且不规定各个层次、各个部门及各个组织成员完成各自目标的方式与手段,这样监督的成份少了,但控制目标实现的能力却增强了,因此能有效地提高组织管理的效率。

2. 以目标网络为基础的系统管理

任何组织都有不同的层次和部门。通过目标管理,将目标逐步分解到组织中的每一个层次、每一个部门和每一个员工,使他们都有具体的目标,这样就形成了整个组织的目标网络系统。目标管理运用系统论的思想,通过目标网络对组织这个开放系统进行动态管理。组织管理工作主要就是协调总目标之间、总目标与分目标之间以及分目标之间的关系,并考核监督目标的完成情况。目标管理使组织管理更为规范化、程序化,组织的高层领导能总揽全局,实现组织管理的整体优势。

3. 以人为中心的主动式管理

(1) 民主参与。目标管理强调目标的实现者同时也是目标的制定者,即由上级与下级共同确定目标。所以,目标管理是一种民主的、强调员工自我管理的管理制度。目标管理的各个阶段都非常重视上下级之间的充分协商,让员工参与管理,实行管理的民主化。在目标制定过程中,让员工广泛参与意见,在相互尊重中实现信息交流,把个人目标与组织目标统一起来。在目标完成过程中,员工有权在组织政策范围内自行制定具体行动方案。这样让员工在充分参与的过程中发现自己工作的兴趣和价值,使员工在自我控制中实现个人与组织的目标。

(2) 自我控制。目标管理用"自我控制的管理"代替"压制性的管理",使管理人员能够控制他们自己的成绩。这种自我控制可以形成更强烈的动力,推动他们尽自己最大的力量把工作做好。

(3) 分权管理。目标管理促使管理者下放权力,以便于组织成员更好地进行自我控制与自我管理。集权和分权的矛盾是组织的基本矛盾之一,推行目标管理有助于协调这一对矛盾,促使权力下放,帮助组织在保持有效控制的前提下,建设以人为本的组织文化。

(二) 目标管理的基本过程

1. 目标确定

传统的目标确定过程是单向垄断的,即由组织高层管理者单方面完成,然后分解到各个部门以及具体的每一个人。目标管理提倡组织员工参与组织目标的设立,具体包括自上而下的目标制定法和自下而上的目标制定法。自上而下的目标制定法,先由高层管理者提出组织目标,再交给职工讨论,最后经修改形成组织目标。自下而上的目标制定法,则由下级部门或职工讨论,提出目标,再由上级批准,形成组织目标。这两种目标制定法各有优劣,具体的选择应视组织的实际情况而定,如果能把二者结合起来那就更理想。目标确定过程中应该注意:确定组织目标并将它分解为各部门的具体分目标后,各分目标之间相互协调,形成组织的目标体系;把各分目标分别落实到下属各部门和岗位,各部门和个人提出落实目标的措施;由上级与下级共同确定目标,上下级商妥之后,由下级写成书面协议,编制好目标记录卡,经由组织汇总,绘制出目标展开图。

2. 组织实施

在组织实施过程中,上级管理者应该对下属的工作进行必要的指导、协助、提出问题,提供信息,创造良好的工作环境;而下属部门和人员应该独立地进行工作,自行决定完成目标的方法和手段,在目标规定的范围内自主开展工作。目标管理方式虽并不规定各个层次、各个部门及各个组织成员完成各自目标的方式和手段,但这不意味着目标体系建立后组织管理者就放手不管了。目标体系的内在逻辑关系决定了组织中的任何部门或个人的目标完成一旦出现问题,都将牵一发而动全身。所以管理者必须进行目标控制,随时了解目标实施情况,及时发现问题、解决问题。因此,积极的自我控制和有力的领导控制相结合是实现动态控制的关键。在目标实施过程中上级管理者应该注意:按照目标体系的要求对下级进行授权;加强与下级的沟通,并给予必要的指导;定期或不定期地进行检查;建立信息反馈系统,完善统计工作,完善规章制度。

3. 成果评定

目标管理是一种严格的、精确的责任管理,它注重结果,因此必须对目标成果进行确认,评定可以围绕三个方面进行:一是达到程度(实际成绩值与目标值之比);二是复杂困难程度;三是努力程度。成果评定中应注意:实行自我评定、同事评议、领导评审相结合的方式,共同协商确认成果;评定要与经济责任和人事管理相结合,在评定的基础上进行考核,决定奖惩、薪资、晋升或降免;评定过程中的信息反馈要及时充分,通过评定,肯定成绩,发现问题,以此完善下一个目标管理过程,制定新目标并开始目标管理的循环。

实例: M机床厂全面推行目标管理

为了改善企业经营管理,挖掘内部潜力,M机床厂全面推行目标管理的方法。

M机床厂通过调查国内外机床市场需求,结合自身长远规划的要求和生产能力,初步制定出总的目标方案,并发动全厂员工反复讨论、不断补充,送职工代表大会研究通过。总目标由厂长向全厂宣布后,对总目标进行了分解落实。各部门的分目标由各部门和厂企业管理委员会共同商定,先确定项目,再制定各项目的指标和标准。各部门的目标分为必考目标和参考目标两种。必考目标包括厂部明确下达目标和部门主要的经济技术指标,参考目标包括部门的日常工作目标或主要协作项目。必考目标控制在2—4项,参考目标可以多一些。目标完成标准由各部门以目标卡片的形式填报厂部,通过讨论协调,最后由厂部批准。

部门目标确定了以后,接下来就是将部门目标进一步分解落实到每个人。部门目标的分解是采用流程图方式进行。具体方法是：先把部门目标分解落实到职能组，再分解落实到工段，工段再下达给个人。通过层层分解，全厂的总目标就落实到了每一个人身上。目标卡片经主管副厂长批准后，一份存企业管理委员会，一份由制定单位自存。

M机床厂目标管理的循环周期为一年，但考核并不采取一个循环周期考核一次的做法，而是每一季度考核一次，年终再进行总评定。这种考核的方式有力地促进了经济责任制的落实。

在实施过程中，M机床厂采用了两种信息反馈方法：一是建立"工作质量联系单"来及时反映工作质量和服务协作方面的情况。当两个部门发生工作纠纷时，厂管理部门能从"工作质量联系单"中及时了解情况，减少了部门目标实施之间的不协调现象。二是通过"目标修正方案"调整目标，在工作条件发生重大变化需修改目标时，责任部门必须填写"目标修正方案"并提交给企业管理委员会，由该委员会提出意见并交主管副厂长批准后才能修正目标。

在目标成果评定阶段，M机床厂采用自我评价和上级主管部门评价相结合的做法，在下一个季度第一个月的10日之前，每一部门必须把一份季度工作目标完成情况表报送企业管理委员会，企业管理委员会核实后，给予恰当的评分。目标成果评定时须明确每项目标的分值，如必考目标为30分，一般目标为15分。每一项目标超过指标的3%加1分，以后每增加3%再加1分。一般目标有一项未完成而不影响其他部门目标完成的，扣一般项目中的3分，影响其他部门目标完成的则扣分增加到5分。加1分相当于增加该部门基本奖金的1%，减1分则扣该部门奖金的1%。如果有一项必考目标未完成，则扣至少10%的奖金。

请思考：M机床厂是如何全面推行目标管理的？M机床厂的目标管理有何特点？

第二节 决 策

管理者在管理过程中要履行计划、组织、领导、控制等职能，这些工作一旦开展，都需要作出决策。决策贯穿于组织的各项管理活动中。决策有狭义和广义之分。狭义上说，决策就是在若干方案中作出选择；广义上说，决策还包括选择前必须进行的一切活动。决策是计划的核心工作，它的正确与否直接关系到组织的生存与发展。

一、决策的特点和类型

> **基本概念：决策**
> 决策是指为了达到一定的目标，制定两个或两个以上的备选方案并从中选择一个合理方案的分析判断过程。

(一) 决策的特点

1. 目标性

决策总是为了达到某一特定目标的,决策目标就是决策需要解决的问题。只有在存在问题,而且决策者认为这些问题必须解决的时候才会有决策。没有目标,就难以拟定未来的活动方案,评价和比较这些方案就没有标准,对未来活动效果的评定也就失去了标准,这样的决策从一开始就是盲目的。

2. 选择性

为了实现某一目标,组织可以选择不同的途径,并进行不同的活动,这些活动在资源要求、可能结果和风险程度上都有所不同,因此,决策的实质是选择,如果无法制定方案或只有一个方案,无法进行比较和选择,那就无所谓决策了。

既然决策实质上就是选择,这里就涉及选择的标准问题。管理学家西蒙提出了"有限理性条件下的令人满意的"决策准则。他认为:决策者追求理性,但又不是完全理性,而是"有限理性"的。这是因为决策者既不可能掌握全部信息,也无法认识决策的详尽规律;人的计算能力有限,即使借助计算机,也没有办法处理数量巨大的变量方程组;人的想象力和设计能力有限,不可能把所有备选方案全部列出;人的目的往往多元,而且互相抵触,同时人的价值取向并非始终如一,没有统一的标准。因此,决策者在决策中追求"令人满意"的标准,而非"最优"标准。在决策过程中,决策者定下一个最基本的要求,然后考察现有的备选方案,如果有一个备选方案能较好地满足定下的最基本的要求,决策者就可以作出"相对满意"的选择。

3. 过程性

对组织活动的决策并不是单项决策,而是一系列决策的综合。只有当一系列具体决策已经制定,相互协调,并与组织目标相一致时,组织的决策才得以形成。而就某一项具体决策而言,决策既非单纯的"出谋划策",也非简单的"拍板定案",而是一个多阶段、多步骤的分析判断过程。当然,由于决策的重要程度、决策的条件因素不同,这个过程的繁简程度就会有所不同,但任何决策都具有过程性,没有这个过程就很难有合理的决策。

(二) 决策的类型

1. 经验决策和科学决策

按照决策的依据分类,决策有经验决策和科学决策。

经验决策是指决策者对决策对象的认识与分析,以及对决策方案的选择,完全凭借自身在长期工作中所积累的经验和解决问题的惯性思维方式所进行的决策。而科学决策是指决策者运用科学的理论和方法,系统地分析主客观条件并作出的决策。

经验决策的主体一般表现为个体,而科学决策是集体智慧的产物;经验决策主要凭借决策者主体的素质,科学决策则尽可能采用先进的技术和方法;经验决策带有直观性,而科学决策虽不排斥经验,但更注重在理论的指导下处理决策问题。

在决策过程中,并非所有的管理问题都是能定量化和运用模拟予以分析和解决的,而单凭直觉和经验则无法在量化的要求上达到决策本身的要求。因此,应该把经验决策与科学决策结合起来,实现决策的科学化。成功的管理者应该兼备科学家的精神和艺术家的气质。

2. 战略决策、战术决策和业务决策

按决策的重要程度分类,决策有战略决策、战术决策和业务决策。

战略决策是指关系到组织的生存与发展的全局性、长远性问题的决策,其重点解决的是涉及组织未来发展方向和远景的大政方针;战术决策是对执行战略决策过程中具体问题的决策,重点解决的是如何组织动员内部资源的具体问题;业务决策是指在日常业务活动中为了提高效率所作的决策,它所解决的通常是日常性的、作业性的问题。

战略决策、战术决策和业务决策是决策体系中具有从属关系的、不同层次的决策,战略决策通常由高层管理者负责进行,战术决策一般由中层管理人员来进行,业务决策一般由基层管理者进行。这样的区分并不是绝对的,三个层次的决策实际上会有不同程度的交叉。由于战略战术的相互联系,我们有必要对战略决策和战术决策进一步加以说明,两者的区别主要有以下两个方面:第一,从决策对象上看,战略决策解决的是组织活动方向和活动内容的问题,即做什么的问题;而战术决策要解决的则是在既定方向和内容下的活动方式,即如何做的问题,因此战略决策是根本性决策,战术决策是执行性决策。第二,从时空范围来看,战略决策是涉及组织整体的、未来较长时期的活动,战术决策则事关局部(某个或某些部门)的、未来较短时期内的活动方案,因此,战略决策是战术决策的基础,战术决策是战略决策的落实。

3. 程序性决策和非程序性决策

按决策的重复程度分类,决策可分为程序性决策和非程序性决策。

程序性决策又称常规决策或例行决策,是指经常发生的、能按规定的程序和标准进行的决策,多指对例行的公事所作的决策。这类决策的决策过程通常是标准化的、程序化的,可通过惯例、已有的规章制度、标准工作流程等来加以解决。非程序性决策又称非常规决策或例外决策,是指具有极大偶然性、不确定性且无先例可循的决策。这类决策的决策过程是难以标准化、程序化的,因为所要解决的是前所未有的新问题,所以它不能依据已有的业务常规来进行决策,而很大程度上需要依赖于决策者的知识、经验及逻辑思维判断能力。

一般来说,组织高层管理人员对于程序性决策不必投入过多的精力,主要精力应集中在非程序性决策上,从而避免事无巨细的局面产生。

4. 确定型决策、风险型决策和不确定型决策

按决策条件分类,决策可分为确定型决策、风险型决策和非确定型决策。

确定型决策是指各种可行方案的条件都是已知的,并能较准确地预测它们各自的结果,是比较易于分析、比较和抉择的决策。风险型决策是指各种可行方案的条件大部分是已知的,每个方案都可能出现几种结果,每个结果发生的概率也是可以预测的一种决策。但由于决策的结果只能按照客观的概率来确定,因此决策存在着一定风险,风险决策由此得名。非确定型决策是指各种可行方案的条件大多未知,结果有多个,但每个结果发生的可能性即概率是未知的一种决策。由于已知的条件太少,且无概率可言,因此这类决策的决策结果更

多取决于决策者个人的经验、直觉和性格等。

确定型决策、风险型决策和非确定型决策都需要通过定量的方法,即数学模型进行优选决策。由于被选方案的可靠性不同,根据优选决策方案的决策方法就不同。确定型决策方法看似很简单,只要满足数学模型的前提条件,模型就能给出特定的结果,但在组织的大量决策中并不多见,它只是一种理想化的决策活动。风险型决策需要用概率来量化某一事件发生的可能性,概率是风险型决策的必要条件,但在现实中往往很难知道某种状态发生的概率,因此,如何进行方案的选择主要依赖于决策者对待风险的态度进行非确定型决策。

5. 群体决策和个人决策

按决策的主体分类,决策分为群体决策和个人决策。

在实际工作中,可能经常碰到这样的问题:参与决策的人数到底多少为好?由一个人来完成好呢,还是由包括两个人以上的集体来完成好?这实际上是群体决策与个人决策的选择问题。群体决策与个人决策各有利弊。群体决策有助于集思广益,可以提高对决策方案的接受性,增强决策的合理性,但群体决策比个人决策花费更多的时间,群体决策过程中容易形成群体思维,致使成员屈从集体压力而损害了最后决策的质量,同时由于责任分担、风险转移等现象也会导致群体决策的责任不清。群体决策适用于组织所有的决策活动,特别是组织中重大的关键问题的决策,个人决策则适用于组织的业务决策或程序化决策。个人决策与群体决策相比,能明显地提高决策的效率。改善群体决策的方法主要有:

(1)德尔菲法。德尔菲法是以匿名方式通过几轮函询征求专家的意见,组织预测小组对每一轮的意见进行汇总整理后作为参考,再发给各专家,供他们分析判断,以提出新的论证。几轮反复后,专家意见渐趋一致,最后为决策者进行决策提供参考。德尔菲法具有匿名性和统计性的特点。

(2)头脑风暴法。又称思维共振法,通过有关专家之间的信息交流,引起思维共振,产生组合效应,继而产生创造性思维。在典型的头脑风暴法会议中,群体领导者以一种明确的方式向所有参与者阐明问题,使参与者在完全不受约束的条件下,敞开思路、畅所欲言。参与者在讨论期间自由提出尽可能多的方案,不允许任何批评,并且所有方案都当场记录下来,留待稍后再讨论和分析。这种方法主要用于收集新设想。

(3)名义群体法。名义群体法类似传统会议一样,群体成员必须出席会议,参会者首先进行个体决策,将自己的想法提交给群体,然后一个接一个地向大家说明自己的想法,所有意见提交上来以后,进行开放性讨论,并进行分级和评价。它不同于头脑风暴法之处是在决策过程中对群体成员的讨论或人际沟通加以限制;不同于传统的会议方式之处是,它强调成员平等参与,独立思考。每一个群体成员独立地把各种想法排出次序,最后的决策是综合排序最高的意见。

 实例:"巨人大厦"与"中国首负"

1991年巨人公司成立,1995年巨人集团在全国拥有228个子公司,涉足电脑、生物工程、房地产开发、市场开拓、营销战略等领域,创造了许多令人瞠目的业绩,但巨人集团由于各种原因,最终衰落。其中一个最重要的原因就是史玉柱个人决策的失误。

1992年史玉柱开始构想建造巨人大厦,当时的概念只是一栋18层的自用办公楼。由于当时全国正值房地产热,史玉柱欲在房地产行业大展宏图,在年轻人的冲动驱使下,巨人大厦计划一变再变。此时的巨人大厦计划已不再是一份合理的构思,由原来的18层增至38层。后来当地政府的一些领导建议巨人集团为珠海建一座标志性大厦,因此,巨人大厦又由原来的38层改至54层、64层,最后决定盖个70层的大厦。对于巨人集团,38层的方案是完全能够承担的,但改为70层后,预算增加到12亿元,大约6年才能完工。史玉柱错误地认为,即使不向银行贷款,靠卖楼应该也是没有问题的。因为巨人大厦几次加高,费用跟着大量增加。当卖楼的钱用完以后,史玉柱就从生物工程方面抽调资金,但是由于抽调过度,导致新兴的生物工程出现萎缩,巨人大厦工程资金缺口尚有三四个亿。

1996年巨人由于管理不善,资金告急,巨人大厦终在1997年停工,烂尾的珠海巨人大厦为史玉柱带来上亿债务,史玉柱成为"中国首负"。

请思考:史玉柱在巨人大厦中的决策失误表现在哪些方面?请收集史玉柱创业的相关资料开展小组讨论,分析总结史玉柱创业成功的经验和失败的教训。

二、决策的一般程序

(一)确定目标

决策总是为了解决一定问题而存在的,因此,决策的目标是根据所要解决的问题来决定的。这个问题就是现状与期望状态之间的差异。这需要对组织的现状进行研究,通过调查、收集和整理有关信息,发现差距,识别问题,这是确定决策目标的起点。没有问题,就不需要决策;问题不明,则难以作出正确的决策。在识别了问题的基础上,提出组织活动应该达到的水平以及期望达到的理想目标。

目标的确定需要通过调查研究,在综合平衡组织总目标和资源的基础上进行,具体应该注意以下问题:把目标建立在需要和可行的基础上;目标须有明确性,并尽可能数量化;若存在多个决策目标时,应分清主次,综合平衡,突出主要目标;要明确目标的期限、责任者以及约束条件。

(二)拟订方案

决策的本质就是选择,而要进行正确的选择,就必须提供多种备选方案。拟订备选方案的第一步是对组织的内外部环境进行科学的分析,并对决策事物未来的发展趋势有比较准确的预测;第二步是在此基础上,分析组织外部环境存在的机会与威胁、组织内部条件的优势与劣势,并进行排列组合,拟订出适量的能实现决策目标的方案;第三步是结合组织的资源条件对这些方案进行粗略的分析比较,权衡利弊,从中选择若干个利多弊少的方案作为正式的备选方案。

在拟订备选方案时,要充分利用组织内外专家,广开思路,积极寻找各种可行方案,同时应时刻监测环境的各种变数,审视决策问题的必要性和决策方案的可行性。

（三）评价方案

评价工作的关键在于评价标准的选择,这取决于决策者最关心什么,比如：实施决策方案需付出的成本、目标的达成程度、目标达成后为组织带来的价值等。一般的做法是列出多个评价标准,并对各个标准进行权重分析。评价的过程其实就是比较、选择的过程。在这个过程中,要统筹兼顾,协调好组织资源和组织目标的关系以及决策方案的各项活动之间的关系;要兼听则明,注意听取反对意见,在众说纷纭的情况下,决策者要有决断的魄力。

评价的步骤是依据评价标准对备选方案进行全面评价,得到每个备选方案的评价值,然后将这些评价值从低到高进行排队,再根据排队的结果进行选择。

（四）选择方案

选择方案是决策者在对各种备选方案进行总体权衡的基础上,从中选择一个满意的方案。重要的决策方案可由专家小组报告评估过程和结论,最后由决策集体进行讨论决定。一般的程序性的决策可由决策者个人进行选择。

在选择方案时,决策者应注意以下问题：第一,任何方案都是有风险的。因为对未来的不确定性只能做到尽可能减少至最低限度,而不可能完全消除。第二,任何方案都只是满意方案,而非最优方案。第三,在某些特殊情况下,决策者也可以不作任何选择。比如当外部环境突然发生巨变,原先的备选方案已不再适用,或可能早在识别问题时就已经发生差错。在这些情况下,与其匆忙决策,不如不采取任何行动,以避免不必要的风险。

第三节 计划的编制

有了明确的目标并进行科学的决策之后,就可以进行计划的编制。计划有广义和狭义之分。广义的计划包括了计划的制定、执行和检查三个阶段的工作过程。狭义的计划包括了计划的编制过程(计划工作)和行动方案。计划的编制是计划的根本性工作。

一、计划工作的任务与特征

（一）计划的含义与任务

> **基本概念**：计划
>
> 广义的计划是指组织根据环境的需要和自身的特点,确定组织在未来一定时期内的目标,并通过计划的编制、执行和控制来协调、组织各类资源以顺利达到预期目标的过程。
>
> 狭义的计划是指制定组织目标并确定达成组织目标所需的行动方案。

狭义的计划内容通常包括以下工作内容,这也是一个完整的计划应该能够解决的基本问题,通常用"5W+2H+1E"来表示:

Why——为什么要做？即明确计划工作的原因及目的。
What——做什么？即明确活动的内容及要求。
Who——谁去做？即规定由哪些部门和人员负责实施计划。
When——何时做？即规定计划中各项工作的起始时间和完成时间。
Where——何地做？即确定计划的实施地点。
How——如何做？即制定实现计划的手段和措施。
How much——多少？即计划的预算。
Effect——效果是什么？即预测计划实施的结果和效果。

(二)计划工作的特征

1. 主导性

计划职能在管理过程中居于首要地位,这是因为管理的其他职能工作只有在计划确定了目标之后才能进行,并且随着计划和目标的改变而改变。为使其他的管理职能有效,就必须先做好计划工作。"凡事预则立,不预则废",说明的就是这个道理。

2. 目的性

计划的制定总是以组织特定的目标为基础的,计划应当是为实现组织目标服务的。计划工作首先就是确立目标,然后使今后的行动集中于目标,并预测和确定哪些行动有利于达到目标,哪些行动不利于达到目标,从而指导今后的行动朝着目标的方向迈进。没有计划和目标的行动是盲目的行动。

3. 普遍性

计划工作必然涉及资源,但由于组织资源的有限性,使得人们在开展各种组织活动时,都需要事先考虑资源配套,以保证资源得到充分、有效的利用。因此,计划工作在组织各级管理人员的工作中是普遍存在的。也就是说,尽管不同层次的管理者所从事的计划工作的侧重点和内容有所不同,但组织中的每一位管理者都或多或少地拥有制定计划的部分权力和责任。

二、计划的类型

(一)按计划的表现形式分类

按照计划内容的表现形式,计划可以表现为九个方面,共同形成一个等级层次,如图3-2所示。

1. 宗旨

宗旨是组织存在的意义,它指明了组织在

图3-2 计划的表现形式

社会上应有的作用和所处的地位,决定了组织的性质。没有明确的宗旨,要制定清晰的目标和战略实际上是不可能的。

2. 使命

使命是组织所选择的服务领域或事业,它既反映了社会对本组织的要求,又体现着组织的创办者或高层领导人的追求和抱负。组织使命的首要内容是确认向社会提供何种服务,承担何种任务,即确定业务活动范围。使命只是组织实现其宗旨的手段,而不是组织存在的理由,同样的宗旨可以选择不同的使命。

3. 目标

目标是组织各项活动的目的或结果,它是为实现组织的宗旨而提出的。如果说使命指出了组织所从事的事业的话,那么目标则进一步说明了组织从事这项事业的预期结果。有组织的总体目标,也有各部门的分目标。

4. 战略

战略是组织为实现自身目标而选择的发展方向、行动方针,也是组织资源分配优先顺序的总纲,组织战略必须充分考虑自身的优势、劣势以及外部环境的支持和约束条件。

5. 政策

政策是指导管理活动的纲领和方针,是指导决策以及处理各种问题的一般规定,它是人们进行决策思考和行动的指南。政策更多以书面文字的形式进行发布,政策必须保持其一贯性和完整性。

6. 规则

规则是为落实政策而制定的强制性的行为准则。它是指导行动的是非标准,是一种简单的计划。规则与政策、程序容易混淆,应该注意它们的区别。政策的目的是指导决策,并给管理人员留有一定的酌情处理的余地,而规则是需要强制执行的,管理人员在运用的时候没有自行处理的权利。规则与程序的不同在于:规则不说明时间顺序,而程序实际上是一系列规则按照一定时间序列的组合。

7. 程序

程序是对处理组织活动例行方法的规定,是通过对大量经验事实的总结而形成的规范化的日常工作过程,侧重于对组织活动规定时间顺序,是提高组织工作效率的重要保证。程序是行动的指南,而不是思想的指南。

8. 规划

规划是综合性的计划,它的作用是根据组织总目标或各部门目标来确定组织分阶段目标或各部门的分阶段目标,其重点在于确定总目标实现的进度。因此,一个规划可能需要很多支持计划。除了分阶段目标外,规划的具体内容还包括实现该目标所需的政策、程序、规则、任务分配、执行步骤、涉及的资源等,规划需要预算的支持。

9. 预算

预算是一种"数字化的规划",把预期的结果用数字化的方式表示出来就形成了预算。组织中最重要的预算是财务预算,它勾勒出未来一段时期组织的现金流量、投入和产出等的具体安排。预算还是一种重要的控制手段,是计划和控制工作的连接点。因为计划的数字化产生预算,而预算又将作为控制的衡量标准。

(二) 计划的其他分类

1. 按照计划的期限分类

按照计划期的长短,可以将计划分为长期计划、中期计划、短期计划和即时计划。长期计划规定组织在未来较长时期的目标以及为实现目标所应采取的措施和步骤,一般具有战略性、全局性的特点;中期计划介于长期计划和短期计划之间,它是长期计划的具体化,又是编制短期计划的依据,它以时间为中心具体说明组织在未来几年应达到的目标和应开展的工作;短期计划通常是指年度计划,它是根据中长期计划所确定的目标和组织当前的实际情况,对计划年度的各项活动所作出的总体安排,具有具体性、可操作性等特点;即时计划是马上付诸行动的计划,一般是作业单位按照季、月乃至周的业务进度安排。

按期限分类,反映了组织活动在时间上的延续性,因此,上述计划应该是相互衔接的。传统上人们习惯于以5年为一个长期计划的期限,而事实上,不同领域的组织计划的期限划分是没有绝对界限的。

2. 按照计划的层次分类

按照计划的层次高低分类,计划有战略计划、战术计划和作业计划。战略计划一般由高层管理者制定,是确定组织在未来一段时间内总的战略构想和总的发展目标的规划,包括组织长远的目标、政策和策略等,它决定了在相当长的时间内组织资源的运动方向,涉及组织的方方面面,并将在较长时间内发挥其指导作用。战术计划是由中层管理者制定的,是战略计划的具体化,其内容包括战略目标的分解、任务和指标、具体的对策、手段和措施等,它描述了如何实现组织的整体目标。作业计划一般是由基层管理者制定的,内容主要是下属人员的具体任务与作业程序等,也叫做业务计划。

组织的目标和计划都是有层次性的,这意味着目标和计划是应该而且可以被分解的。按照期限分类,是计划在时间顺序上的分解;按照层次分类,是计划在组织体系里不同层次上的分解。这两种分类方法,通常会有重叠。

3. 按照计划的管理职能分类

按照计划所包含的管理职能分类,计划有不同的部门计划。这种分类方式是将计划与组织结构中相应的职能部门相对应,如生产计划、财务计划、供应计划、人员培训计划、销售计划、研发计划等。

如果说战略计划、战术计划和作业计划是组织计划在不同组织层次上的分解,那么职能计划是组织计划在不同部门的分解。具体制定的时候要考虑各部门的相互关系,比如生产计划的制定是要以销售计划为基础的。

4. 按照计划的内容对象分类

按计划的内容对象分类,计划有综合计划和专项计划。综合计划是对组织活动所作的整体安排,一般具有多个目标和多方面内容的计划,它关联到整个组织或组织中的许多方面。专项计划是针对组织的特定活动所作的计划,包括活动的内容、所需的技术支持等。

综合计划与专项计划之间存在着整体与局部的关系。专项计划是综合计划中某个特殊项目的安排,它必须以综合计划为指导,同时也为综合计划的实现提供支持。

5. 按照计划的弹性程度分类

按照计划的弹性程度,计划有指令性计划与指导性计划。指令性计划具有明确规定的目标,具有可衡量的具体指标和一套可操作的行动方案。指令性计划一经制定下达,计划执行部门就必须坚决遵照执行,并尽一切努力保证完成计划。指导性计划是由上级主管部门下达的起导向作用的计划。指导性计划对计划的制定和计划要素的确定,只规定一定的原则和方法,并不确定相关的计划指标或只确定一定的范围。与指令性计划不同,指导性计划只规定一般性的方向,它指出行动的重点,但并不限定在具体的目标上,也不规定特定的行动方案。

指令性计划具有明确性的特点,但是它要求的明确性和可预见性条件在现实中未必都能够满足。指导性计划具有内在灵活性的优点。当组织面临环境的不确定性很高,要求计划的执行保持相当的灵活性以预防意料之外的变化时,指导性计划可能更有效些。在管理工作中,必须根据不同的工作任务、不同的工作者的特点以及组织所面临环境的特点,在灵活性和明确性之间进行权衡,选择制定不同类型的计划。

三、计划编制的程序和方法

(一)计划编制的程序

1. 分析环境

在正式编制计划之前,需要通过收集资料,对组织的内外环境进行调查分析,估量组织活动可能出现的机会。对组织外部环境的分析,旨在识别组织面临的机会和威胁;对组织内部环境的分析,旨在识别组织自身的优势和劣势。分析环境,估量机会,这个环节是计划工作的起点。

2. 确定目标

计划工作的目标是指组织在一定时期内所要达到的预期效果,它指明所要做的工作有哪些,重点放在哪里,以及运用策略、政策、程序、预算等计划形式所要完成的任务。首先要确保目标与组织的发展战略相一致;其次,要注意组织总体目标和下属工作单位的目标、长期目标与短期目标之间的协调;第三,分清目标的主次,保证将组织有限的资源用于关键目标的实现上;最后,要尽可能将目标量化。

3. 预测计划的前提

计划是对组织未来一个阶段活动的安排,因此就有必要对整个计划活动所处的未来环境进行预测。未来环境充满不确定性,不可能要求管理者能够百分百地预见未来,而只能通过对现有资料的分析来预测计划将要涉及的未来环境。未来环境包含的内容很多,管理者不可能也没必要对它的每个方面、每个环节都作出预测,而只需对其中对计划内容有重大影响的主要条件作出预测就可以了。外部条件包括组织未来的市场状况、竞争状况、资源保证情况,甚至政府的政策、宏观经济环境等。内部条件包括组织的资源投入、组织的战略和政策、已制定的工作计划、计划的可接受性等。

4. 拟定备选方案

这个环节具体要完成两件任务:第一,通过集思广益来发掘多种高质量的备选方案;第二,通过初步筛选,减少备选方案的数量,以便对最有希望的方案进行仔细分析。

5. 评价备选方案

评价备选方案主要可以围绕两个方面进行：第一是对备选方案本身的评价，如：组织活动所涉及的重大方面是否都纳入了计划；对涉及的问题是否都提出了解决方案；是否规定了完成的明确时间；是否明确了每一个部门、每一个岗位的职责；计划指标是否适用；是否可操作等。第二是对计划方案实施结果的估计，任何组织的活动都应以效用最大化为行为准则，都必须从一定量的投入中获得最大的产出，因此，在计划实施前还有必要对实施决策方案需要付出的成本、目标的达成程度、目标达成后为组织带来的价值等作出综合评价。评价标准的选择是关键，选择标准时要确定各标准的权重。

6. 选择方案

计划是对行动的安排，如果没有行动，计划就不是有意义的计划。既然计划涉及行动，选择就成为关键。选择的结果往往可能是选择两个或两个以上的方案，因此选择应明确首先采取哪个方案，同时将其余的方案进行细化和完善，作为后备方案。

7. 制定派生计划

派生计划就是总计划下的子计划。完成选择之后，就必须帮助各个下属部门制定支持总计划的部门计划，即派生计划。分计划是为总体计划服务的，派生计划是为上一级计划服务的。

8. 编制预算

计划的最后一步就是编制预算。预算实质上是资源的分配。它既是汇总各种计划的工具，又是衡量、控制计划进度的重要标准。用预算形式可以将计划数字化。

（二）计划编制的方法

1. 滚动计划法

滚动计划是编制中长期计划的一种方法，近期的计划定得较细、较具体，远期的计划定得较粗、较概略。在近期计划完成后，再根据执行结果的情况和新的环境变化逐步细化并修正远期的计划。如此逐期滚动，每次修正都向前滚动一期（图3-3）。

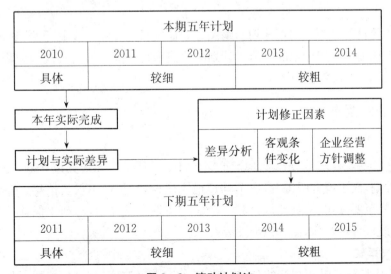

图3-3 滚动计划法

这种计划的主要优点是：将近期计划与远期计划结合起来，保证各时期计划的相互衔接。同时，也保证了计划具有一定的弹性，有助于提高组织的应变能力。这种方法的最大缺点就是计划的工作量很大。

2. 网络计划技术法

网络技术法在组织活动的进度管理，特别是在企业工程项目、产品生产等方面得到广泛应用。它的具体步骤是：首先，分解任务，把计划活动分成若干个数目的具体工序，并确定各工序之间的时间，明确各工序时间的相互关系；其次，绘制网络图，根据各工序之间的相互关系和一定的规则，绘制出包括所有工序的网络图；第三步是根据各工序所需作业的时间，计算出网络图中各路线的长度，找出关键路线，据此合理地安排各种资源，对各工序活动进行进度控制。

显然，这种方法是以网络图的形式来制定计划，通过网络图的绘制和相应的网络时间的计算，了解整个工作任务的全貌，对工作过程进行统筹安排，据此进行组织控制工作，以达到组织活动预期的目标。

3. 线性规划法

线性规划法是辅助人们进行科学管理的一种数学方法，是研究线性约束条件下线性目标函数的极值问题的数学理论和方法，即目标函数取得最优值。它是运筹学的一个重要分支，广泛应用于经济分析、经营管理和工程技术等方面，为合理地利用有限的人力、物力、财力等资源作出最优决策提供科学的依据。

在组织编制经营管理计划时，运用这种方法适宜解决的问题是：在资源（人力、物力、财力等）给定的条件下，要求充分利用资源，最大限度实现预期目标（产值、产量最大，利润最高等）；或者在任务给定的情况下，要求以消耗最少的资源（原材料、工时、成本等）来完成任务。

第四节　计划的实施

计划工作的目的是为了实现计划。编制计划仅仅只是计划工作的开始，更重要、更大量的工作还在于积极地组织计划的实施。计划的价值和目标能否得到实现很大程度上取决于实施，实施是计划的关键性工作。

一、计划实施的要求

1. 全面与均衡

计划实施的基本要求是：全面、均衡地完成计划。所谓全面地完成计划，是指必须按主要指标完成计划，而不能有所偏废；所谓均衡地完成计划，是指不仅要按年、按季，而且要按月，有些单位甚至要按旬、按日完成计划。全面均衡地完成计划，有利于保证建立正常的生产经营秩序，改善各项指标，促进稳步发展。

2. 分解与落实

实施过程中要注意计划指标的分解和落实。指标分解就是将计划指标分解为若干具体指标。这些具体指标,要能反映计划指标的要求。指标落实就是将各项具体指标落实到各职能部门和个人。指标层层分解、逐项落实,能使每个单位和每个员工明确应尽的责任和努力的目标,从而有利于计划的实施。在分解落实计划指标的时候需要注意:赢得实施者的认同,鼓励实施者面对困难,为实施者创造条件,解决实施过程中的问题。

3. 组织与控制

计划的实施需要做好大量的组织工作,保证计划所需要的各项资源得以有效配置,而其中最重要的是人员配备。人员配备的时候要充分考虑其工作意愿和工作能力,还要考虑人员的结构,形成具有合作能力的工作团队。

实施的过程也是检验的过程。检查、监督是保证计划完成的重要条件。要根据计划要求,对实际执行情况进行测定、比较和分析,以便及时发现偏差,及时采取措施加以调整,或进一步挖掘新的潜力,对计划进行补充和调整。检查、监督还需要强化控制系统,搞好调度工作。

4. 考核与激励

为了衡量各单位和每个员工是否完成了自己的任务,必须进行严格的考核,用实绩与任务进行比较,测量其任务的完成程度。考核必须全面、客观。在严格考核基础上,进行必要的激励,包括表扬与批评、奖励与惩罚,正确地遵循激励原则、运用恰当的激励手段,可以推动计划的顺利实现。

5. 调整与修正

计划具有严肃性和约束性,但由于外界环境的变化和内部条件的变动,计划不可避免地要进行调整与修正。因此在计划制定的时候,要提出预备方案,一旦在实施过程中发现问题,要考虑对计划标准进行适当修改,而当方案不可实施时,要注意备选方案的可行性以及不同方案的衔接协调。

 实例:理性的猪和感性的猪

　　动物园里有两只猪兄弟:理性的猪与感性的猪。兄弟俩各自组建了一个房地产公司,分别培养了一支理性的职业经理猪队伍和感性的职业经理猪队伍。它们作了一个约定:比比谁的公司做得大,赚钱多。

　　理性的猪向来严谨务实。它通过市场调查与分析,了解客户对房子的需求情况和行业的竞争情况,并结合本公司的实际,确立了包括长期计划、中期计划和短期计划的计划体系。公司内每只猪都有目标,每只猪都有计划,各司其职,推动企业朝既定的目标迈进。理性的猪还在公司内部设立了一套激励制度,重奖当月为销售作出重大贡献的猪。感性的猪做事则一贯凭感觉、无章法,靠着一腔热血想到哪儿就做到哪儿。豪华别墅、普通住宅、经济适用房,它认为什么赚钱就建什么。

　　约定的时间到了,感性的猪的业绩还不到理性的猪的业绩的一半。感性的猪到理性的猪的企业去考察,发现它们的企业制度完善,计划明确且应变灵活。企业产品虽不算最好,但符合客户需求,所以销路很好。

　　请思考:理性猪的成功之处何在?结合实例说明制定计划与计划实施的要求?

二、计划实施中的循环

计划实施的过程,也是一个检验的过程。由于计划实施过程中组织内外环境可能的变化,所以在实施过程中有必要对计划进行适当的调整和修正。因此,完整的计划工作程序应呈现为一个周而复始的管理循环。

PDCA 揭示了计划工作的程序应当是从"制定—实施"到"调整—改进"这样一个不断完善、提高的连续过程(图 3-4,图 3-5)。PDCA 是英语 Plan、Do、Check、Action 四个单词的缩写:P——Plan,指计划;D——Do,指实施;C——Check,指检验调整;A——Action,指处理改进。

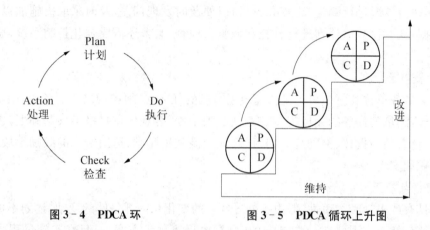

图 3-4　PDCA 环　　　　图 3-5　PDCA 循环上升图

PDCA 循环具有以下特点:第一是有机循环,大循环里套小循环,环环相扣,形成一个有机整体;第二是不断循环,管理循环每运转一周,质量就提高一步,周而复始不断地运转;第三是综合循环,PDCA 的每一个循环阶段,都包含了不同的工作步骤,各个阶段和各个步骤之间具有对应关系,紧密地联成一个完整的系统。

人们在 PDCA 循环的基础上又提出了 PDCAR,R——Record,指记录备案,要求在实施后,记录工作中遇到的问题,进行有效的总结。

问题与思考

1. 请把握下列概念:计划、目标管理、决策。
2. 一份完整的计划包括哪些内容?
3. 请说明 PDCA 循环在具体工作中的运用。
4. 在实际工作中经常会遇到计划跟不上变化的情况,因此有人觉得计划工作不重要了,你的观点如何?请说明你的理由。
5. 在具体工作中,你更愿意接受上级为你制定指令性计划还是指导性计划?请思考这两种类型计划的适用条件。
6. 人们普遍认为一个成功的管理者,应该兼备科学家的精神和艺术家的气质。这两方面的要求具体体现在哪些方面?

 实践与应用

    1. 参加完 EBA 培训之后,如果你还将继续参加工商管理专业的专科阶段的学习,请根据"5W+2H+1E"的要素,为自己制定一份专业学习计划。

    2. 如果你准备购买商品房,请说明你的决策过程。

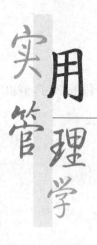

第四章 组织

第一节 组织设计

在第一章,我们介绍了作为实体组织的含义,分析了它的特点和类型,目的在于全面地了解组织现象,从而搞好组织工作。区别于作为有形存在的"组织实体",动态的组织是一种无形的活动。正是从动态角度来理解,组织被视作管理的一项基本职能,它通过建立组织结构,并不断地调整组织结构,将组织活动的各个要素、各个环节从时间上、空间上汇集起来,使个体的力量得以汇聚、融合和扩大,从而体现组织的作用。

一、组织设计的任务

> **基本概念**:组织设计
> 组织设计是对组织系统的整体设计,其实质是进行组织分化和组织整合。

组织设计是一项系统工程,内容庞杂,涉及组织系统的方方面面。组织分化,是把组织目标分化为不同的任务和具体的工作,由不同的部门和职位来承担;组织整合,就是在分工的基础上,实现组织内各层次、各部门和各职位之间的协调运作。组织设计的任务主要包括组织结构设计、组织权责关系设计以及组织制度设计三个方面的内容。

(一)组织结构设计

> **基本概念**:组织结构
> 组织结构是指一个组织内各构成要素以及它们之间确立的相关形态,一般被描述为组织的框架体系。

1. 组织结构的特性

组织结构的特性可以被分解为三种成分：复杂性、正规性以及集权性。复杂性指的是组织分化的程度。分化程度意味着一个组织的劳动分工程度、纵向等级数和地理分布的状况。如果一个组织的劳动分工越细致，纵向等级层次越多，地理分布越广泛，这个组织结构也就越复杂。正规性就是组织依靠规则和程序引导员工行为的程度。如果组织的规范准则较少，则说明其正规性程度就较小。正规性程度高的组织，往往具有各种规定，指示员工可以做什么和不可以做什么。集权就是决策制定权力的集中程度。如果决策制定权集中在组织高层，则表明该组织的权力分布是倾向于集权的，组织结构的集权性程度高。反之，下层人员如果能够被授予决策制定权力，则表明该组织的权力分布倾向于分权，组织结构的分权性程度高。

2. 组织结构设计的范畴

属于组织结构设计范畴的内容有：职务设计、部门设计、管理层次与幅度设计。结构设计的结果是使组织的各个构成部分（职务、部门和层次）联结成一个有机的整体，使各方面的工作得以协调配合。

(二) 组织权责关系设计

组织结构应明确组织内部的分工协作以及权责关系。根据组织目标的要求明确各个层次、部门和职务范围、责任，使之形成一定的结构体系，并据此协调彼此的协作关系。属于权责关系设计范畴的内容有：

1. 决策系统设计

决策系统的设计是对决策体制的设计，决策系统是组织统一指挥的保证，具有最高权力，对组织负有全面责任。决策系统的核心是领导决策中枢系统，围绕这个核心，主要有信息系统、咨询系统，它们都是在领导者的领导下活动并为其服务的。

(1) 决策中枢系统。决策中枢系统是在决策权的基础上形成的，它主要由拥有法定决策权的各级组织的领导者、领导集团等领导机构组成。

(2) 咨询系统。咨询系统的主要任务是根据决策目标和约束条件，进行系统调查和信息收集、筛选工作，作好科学预测，并拟定备选方案、提供会审意见等。这种机构通常被称为"智囊团""脑库""研究室""参谋部""咨询委员会"等。

(3) 信息系统。信息系统是立足于领导系统之中，由信息专职人员、信息机构设备和信息技术程序等构成，以信息的获取、加工、传递、贮存为内容，并向中枢、咨询等系统提供决策所需的信息的综合体系。

2. 执行系统设计

要建立明确的、强有力的执行系统，每个决策的执行都必须有专人负责、有计划、有步骤、有检查、有考核，以确保决策得到正确和高效的执行。组织管理的执行系统涵盖计划、组织、控制、协调、沟通和考核等所有管理领域。执行系统设计的主要内容是完善组织的管理体制，健全岗位职责。执行系统的设计，要以绩效管理为驱动，从中层管理的过程管理系统、员工任务管理系统和组织绩效管理系统等方面着手，以保证组织各项活动的有效开展，提升组织整体的执行力。

3. 协调机制和控制系统的设计

协调机制和控制系统的设计有助于加强组织各个层次与各个部门之间的联系,理顺各方面关系,排除各种障碍,纠正可能出现的各种偏差,促进组织的有序运作和工作的平衡发展。具体内容包括：设置协调机构、制定协调制度、规定协调的方式和手段、建立相应的监督与奖惩机制等。

（三）组织制度设计

制度是一种行为规则,制度化管理是组织行为的基础。完整的规范的管理制度体系涵盖了组织中的个体、群体(部门)和组织行为。

从个体层面来看,制度是组织对员工工作标准和行为规范的要求,最典型的是"岗位责任制",它是一种岗位性制度,适用于某一岗位上的长期性工作。从部门层面来看,制度规定了部门活动的目标、规则程序和工作标准等。从组织层面来看,制度是对某方面工作制定的带有法令性质的规定,包括组织的章程,组织发展与变革的规划,薪酬管理制度,绩效管理制度,人力资源的招聘、晋升、培训制度等。

组织设计的上述内容是相互联系、相互影响、相互依存、相互支持的,它们共同为实现组织目标提供保障,其中,组织结构设计是组织系统整体设计的核心。

二、组织设计的原则

（一）分工协作

分工协作是组织设计的一项基本原则。任何组织,都要在一定的范围里、一定的程度上进行业务活动的分工。专业分工是基于提高组织管理效率的需要,但是如果只有分工而没有协作,分工也就失去了意义。在处理好分工与协作关系的时候,组织设计应该注意以下三个方面的问题：第一,合理的分工,必须以提高专业化程度和工作效率为前提;第二,本着系统的思想,做好各部门内部以及各部门之间横向与纵向的协调与配合;第三,要加强各个管理职能之间的相互制约关系,以确保组织的管理秩序。

（二）精干高效

组织活动必须讲究效率,而提高效率的一个前提条件就是组织要精干,精干有利于在组织内建立良好的快捷的沟通,减少内耗,降低管理成本。为此,组织设计时应该注意：第一,尽可能减少纵向等级数;第二,合理控制上级主管直接有效管辖的下属人数;第三,部门设置必须合理,部门数量宜少不宜多,每个部门的人员配备也必须合理,一个人可以完成的岗位责任,就不能安排两个人去完成。

（三）权责利对等

权责利保持协调、平衡和统一是组织有效运行的前提。权力是责任的基础,责任是权力的约束。有责无权或权限过小,管理者将无法履行他的职责;反之,只有权力但没有责任或责任程度小于职权,则会导致滥用权力和推卸责任的现象。责任和权力相当,权力拥有者在运用权力时就必须考虑并承担可能产生的后果而不至于滥用权力。与权责相关的是利益,利益的大小，决定了管理者是否愿意承担责任以及接受权力的程度，只有与权责相匹配的利益，才能充分调动管理者的积极性和创造性。责任、权力和利益的统一，适用于组织的任何一个管理层次，特别是高层管理。

（四）统一指挥

统一指挥是指组织中的每一个下属应当而且只能向一个上级主管直接汇报工作，一个下属在做同一件工作时，只应接受一个直接上级的命令。组织内部的分工越是细致、深入，统一指挥的原则对于保证组织目标实现的作用就越重要。政出多门、命令不统一，一方面会使下属无所适从，另一方面也会给下属利用主管的分歧、逃避责任创造机会。在组织设计或调整时，要贯彻统一指挥的原则，必须特别处理好以下几方面的关系：第一，直线部门和职能部门之间的关系。避免多头指挥或无人负责的现象，必须确定总负责人并实行全权指挥。第二，正职与副职的关系。在同一层次的领导班子中，正、副关系是主辅关系、上下级关系，副职必须服从正职。第三，不同管理层次之间的关系。各个管理层次之间应实行逐级指挥和逐级负责的原则，一般情况不应该越级指挥和越级请示。

（五）权宜应变

客观上并不存在一种固定不变的普遍适用的最好的组织模式，只有根据不同的情境采用不同的组织结构，才是比较理想的组织设计。因此，权变组织结构的设计，着眼于任务、环境、技术和人员素质等各种权变因素以及它们之间的相互匹配。权变设计的观点强调组织与环境的互相作用并保持组织功能与环境的动态平衡，它具有两个显著的特性：一是组织内部各部门之间的相互协调和相互依赖；二是为适应许多无法预测和控制的社会环境因素的影响，从而具有更高的适应性。

第二节　组织结构设计

就好像人是由骨骼确定其形体一样，组织也是由结构决定其形态和形式的。每个组织都要分设若干管理层次与管理部门，组织内各个部分的排列顺序、空间位置、聚散状态、联系方式以及各个要素之间的相互关系，都是由组织结构决定的。正确地选择组织结构形式，对于充分发挥组织职能的作用、进行有效的管理具有重要意义。

一、职务设计

（一）职务设计的要求

> **基本概念**：职务与职务设计
>
> 职务是指组织中某一组工作任务与职责的集合，它构成了某一特定工作人员所需从事的全部工作内容。
>
> 职务设计是在对组织的目标活动进行逐级分解的基础上，具体确定组织内各项作业和管理活动开展所需设置的职务类别与数量，并指出每个职务的职责权限和任职者的条件。

职务设计是组织活动的基础性工作。与职务相对应的是职位,职位是任职者所对应的位置。一般来说,一种职务可以有一个职位,也可以有多种职位,但这些职位的主要工作职责是相似的,因此可以归于同样的职务中。有多少职位就有多少任职者,职位是以工作为中心而确定的,它强调的是人所担任的职位,并不是担任这个职位的人。职务设计的基本要求是:

1. 从特定的工作出发

对组织的所有职位,应按其业务性质进行分类,形成若干职组、职系,并按照其责任大小、难易程度、所需教育程度以及技术高低分为若干职级,对组织中的职位的任务、职责、权利、隶属关系和工作条件等相关信息进行收集和分析,作出明确的规定,对每一职位给予明确的定义和描述,并制成职务说明书。

2. 考虑职务的工作范围和挑战性

在进行职务设计时,一方面要考虑职务的工作范围,宽窄要适当,另一方面还要考虑职务目标、任务和职责的挑战性。如果把工作范围限定得太窄,任职者就不会有挑战,不会有发展的机会,也不会有成就感,最终可能导致任职者的厌倦和不满。相反的,如果工作范围定得太宽,也同样是不能有成效地进行,其结果将是任职者感受到太大的压力和太多的挫折,最终削弱对工作的控制能力。如果一个职务不具备一定挑战性,就不能使任职者充分发挥他们的潜力,组织内部的内耗将增大。

(二)职务设计的方法

1. 职务专业化

这种方法将职务划分为细小的、专业化的任务,工作者从事的都是狭窄的专业化活动。专业化的职务设计方法可以通过分工来保证生产效率的提高,但这种方法的缺点是容易诱发工作者的疲劳、厌倦感,产生心理紊乱和焦虑,容易导致工作事故。同时,工作者在这种工作环境中会感到无用武之地,久而久之对自身的能力会产生怀疑,觉得自己也像工作一样被简单化了。虽然如此,这种方法仍然指导着许多职务的设计。如生产工人仍然在装配线上从事简单、重复的工作,文员、护士、会计等职业的工作者同样在从事着相对单一的专业活动。

2. 职务轮换

这种方法是将工作者轮换到同一水平、技术要求相近的另一个岗位上去的设计方法,它拓宽了工作者的工作领域,给工作者提供了发展技术的机会,同时更多的工作体验也有助于工作者较全面地观察整个工作流程,了解工作中错综复杂、相互关联的活动,从而有利于工作者的职业生涯发展。这种方法又被称为"交叉培训法",比如直线职位与参谋职位人员之间的轮换,不同部门管理人员之间的横向轮换,可以使得工作者对组织中的其他活动有更多的了解,从而为工作者承担更大责任的职务,尤其是高层职务积累工作经验。但这种方法需要增加培训成本,还会导致生产效率的下降,对那些愿意在自己的专业领域内作一番深入研究的工作者来说,也存在着不利之处。

3. 职务扩大化

这是一种横向扩展工作的职务设计方法,主要是扩展工作任务的种类,把多种属于或低于同一水平的不同工作任务结合在一起安排在一个职位中,原则上是增加了一项职务所完成的工作任务的数量,并减少了职务循环重复的频率。它有助于减少工作单调感,增强工作者对工作的注意力。当工作者感到自己担负了更多的责任时,就会有利于他对工作进行自我控制和发挥。但是在给工作活动注入挑战性和重要性方面,这种方法却没有多大的作用。

4. 职务丰富化

这种方法是工作扩大化的发展,是一种纵向的工作扩展,这意味着赋予工作者自主权,有机会参加计划与设计,获取信息反馈,估计和修正自己的工作,从而增加他们的责任感、成就感和对工作的兴趣。与常规的、单一性的职务设计方法相比,这种方法能够提供更大的激励和更多的满意机会,这种方法的缺陷在于无法判明工作者的个人特点与工作丰富化的关系,而且,随着工作多样性的增加,责任、自主权等变量也相应有所变化。

二、部门设计

(一) 部门设计的要求

> **基本概念**:部门化
> 部门化是对组织中业务活动的合理组合,是将工作和人员组编成可以管理的单位的过程。

部门化的实质就是将实现组织目标所需开展的各项业务加以科学、合理的分类,将性质相同或相近的工作归并到一起集中处理,并明确规定它们之间横向联系的基本要求,其意义在于通过确定组织中各项任务的分配与责任的归属,以求分工合理、职责分明,有效地达到组织的目标。部门划分必须有利于形成一个有效率和有效益的组织结构,从而保证组织目标的实现。划分部门的基本要求有:

1. 多种部门化方法的综合运用

部门划分并不存在唯一的标准,组织应该根据自身特点和条件来选择划分部门的标准。不存在一种十全十美的部门划分方式。在很多情况下,在一个组织内或同一组织层次上采用两种或两种以上部门划分方法。

2. 体现部门的本质职能

部门的本质职能不应以个人的主观意愿而改变。部门的本质职能反映了部门的本职工作,它不应该因为时间的推移或主管的变动而变化,对于一些相关或边界职能,也要明确它的兼管部门,避免互相推诿、互相扯皮的现象。

3. 考虑组织的整体协调

基于分工而形成的不同部门,必然存在因分工而产生的协调任务。在划分部门时,要对各职能部门之间的职能范围予以明确的界定,同时也要考虑不同职能部门的职能衔接问题,设计好不同部门之间的联系与协调的机制。

4. 力求量少

部门划分必须以效率为前提,力求精简。有些业务活动还没有完全开展起来,可以由相关的部门兼管,一些临时性的或专题性的工作,没有必要设置固定永久的部门,可以设立临时性的工作单位来解决,以保证组织机构精干高效。

5. 避免忙闲不均

部门任务的分配要尽量均衡,工作量分配不合理,会造成部门间忙闲不均。同时,组织内的考核检查部门宜与业务部门分设,以发挥检查监督部门的作用。

6. 适时增减

部门一旦确定,就应保持相对稳定,但若实际需要和情况变化,又应作相应调整,也就是说,要根据组织业务的发展和环境变化的要求,适时增设或撤并,从而使组织结构具有一定的弹性。

(二)部门设计的方法

组织划分部门的标准有很多,比如:根据不同类型消费者来划分部门以更好地为不同的顾客群提供服务;为了加强专业程序管理,提高工艺水平而以工作流程为基础整合各项活动;一些组织的基层部门还可能按人数或时间标准来划分部门。常用的部门划分标准是:职能、产品和地区。

1. 职能部门化

职能部门化是根据业务专业化原则,以工作或任务的相似性为基础来划分部门的。判断某些业务活动是否相似的标准是:这些活动的业务性质是否相近;从事活动所需的业务技能是否相同;这些活动的进行对同一目标(或分目标)的实现是否具有紧密相关的作用。

按职能划分部门的标准简单易行,最符合逻辑标准,据此进行的分工和设计的组织结构最能发挥专业化分工的益处,提高了各部门的专业化程度和工作效率;有利于强化专业权力的集中,便于组织上层加强对组织整体活动的控制从而维护组织的统一性。各职能部门及管理人员只负责一种类型的业务活动,有利于组织对业务人员的信息获取、培训和监管指导。职能部门化的局限在于部门之间容易形成职能"壁垒"。一方面,各部门从本部门职能角度出发来观察问题,极有可能出现部门本位主义;另一方面,由于活动和业务性质不同,各部门容易只注重依据自己的准则行动,部门间横向的沟通与协调产生一定困难,增加更高一层次管理者的协调工作量。此外,由于各部门过于专业化,部门主管长期从事某一种专门业务的管理,缺乏总体的战略视角,不利于对组织高级管理人才的训练、培养。

一般而言,职能部门化通常更适合于发展初期、品种单一、规模较小的组织。为了克服这些局限性,有些组织利用产品或地区来划分部门。

2. 产品部门化

产品部门化更适用于大型的和多元化经营的企业组织。由于多品种经营,不同的产品在生产、技术、销售、市场等许多方面都很不相同,于是产生了按不同产品或产品系列来划分部门的需要。产品部门化是围绕产品或产品大类的活动来划分部门的,把同一产品的设计、生产和销售等工作都集中在一个部门进行,在高层保留了一些必要的职能部门,如财务、人力资源、公共关系和采购等。

产品部门化能够使企业将多元化经营和专业化经营结合起来,它的优势在于:有利于有关产品或某类产品的全部活动的协调一致,有利于提高决策速度和有效性。由于对各类产品的绩效考核更易于客观地评估,从而也强化了各部门对其活动结果的责任,并促进企业内部的竞争。同时它也有利于企业调整产品结构、促进新产品的研制和开发。产品部门化的局限表现在:如果各产品部门的独立性较强而横向协调性可能较差,为避免因各产品部门自行其是而导致的组织整体瓦解的危险,就必须加大上层主管对组织全局的总体控制。同时,产品部门的某些职能管理机构会与企业总部重叠,导致一般管理费用增加和某些管理工作重复的弊端。

3. 区域部门化

当组织活动出现地理上分散化、各地区的社会文化环境存在差异化的情况下,按地理区域划分部门是一种比较普遍采用的方法,使不同区域的生产、经营单位成为相对自主的管理实体,可以更好地针对各地区的不同的市场特点来组织生产和经营活动。在国际范围从事经营业务的跨国公司常采用这种组织形式。对于商品销售组织来说,地区部门化也有明显的实用价值。

区域部门化的优点在于:区域主管部门可以及时针对区域的实际情况迅速调整政策和策略,取得区域性的成功;另外也有利于培养具有通盘领导能力的综合管理人员。但是这种方法的局限性在于:需要较多的能够独当一面的地区主管,而这类人才不易获取;在地区管理和总部管理之间两级管理的集权与分权关系不易处理,同时还可能增加管理成本,造成地区管理和总部管理之间某些管理职能的重复。

三、管理层次与管理幅度的设计

(一)组织规模与管理层次、管理幅度

> **基本概念**:管理幅度与管理层次
> 管理幅度是指一个管理人员能够直接有效地指挥和监督的下属人员数目。
> 管理层次是指从最高一级管理组织到最低一级管理组织的各个组织等级,每一个组织等级即为一个管理层次。

组织结构设计要求确定合理的管理层次和管理幅度。决定管理层次与管理幅度的前提条件是组织规模。组织规模是指组织规模的大小,其主要特征是人数、工作任务的重要性、所辖范围和编制。

管理层次是针对管理组织的组织等级而言的,即组织内部从上而下或从下而上所形成的组织等级数,并不包括"作业人员"这一层次。管理层次的划分,为组织的最高管理者提供了通过职权等级链的逐层直接监督来协调和控制组织活动的有力手段。

管理幅度又称"管理跨度"、"管理宽度"。在理解管理幅度概念的时候要把握两个关键词:一个是直接、一个是有效。"直接",意味着那些间接的被领导者是不应该被算作管理幅度的范畴的;"有效"则涉及一个管理者能够直接领导下属的可能人数。一般来说,一名管理人员直接领导的下级人数的增加,实际上意味着他直接控制和协调的业务量的增加。因此一名主管有效地直接领导下级的人数必然是有限的。

(二)影响管理幅度设计的因素

管理层次与组织规模和管理幅度密切相关。在管理幅度既定条件下,管理层次与组织规模成正比,组织的规模越大,组织人员数量越多,组织所需的管理层次就越多;在组织规模既定的条件下,管理层次与管理幅度成反比,主管直接控制的下级越多,管理层次越少。相反,若管理幅度减少,则管理层次增加。通常情况下,组织规模不是可以任意扩大或减缩的,所以管理层次也不是可以随意增减的。因此,管理幅度便成了组织设计中的一个重要问题。影响管理幅度的主要因素有以下方面:

1. 工作能力

工作能力因素主要是指主管及其下属的综合素质。如果管理者本人受过良好教育,经验丰富,年富力强,或者下属人员有较强的独立工作能力和工作经验和较高的自我管理自我控制的素质,就能进一步加大上级主管的管理幅度。

2. 工作本身

工作本身是指主管及其下属的工作的内容和特点。需要考虑的因素是:

(1) 主管人员的层次。处于组织高层的主管,管理幅度应较小;而基层主管,管理幅度可适当扩大一些。

(2) 主管人员的非管理事务。如果一个主管人员同时身兼几种管理者角色,其非管理性事务的工作量增加,可以适当缩减其管理幅度。

(3) 下属工作的相似性。下属从事的工作内容和性质有较大相似性,则同一主管的管理幅度可以大一些,反之则管理幅度较小。

(4) 计划的完善性与控制的明确程度。如果计划制定得详细周密,切实可行,主管对下属的具体指导就可减少一些,从而有助于管理幅度扩大。如果用以衡量下属工作绩效的标准是具体的,既便于下属自我调节,也可减少上级直接监督控制的频率和难度,管理幅度也可扩大。

3. 工作条件

工作条件是指组织为各级管理人员所提供的条件性因素,具体包括:

(1) 组织管理技术的现代化程度。如果组织拥有先进的管理工具和信息手段,主管的管理幅度可大些;反之,管理幅度就应小些。

(2) 组织的沟通机制。如果组织内部沟通制度健全,沟通渠道畅通,就可以适当扩大主管人员的管理幅度,反之则应当适当减缩管理幅度。

(3) 组织的内聚力程度。组织的内聚力越强,不仅有利于组织效率提高,也减少了组织内部产生较多矛盾和需要协调的可能性,有助于扩大主管的管理幅度。

(4) 工作地点在空间上的分散程度。如果不同下属的工作岗位在地理空间上比较接近,那么其主管人员的管理幅度相对可以扩大一些,反之则应该减少一些。

(5) 助手的配备情况。如果为主管人配备了必要的助手,也可以适当增加其管理幅度。

4. 工作环境

组织环境的稳定性程度,在很大程度上影响了组织活动内容和政策的调整频率与幅度。环境越不稳定,各层次主管人员的管理幅度就越应减少。

四、组织结构形式设计

(一)典型的组织结构形式

从传统管理到现代管理,组织结构的形式因组织之间的差异性而表现为纷繁多样的形式,但实际得到采用并占主导地位的仅有几种典型的形式,传统的组织结构形式主要有直线制、职能制、直线职能制等,现代的组织结构形式主要有事业部制、矩阵制、多维立体制等。

1. 直线制

这种组织结构形式只有直线部门,没有职能部门,各级主管人员按照由上到下的权力划分实施指挥(图4-1)。许多从小发展到大的企业,在其发展之初通常采用的是直线制形式的组织结构。这种组织结构所具有的优点是:便于指挥统一和集中管理、决策迅速、管理效率较高。但是由于组织内没有专业管理分工,对各级管理人员的要求高,特别是对于最高行政负责人来说,必须是全能型的管理者。这种组织结构形式在权力分布上倾向于高度集权,适用于那些规模比较小、业务单纯、技术简单的组织。

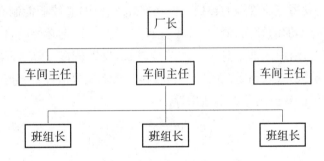

图4-1 直线制组织结构示意图

2. 职能制

这种组织结构形式既有直线部门,又有职能部门,职能部门拥有直线指挥权。每一级组织既服从上级直线部门的指挥,也听从上级职能部门的指挥(图4-2)。

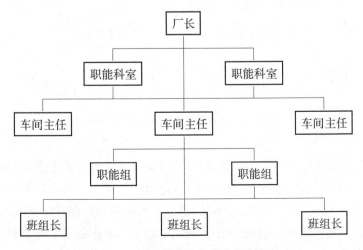

图4-2 职能制组织结构示意图

就权力分布而言,这种组织结构形式容易导致权力的分散。它的优点是能充分发挥职能机构专业管理的作用,而缺点是妨碍了统一指挥的原则,在组织内部容易形成多头领导,而且各职能部门之间的协调性较差致使组织整体缺乏应变能力。职能制组织结构形式主要适用于那些提供单一产品或少数几类产品且所处环境相对稳定的企业组织。

3. 直线职能制

直线职能制是直线制与职能制的结合体,它以直线为基础,在各级主管之下设置相应的职能部门,在组织内部既有保证组织目标实现的直线部门,也有按专业分工设置的职能部门,实行主管统一指挥与职能部门参谋指导相结合的结构形式(图4-3)。职能部门在这里的作用是作为该级直线领导者的参谋和助手,无权直接下达命令或进行指挥,只发挥了业务指导作用,各级主管实行逐级负责。就权力分布而言,这种结构是倾向于集权的。

直线职能制是各国各类组织普遍采用的结构形式。它既保持了直线制集中统一的优点,又吸取了职能制发挥专业管理的长处。但在实际工作中,直线职能制有过多强调直线指挥而对参谋职权注意不够的倾向;同时,高度集权使得下属缺乏必要的自主权;各职能部门之间的横向联系较差;组织内部信息传递的路线较长,反馈较慢,适应环境变化较难。随着组织规模的进一步扩大,或者当组织的经营领域和经营地域分散性很强时,以集权为主要特征的直线职能制就可能暴露出它的不适用性。

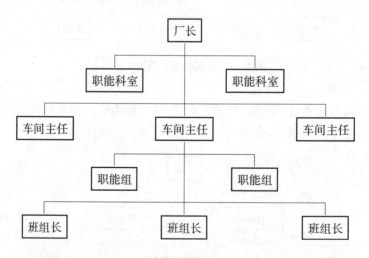

图4-3 直线职能制组织结构示意图

4. 事业部制

这种结构形式是在总公司下按产品、地区或市场将业务分设若干事业部或分公司,使之成为独立核算、自主经营、自负盈亏的利润中心,总公司事实上是投资决策中心,只保留方针政策的拟订、重要人事任免和重大问题的决策权,并利用利润指标对事业部进行控制。事业部是总公司控制下的利润中心,事业部作为利润中心可以看作是一个分公司,下设自己的职能部门,事业部下属的生产单位是成本中心(图4-4)。

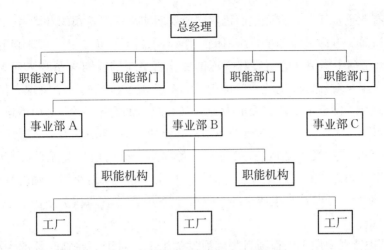

图 4-4 事业部制组织结构示意图

事业部制是一种分权化的组织结构,其基本思想和主要特点是"集中决策,分散经营"、"统一领导,分权管理",即在集权领导下实行分权管理。主要适用于具有比较复杂的产品类别或经营地域分布广泛的企业组织。其优势十分明显:既有利于促进各事业部的积极性和主动性,又有利于各事业部的竞争,从而有利于增强公司的活力;既有利于培养综合型的高级经理人员,也有利于提高公司应对环境变化的适应能力。此外,事业部制的结构使得公司最高管理层能够从具体的日常事务中摆脱出来,集中精力进行战略决策和长远规划,因此决策的效率大大提高。事业部制结构的缺陷表现在:机构重叠、管理层次增加、管理费用上升;容易产生各事业部对公司资源和共享市场的不良竞争,增加内耗;总公司和事业部之间的集权和分权关系难以把握,将削弱总公司对事业部的控制能力。

5. 矩阵制

矩阵制是指由纵横两套管理系统组成的方形组织结构。一套是纵向的职能系统,另一套是横向的为完成某一项任务而组成的项目系统。职能部门是固定的组织,项目小组是临时性的组织(图 4-5)。

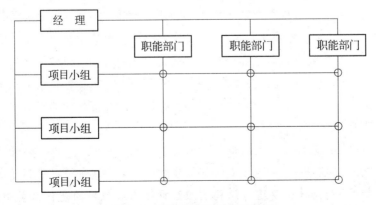

图 4-5 矩阵制组织结构示意图

矩阵制结构具有较好的机动性和适应性。在矩阵制组织中,参加各项目组的成员接受双重领导,具有双重责任。一方面他们仍然同原属职能部门保持组织和业务的联系,对原属职能部门负责;另一方面又参加项目小组的工作,对项目经理负责。一般来讲它具有以下优点:第一,能够根据组织活动的需要和环境的变化将组织的横向关系和纵向关系很好地结合起来,增强了组织对外部环境的适应能力;第二,打破了传统的一个管理人员只受一个部门领导的管理原则,便于集中各方面的专业人员和组织的有限资源,更加迅速、高效地完成某一特定项目任务;第三,对专业人员的使用富有弹性,不同部门的专业人员组织在一起,既有助于发挥他们的积极性和创造性,又有利于各部门人员的信息交流,增加互相学习的机会,提高专业水平和工作能力。矩阵制结构的缺点是:由于项目小组是临时性的组织,容易使人员产生短期行为;同时,小组成员的双重领导问题,潜伏着职权关系的混乱和冲突,容易造成工作中的矛盾。

矩阵制结构特别适用于工程项目类和研发类组织。对于一些临时性的大型活动,这种结构形式也比较有效。

实例:美国商用计算机和设备公司的组织结构

多年来,美国商用计算机和设备公司的组织结构是按照职能系列组织起来的,由几位副总裁分管财务、销售、生产、人事、采购、工程以及研究和发展。但是总裁渐渐发现,一向运行良好的组织结构,已经不能适应公司的发展需要了。因为,随着公司发展,公司已把其产品系列扩大,从商用计算机扩展到电动打字机、照相复印机、电影摄影机和放映机、机床用计算机控制设备以及电动会计机。但是,公司现存的组织结构使总裁办公室以下的人员机构无法对公司的利润负责,无法适应目前在许多国家进行的业务的广泛性,并且似乎加固了阻碍销售、生产和工程各职能部门之间有效协调的"壁垒"。此外,有许多决定似乎除了总裁办公室以外,其他任何低于这一级的都不能作出。

因此,总裁将公司分成15个在美国和海外的各自独立经营的分公司,每个公司对利润负有全部的责任。然而在实行公司重组后,总裁开始感到对分公司不能实行充分的控制了。分公司在采购和人事职能方面出现了大量的重复,各分公司经理无视总公司的方针和策略,各自经营自己的业务,在总裁面前逐步显示出公司正在瓦解成一些独立部门的趋势。总裁认识到他在分权方面已走得太远了。于是,他撤回了分公司经理的某些职权,并要求他们就一些重要事项决策应征得公司最高管理部门的批准,比如:超过1万美元的资本支出;新产品的推行;制定销售和价格的策略及政策;扩大工厂;人事政策的改变等。

当分公司的一般经理们看到他们的某些自主权被收回时,他们公开抱怨公司的方针摇摆不定,一会儿分权,一会儿集权。总裁对自己处于这种情况感到忧虑。

请思考: 公司为什么要进行结构重组?重组以后采用的是什么类型的组织机构?为什么总裁要撤回分公司经理的某些职权?分公司经理对总裁抱怨的真正原因是什么?总裁应该如何消除分公司经理的抱怨?

（二）组织结构设计的趋势

1. 扁平化趋势与扁平型组织

管理层次与管理幅度分别从纵向和横向两个截面决定了组织的结构形态，即高耸的结构和扁平的结构。高耸型组织和扁平型组织的利弊是相对的，在适宜的条件下，它们都可以成为组织有效的选择。虽然如此，为了提高组织活动的有效性，现代组织更倾向于选择扁平的组织结构，也就是说，组织结构出现了扁平化的发展趋势。

（1）高耸型组织。高耸型组织是管理幅度较小、管理层次较多的结构，是一种锥形的结构形态或金字塔形态。传统的组织大多是高耸型的结构形态。其优点表现在：由于管理幅度小，主管有较多时间和精力对下属进行深入、具体的指导，能对其工作实施严密的监督和控制，与其直属人员沟通的机会多；由于管理层次多，能够给有能力的下属提供更多晋升机会。但是也正是由于过多的管理层次，组织需要配备较多管理人员，导致管理费用过高；增加了各层次及部门间的协调工作；整个组织的信息传递速度迟缓而且易于失真；高层主管不易了解基层现状，容易滋生官僚主义。另外，也加大了计划工作的控制难度，组织整体缺乏弹性，应变能力较差。

（2）扁平型组织。扁平型组织是指管理层次少而管理幅度大的组织结构。扁平型组织有其显著的优势：由于组织结构层次较少，减少了管理环节和管理人员，从而节省了管理费用；缩短了上下级距离，密切了上下级关系；缩短了纵向沟通的渠道，信息纵向传递速度快，信息失真少。由于管理幅度加大，上级主管更乐于让下属拥有较大自主性，这将有利于下属人员的成长和成熟。这种结构形态同样存在着缺陷：一方面可能加大各级主管的工作负荷，致使其不能对每位下属进行充分有效的指导和监督；另一方面随着群体规模的扩大，同级成员之间协调和沟通受到一定限制。

2. 柔性化趋势与有机式组织

现代组织越来越重视柔性的组织结构，不倾向于遵循传统的组织设计原则和方法，不像过去那样重视职责的严格分工。因此，组织结构设计出现了机械式结构逐渐被有机式结构取代的新趋势，也就是柔性化的趋势。一般说来，机械式组织结构在稳定的环境中运作是最为有效的，有机式组织结构则与动态的、不确定的环境最匹配。

（1）机械式组织，也称官僚行政组织。机械式组织是一种具有高复杂性、高正规性和集权化特征的组织模式，这种组织形式对任务进行了高度的劳动分工和职能分工，以客观的不受个人情感影响的方式挑选符合职务规范要求的任职人员，并对分工以后的专业化工作作集权严密的层次控制，同时制定出许多程序、规则和标准。这种结构具有刚性的特点。

（2）有机式组织，也称适应性组织。有机式组织模式是一种松散、灵活的具有高度适应性的组织形式，具有低复杂性、低正规性和分权化的特征。有机式组织一般不设置固定的职位和职能界限严格确定的部门，不具有标准化的工作和规则条例，在组织结构上具有更大的柔性，能够根据需要迅速地作出调整，具有较高的适应性和创新性。

3. 虚拟化趋势与网络组织

20世纪90年代以来，信息化和网络化对组织结构发生了深刻影响。企业面对不断变化的市场，为求得生存与发展必须具有高度的柔性和快速反应能力。为此，现代企业向组织结构简单化、扁平化方向发展，于是就产生了能将知识、技术、资金、原材料、市场和管理等资源联合起来的虚拟企业。虚拟企业并没有固定的虚拟形态，本质上它只是一种虚拟运作。

(1) 虚拟组织。虚拟组织是一种区别于传统组织的以信息技术为支撑的人机一体化组织。它以现代通讯技术、信息存储技术、机器智能产品为依托，实现传统组织结构、职能及目标。虚拟组织具有以下特征：

① 虚拟组织体现了一种从外部运筹资源的思路和能力。在网络虚拟化的基础上，虚拟组织都能以各自的方式借用外部力量，如购买、兼并、联合、委托和外包等，对外部资源优势进行重新组合。通过虚拟功能，组织可以获得诸如设计、生产、营销网络等具体功能，但不一定拥有与上述具体功能相对应的实体组织。通过对外部资源的利用，拓展自身可优化配置资源的范畴，使组织内外部各种资源得以整合，聚变成更强大的综合的竞争优势。

② 虚拟组织突破了组织有型的、自然的界限，使得组织界限模糊化。一些具有不同资源及优势的企业为了共同的利益目标走到一起组成所谓的虚拟企业，这些企业可能是供应商、销售商，也可能是同行业中的合作者或竞争者。

③ 虚拟运作使组织内部的结构发生了深刻变化。这种变化主要表现在组织结构的扁平化和网络化。原有的职能过于细分、中层管理人员过于庞杂的金字塔结构不再适应虚拟运作的要求，内部的管理层级将因对信息的高度应变性而相应地变得扁平化。同时，基于高效的信息传输和对环境变化的快速反应，组织还必须建立一种以信息网络为依托的新型的网络组织结构。

(2) 网络组织。随着信息化的发展，网络工具开始成为企业管理的重要工具，企业之间交流速度加快，竞争速度也加快，企业无力通过多元化经营方式规避市场风险，于是把原来多元化企业经营的内部子系统分立出来，分成许多独立而又相互联系的小企业，每个小企业专注于生产的某一部分来适应市场的多元化需求。在这种背景下，就出现了网络制的组织结构，实际上这一组织模式是由若干相互独立的组织构成的一个成员不断变动的组织系统。在传统的组织模式下，通常由一些部门完成的工作任务，如产品设计、制造、人力资源管理、会计、数据处理、包装、仓储与交货等，在网络制组织模式下通过承包交给其他企业去完成。网络制组织模式由两个部分组成：一个部分是中心层，它由单个企业家或企业家群体组成，直接管理一个规模较小的办事队伍；另一个是外围层，由若干独立的公司组成，这些独立的公司与中心层是一种合同关系，而这种合同关系又经常变更，具有极大的不稳定性，使得网络组织呈现出开放性和动态性。网络组织在结构上具有以下特点：

① 中心层不像传统层级制组织的公司总部，几乎没有直属的职能部门，通常只有一个小规模的经理人员集团，这些经理人员的职责不是直接进行一些生产经营活动，而是对那些从事制造、销售和其他一些主要职能的外围层组织之间的关系进行协调。网络组织在进行各项业务时主要依靠外围层组织提供的职能进行的。

② 网络组织具有虚拟化的功能，但它并不是虚拟存在的网络中心。网络组织把许多并不隶属于网络中心的独立经营的公司或者经营单位纳入自己的组织网络，从而把组织的规模和作用扩大，也使得它具有了局部而非全部的虚拟功能。无论是中心层还是外围层，它们不仅具有实体特征，而且他们之间具有联盟组织所不具有的合同关系，因此将这种具有局部

虚拟功能的组织模式称之为网络组织可能会更加准确一些。

第三节 职权设计

职权设计的任务就是处理组织上下级之间和同级之间的职权关系,将不同类型的职权合理分配到各个层次和部门,明确规定各部门、各种职务的具体职权,建立起集中统一、上下左右协调配合的职权结构。

一、职权与职责

（一）权力的来源

权力是影响他人行为的一种潜在能力,根据权力来源的基础和使用方式的不同,可以将权力划分为职权和非职权。

> **基本概念：职权**
> 职权是指管理职务所固有的发布命令和希望命令得到执行的一种权力。

1. 职权

职权与职务相伴随,它与组织内的一定职位相关,而与担任该职位管理者的个人特性无关。每一个管理职位都具有某种特定的、内在的权力,任职者可从该职位中获得这种权力。当某人不再占据该职位时,他就不再享有该职位的任何权力,而职权仍保留在该职位中,并赋予了新的任职者。职权的表现形式包括法定权、强制权和奖赏权三项。

（1）法定权。法定权是权力的最重要的基础,是由组织以法定程序正式授予的,这意味着某人在组织内执掌的这部分权力是合法化的。在组织中的法定权一般以工作职务为表征。这种权力通常通过书面文字形式的委任状、召开会议宣布任命、报请有关部门备案等形式获得承认。法定权力不一定通过领导者和管理者个人来实施,往往可以通过组织内的政策和制度来实施。

（2）强制权。这是一种对下属精神上和物质上进行威胁的强迫性权力,是一种惩罚性权力,它意味着下属一旦不遵从上级意图可能产生负面结果。领导者和管理者拥有这项权力是必要的,但决不能滥用这种权力。

（3）奖赏权。奖赏权是与强制权相对应的。它使下属认识到完成预定的任务会带来一定的奖励。这种奖励往往是人们所看重的东西,包括物质方面的,也包括精神方面的。

2. 非职权

非职务性权力来源于个人的品质和才能,它是与个人的特性相关的。有职务的人未必拥有这些权力；没有职务的人,却可能有这些权力,并对他人产生影响。非职务性权力主要表现为专长权和感召权。

（1）专长权。主要是指领导者具有某些特殊的专业知识和技能,博学多才,才能超群,因而赢得下属的好感和钦佩。

（2）感召权。这种权力来源于个人的人格魅力，是一个人在组织中所具有的人格感召力。这种权力是因为领导者和管理者个人的人格力量而受到下属与同僚的称赞和敬佩，是建立在他人发自内心的认可基础之上的。

（二）职权的类别

不同管理部门或人员在实现组织目标过程中的作用是不尽相同的，那些对组织目标的实现负有直接责任的部门被称为直线机构，而那些协助直线人员工作而设置的辅助于组织基本目标实现的部门被称为参谋机构。与之相对应，就形成了两种职权：直线职权和参谋职权。介于两者之间的是职能职权。

1. 直线职权

直线职权是指直线人员所拥有的作出决策、发布命令以及执行决策的权力，它掌握在直线人员手中。在一个组织中，直线职权从上而下形成了一个"指挥链"，在这个指挥链的每一个层级上，除最高管理者以外，都要接受来自上一级的指示和命令并切实加以贯彻执行，也都要接受他分管下级的请示和汇报，并负责向下一级发布命令和指示，由此逐级管理，就形成了一个组织内部的直线职权指挥系统。

直线职权包括决策权、命令权和执行权。通常也被称为指挥权。直线职权并不仅仅存在于直线系统内，参谋机构对其内部人员的管理，本质上与直线系统的管理一样，也都需要依靠直线职权。可以说，只要有上下级关系存在，直线职权就应运而生。

2. 参谋职权

参谋职权是指参谋人员所拥有的提出咨询建议或提供服务、协助直线机构和直线人员进行工作的权力，它是一种辅助性的职权。在组织的直线系统内，参谋职权只有咨询、建议、指导、协助、服务和顾问的作用，并不具有指挥权，参谋职权是为直线机构和直线人员更好地行使直线职权而设置的，参谋职权直接对上一级领导负责，而不对下一级直线领导负责。参谋职权的最大的特点是不能向其他部门或人员发号施令，只能出主意、提建议、作指导、发挥咨询作用。参谋和直线之间的界限是模糊的，作为一个主管人员，他既可以是直线人员，也可以是参谋人员。当他在所属部门时，他行使直线职权，而面对自己的上级或与其他部门发生联系时，他又成为参谋人员。

参谋机构是作为直线主管的助手而设置的，这不仅有利于适应复杂管理活动对各种专业知识的要求，同时也保证了直线系统的统一指挥。但在实际中，由于两者所负的责任以及处理问题的立场和角度等各不相同，直线和参谋经常矛盾，从而造成组织运行效率的丧失。因此，区分和处理直线与参谋的关系，是组织设计和运作中有效发挥各方面力量协同作用的一项重要内容。

3. 职能职权

在传统的组织设计中，参谋职权非常有限，现代组织设计出现了将职能部门的功能适当扩大的倾向，参谋人员和职能部门的主管人员被授予一部分原属于直线主管人员的权力，这被称为职能职权。也就是说，职能职权是经由上级直线主管的授权而产生的，直线主管人员把本来属于自己的一部分权力分离出来,授予参谋专家或职能部门的主管人员,使他们也可以按照规定和程序,在其授权范围内有权作出决定,直接向下一级的直线部门发布指示。职能职权是介于直线职权和参谋职权之间的一种特殊职权,必须明确其业务分工和权限范围,否则会损害直线指挥系统的统一性和完整性。职能职权大部分是由业务或参谋部门的负责人来行使的,这些部门一般都是由一些职能管理专家所组成,他们发布指示的权力是在一定条件下才具有的,即由直线机构的上级及主管人员授权,并按照一定的制度和程序行使。职能职权的范围是有限的,仅限于参谋机构和人员的某些业务活动,而不是全部。

（三）职责

职责是任职者执行职权的义务和必须承担的相应责任。职务、职权和职责三位一体,相互对等。职权一致、职权与职责对等,是组织设计必须遵循的。

职责可以分为执行职责和最终职责。最终职责是管理者应对他授予执行职责的下属人员的行动最终负责,所以最终职责永远不能下授;而执行职责是指管理者应当明确与所授职权对等的执行责任。一般来说,管理者授权时,授权者承担最终职责、受权者承担执行职责,也就是说,"职权下授,责任不下授"。

（四）职权设计的要求

职权设计最基本的一个要求是遵循统一指挥的原则,这是社会化大生产的客观要求。具体来说,职权设计工作应该注意处理好以下问题:

1. 纵向职权结构和决策权在不同层次的配置

组织设计的实质是对组织活动进行分工,包括横向和纵向两个方面。纵向分工是确定管理系统的层次,并根据管理层次在管理系统中的位置,规定管理的职责和权限,纵向分工的结果是职权在组织内部形成相应的纵向结构。职权的纵向结构一般由高层的经营决策权、中层的专业管理权以及基层的作业管理权三个部分组成。职权的纵向设计的关键是决策权在各个层次的合理配置,这就需要正确处理决策权的集中与分散的关系,明确决策权限在责任分配基础上的相对集中和分散。

2. 横向职权结构和部门职权关系的制约与平衡

组织活动的横向分工的结果是职务设计和部门设置,将组织活动分解为不同的职位和部门的任务,从而形成职权的横向结构,也就是同一管理层次各个部门的职权配置及相互关系。它与职能结构和部门结构相适应,包括相互联系的三个方面的内容:一是按照专业分工,各部门所享有的相应职权;二是按照在各项工作中同级部门之间的协作关系,各自享有的相应职权,如决定权、建议权、协商权等;三是按照有关部门之间的横向制约关系所确定的监督权。职权的横向结构和部门职权关系的设计,一方面要为各部门配置完成其专业管理工作所必需的、独立行使的职权;另一方面,要为部门之间的相互协调规定相应的职权,在实现合理的横向分工与有效的横向制约的同时,促进良好的横向协调。

3. 直线职权和参谋职权关系的界定

参谋职权和职能职权在促进直线职权发挥的同时,也会对直线职权人员产生限制,如果处理不好，很可能干扰和削弱直线职权。因此在设计职权时，需要采取以下措施：

（1）明确直线人员的决定权。职权设计时必须明确直线部门负责人对本部门工作拥有决定权，而职能部门行使参谋职权，其职责是提供建议而不是指挥。直线人员虽然应该听取参谋机构和人员的咨询和建议，但必须由自己作出决定并经过直线机构发出指示去贯彻执行。

（2）避免参谋机构形同虚设。职权设计应实行强制参谋制度并授予参谋机构和人员报告权，使参谋机构和人员具有一定的独立性，切实发挥参谋机构的作用，同时要把职权限定在真正必要的业务活动上，并授予参谋机构一定的职能职权，以便更好地发挥参谋机构的专业管理职能。

二、集权与分权

基本概念：集权和分权

集权，是指决策权在组织系统中较高层次上一定程度的集中，即把决策权集中在组织领导层，下级部门和下级人员只能依据上级的决定、法令和指示办事，一切行动听上级指挥。

分权，是指决策权在组织系统中较低层次上一定程度的分散，组织领导层把其决策权分配给下级部门和下级部门主管，以便他们能行使这些权力、支配组织某些资源、自主解决某些问题，完成其工作职责。

管理实践表明，集权的必要性在于保证组织目标的一致性和组织行动的统一性，而一个组织内部要实行分工，就必须分权，否则，组织便无法运转。也就是说，集权和分权具有相对性，既没有绝对的集权和分权，集权和分权也没有绝对的好坏。

实例：通用电气公司的"全球中心体制"

美国通用电气公司是一家超大型的跨国公司，公司在管理上采用了"全球中心体制"。一方面，母公司在财务、人事和研究开发三大关键领域对子公司进行严密控制；另一方面，母公司在营销决策、劳动关系、生产关系等方面赋予分公司较大的自主权。通用电气公司在财务管理上实行"集权为主、分权为辅"的方式。总公司设有财务部，是全公司的中央机构，各分公司根据各自的不同业务构成来设置财务机构，直接向总公司的财务副总裁负责。分公司只能在总部制定的财务制度范围内活动，在遵守总公司财务制度的前提下，享有财务的自主权。

通用公司把重大决策权集中在公司总部，而把需要灵活反应的具体安排和经营业务分散在各分公司。这种管理模式，一方面使集中管理在协作中节约资源、提高效率；另一方面，通过分散经营充分发挥了子公司各级人员的积极性，提高了经营的灵活性，从而能获得良好的经济效益。

请思考：通用电气公司"全球中心体制"的管理模式在权力设计上有何特点？你认为在组织结构设计中，到底是集权好还是分权好？

（一）影响集权和分权的因素

集权和分权存在于一个连续统一体之中。职权设计需要考虑的不应该是集权还是分权，而是哪些权力宜于集中，哪些权力宜于分散，在什么样的情况下集权的成分应多一点，在什么情况下又需要较多的分权。因此，要研究影响集权和分权的因素，从实际情况出发，正确地确定集权和分权的程度。

1. 决策事项的重要性

这可以从两个方面来衡量：一是决策的影响程度；二是决策涉及的费用。对于影响面大、涉及费用多、责任重大的事项，最高主管往往不愿意交由下属决策。

2. 政策的一致性

如果最高主管希望保持政策的一致性，即在整个组织中采用统一的政策，则势必倾向于集权化；如果最高主管允许各单位根据客观实际情况制定各自的政策，则势必会放宽对职权的控制程度。一般诸如财务、质量管理、重要人事任免等职能需要保证政策的一致性，则集权的程度较高；而生产作业调度、一线的销售活动等职能，因强调执行的灵活性，则分权程度更高一些。

3. 组织的规模

组织规模越大，管理层次和管理部门越多，为了提高管理效率，分权程度就应高些；相反，如果组织规模较小，集权程度就应高些。

4. 组织的发展阶段

在创建初期，组织往往采取和维护高度集权的管理方式。随着组织规模的扩大，组织活动的领域和地域随之扩大，则会倾向于由集权的管理方式逐步转变为分权的管理方式。

5. 生产经营的特点

如果企业组织的产品单一、更新换代速度慢、生产过程连续性强，且生产经营各环节之间的协作和联系十分紧密，客观上要求集中经营、统一经营，则应集权多些；相反，有的企业组织从事跨行业多种经营，产品的生产技术差别大，市场和销售渠道各不相同，则应加大分权程度，以使不同产品的生产单位能够根据行业特点灵活经营。

6. 组织所处的环境特点

如果组织所处的环境复杂多变，不确定性程度高，或较难以获得准确而可靠的环境信息，难以把握外部条件的变化方向与速度，则更多地会采用分权的管理方式。而那些环境较为简单和稳定的组织，集权程度高些。

7. 管理人员的数量和质量

如果管理人员的数量充足、经验丰富、训练有素、管理能力强，则倾向于分权；反之，趋向于集权。

（二）集权和分权的利弊

1. 集权的利弊

集权的好处在于可以保证组织总体政策的统一性，可以保证组织的决策执行的速度，防止政出多门、相互推诿，当组织面临重大危机或转折时，集权有利于组织集中政策和资源应对危局。但过分集权容易导致官僚主义、长官意志,降低了决策的质量;可能使各部门丧失自调整和自适应的能力,从而削弱组织的整体应变能力;下属人员只能机械地、被动地执行命令,最终将削弱组织的积极性和创造性。

2. 分权的利弊

分权的好处在于:下属主管可以在自己的管辖范围内独立自主地开展工作,充分发挥组织成员的主观能动性;能够集思广益,使下属部门能够从实际出发,具体问题具体分析,因地制宜地制定具有自身特色的决策,从而提高组织的整体活力;所有这些还有利于促进下属人员的成长,为组织培养后备的管理队伍。然而,过分的分权容易造成部门本位主义,难以坚持政令统一、标准一致,容易造成各自为政,同时组织中各个层级的矛盾与冲突难以协调,容易造成分散主义,组织整体利益容易被忽视。

(三)分权的途径

分权可以通过两个途径来实现:组织设计中的权力分配与主管人员在工作中的授权。

> **基本概念:授权**
>
> 授权是上级主管者随着职责的委派而将部分职权委让给对其直接报告工作的部属的行为。

组织设计中的权力分配是一种制度分权。制度分权与授权的结果虽然相同,即都是促进权力的分散化,然而实际上,两者是有重要区别的。

1. 制度分权具有必然性,授权具有随机性

制度分权是在组织设计时,基于组织规模和组织活动的特征,在职务设计和部门设计的基础上,根据工作任务的要求,规定各管理岗位必要的职责和权限,从而实现了组织权力的纵向分布;而工作中的授权是在管理实践中对制度权力的具体运用,往往是基于管理者个人的时间和精力、下属的能力和特长以及业务发展情况作出的,其结果是使得管理者的能力在无形之中得以延伸。因此制度分权具有必然性,授权具有随机性。

2. 制度分权具有稳定性,授权具有灵活性

制度分权先于任职者而存在,不会因为任职者的变化而变化,如果出现调整的话,不仅影响所涉职位或部门,而且会影响与组织其他部门的关系。因此,制度分权是长期的,具有相对的稳定性,一旦调整的话,就意味着重新设计组织中的职权关系,改变组织设计中对管理权限的制度分配,从而带动了组织结构的变革。授权是某个主管将自己担任的职务所拥有的权限因某项具体工作的需要而委任给某个下属,授权不意味着放弃权力,授权者可以重新收回这部分职权,使之重新集中在自己手中。一般来说,授权是一种临时的短期的行为,长期的授权可能制度化,在组织结构调整时成为制度分权。因此,制度分权具有稳定性,授权具有灵活性。

3. 制度分权具有组织性,授权具有个体性

制度分权是组织整体设计的一部分,制度分权的合理性,反映了组织的结构特性,制度

分权更具有组织性。而授权则是管理者调动、发挥下属积极性的一种方法，它更多地体现了管理者个人的管理艺术，虽然授权更具有个体性特征，但它并不是管理者的个人行为，作为管理者的工作行为，它也是一种组织行为。

最后还有必要指出两点：第一，两者是互补的。组织设计中难以详细规定每项职权的运用，难以预料每个管理岗位上工作人员的能力，同时也难以预测每个管理部门可能出现的新问题，因此，需要各级主管在工作中的授权来补充。第二，两者的职责是有区分的。通过制度分权，下属行使的是制度权，要承担的也是制度规定的责任；而通过授权，下属只是代表授权者临时行使其一部分职权，他所承担的只是执行职责，最终职责则由授权者承担。

三、授权

（一）授权的原则

1. 授权不授责

授权并不等于授责，更不等于有意识地推卸责任。对上级管理者的授权应该形成一种约束机制，促使上级管理者在授权过程中认真考虑如何才能有效地授权。

2. 适度授权

所授权力应与任务相符。要避免两种现象：一是授权太少或根本不授权，这往往造成上级管理者的工作太多，下属的积极性受挫；二是授予的权力超过所需完成的任务，这样做可能造成下属滥用权力，甚至使上级失去对下属的控制。

3. 权责相当

授权时，必须向受权人明确所授事项的责任、目标及权力范围，让他们知道自己对什么资源有管辖权和使用权，对什么样的结果负责以及责任的大小，使之在规定的范围内有最大限度的自主权。

4. 逐级授权

职权只能授予直接下属，不能越级。如果越过了直接下属，把职权委派给其下属的下属，这必然导致直接下属的被动，并引起上下级和部门之间的矛盾。

5. 视能授权

授权的本质是要求管理者不要去做别人能做的事，而只做那些必须由自己来做的事，从而有效地借助下属的力量去实现组织的目标。为此，授权必须以受权人的能力为依据。"职以能授，爵以功授"，两者不可混谈。

（二）授权的基本过程

1. 分派任务

权力的委让来自实现组织目标的客观需要，在授权之前，必须明确让下属运用被授予的权力去完成什么任务，即首先要明确受权人所应承担的任务。

2. 授予权力

上级管理者把任务分配给下级后，就要把完成这个任务所必需的权力授予下属，使下属能运用这个权力去完成任务。权力的授予意味着下属可以代替上级管理者去履行权力。这里的"代替"突出了下级所拥有的权力的非固定性和非永久性。即上级管理者在授权后,仍然保留着把权力回收的权力。

3. 明确责任

当受权人接受了任务并拥有了所必需的权力后,就必须承担起正确履行权力来有效地完成任务的义务。要注意的是,受权人所承担的只是执行责任,而不是最终责任。即受权人只是协助授权者来完成任务,而授权者对受权人行使权力的情况必须进行监督和控制;授权者对于受权人的行为负有最终的责任,授权者对组织的责任是绝对的。

第四节 人员配备

人员配备是组织设计工作的逻辑延续。人员配备的根本任务是为组织选配合适的人员,谋求人与事的优化组合,从而把不同素质、能力和特长的人员分别安排在适当的岗位上,促进组织设计任务的实现和组织结构功能的有效发挥。

> **基本概念:人员配备**
> 人员配备是根据组织的目标和任务,为组织各个部门和职位配置合适人员的职能活动。

一、人员配备的工作内容

(一)人员需求预测

1. 预测现实的人员需求

对于现实的人员需求预测的主要工作有:确定职务编制和人员配置;统计缺编、超编;分析现职人员任职资格和条件。在此基础上审视和修正统计结果,从而确定现实的人力资源需求。

2. 预测未来人力资源需求

对于未来的人员需求预测包括:预测确定各部门的工作量;根据工作量的增长情况,确定各部门需要增加的职务数和任职人数,在此基础上进行统计汇总,从而得出未来人力资源的需求。

3. 预测未来的人员流失量

对于人员流失量的预测主要包括:对于计划期内的退休人员进行统计;根据历史数据,对于未来可能发生的离职率进行预测;将统计和预测结果进行汇总,即得出未来人员流失量。

将现实人员需求、未来人员需求和未来人员流失量的结论进行汇总,就可以得出对组织整体人员需求的预测。

（二）人员招聘

> **基本概念**：招聘
> 招聘是在人员需求的基础上，根据组织发展的要求，通过发布招募信息和科学甄选，使组织获取所需的合格人选，并把他们安排到合适岗位工作的过程。

1. 招聘的程序

（1）招募。招募是为了吸引更多更好的应聘者而进行的一系列活动，包括：根据需求预测制定招聘计划、发布招聘信息、收集和整理应聘者的申请等，招募是招聘工作的基础。

（2）甄选。甄选是对所招募人员进行筛选的过程。为了对应聘者进行全面和深入地了解，组织应该借助各种方式从中甄选出合格的人选，这些方式包括对应聘材料的评价、开展背景调查、对初选合格的人选进行面试，必要的话，还应该进行相应的心理、技能测试。

（3）录用。录用是招聘工作的决定性阶段，包括作出录用决策、安排体检和岗前培训、试用和安置等方面的工作。

（4）评估。从对组织人员配置的角度来看，评估工作从两方面进行：一是数量方面，主要是看招聘人数是否符合招聘计划的目标，是否能够满足组织设计所确定的各类岗位所需的人员数量；二是质量，可以根据职务说明书对所录用人员的工作质量进行判断，还可以从所录用人员的流失率来判断招聘工作的质量。

2. 招聘的渠道

（1）内部渠道。内部渠道就是从组织内部选拔合适的人员来补充空缺或新增的职位。当组织发展面临人员不足时，应该首先挖掘内部潜力，通过组织内部的人员调配来解决。内部选拔的主要方法有：晋升或岗位轮换、工作告示和工作投标、内部推荐、转正等。通过内部渠道选拔合适的人才，可以发挥组织中现有人员的工作积极性，同时也加速人员的岗位适应性，简化程序，减少了招聘、录用时的人力、财力等资源支出，减少培训期和培训费用。但内部渠道本身也存在着明显的缺陷：容易形成"近亲繁殖""群体思维""长官意志"现象，不利于成员创新；可能因领导好恶而导致优秀人才外流或被埋没；也可能出现"裙带关系"，滋生组织中的"小帮派""小团体"，进而削弱组织效能。

（2）外部渠道。外部渠道是通过外部获得组织所需的人员。外部招聘可以委托招聘，也可以自行招聘。委托招聘可以委托各种劳动就业机构，如各类学校的毕业生分配部门、各种职业介绍所、各种人才市场、劳务市场和猎头公司等。自行招聘可以利用同事、亲属关系介绍以及各种媒体的招聘广告等。外部渠道招聘可以为组织带来新的元素，为组织注入活力，从而使组织肌体保持活力。此外，外部渠道广阔，挑选的余地很大，能招聘到许多优秀人才，尤其是一些稀缺的复合型人才，这样还可以节省大量培训的费用。但是，外部招聘也不可避免地存在着不足，比如：筛选难度大，成本高；可能挫伤内部员工的积极性和自信心，或者引发内外部人才之间的冲突；外部招聘人员的适应性可能较差，无法很快融入组织文化之中等。

（三）人员配备的平衡

> **基本概念**：人员配备的平衡
>
> 人员配备的平衡是通过人员增减和人员结构调整等措施，使组织的人员和工作保持动态的匹配。

组织是在不断发展的，而人的发展也有一个循序渐进的过程。因此，人员的配备需要进行不断地调整以保证人与工作的动态平衡。要保持人员配备的动态平衡，就必须分析人员配备的失衡情况。

1. 供需失衡

供需失衡的表现是供不应求或供过于求。供不应求即组织的人员需求大于人员供给，这种状态通常出现在组织规模扩大、经营领域扩大、组织面临人员的大量流失等时期。在这种情况下，可以通过招聘、聘用临时工、晋升、培训、工作扩大化等措施来促进人员的供需平衡。供过于求即组织人员的需求小于人员供给，这种状态也就是组织人员的过剩，绝对的过剩通常发生在组织业务活动萎缩时期。在这种情况下需要对过剩人员进行处置，常用的措施有：提前退休、增加无薪假期、减少工作时间、工作分享和裁员等。

2. 结构性失衡

结构性失衡是一种更为普遍的现象，是指组织中某类人员供不应求，而另一类人员供过于求，这在组织稳定发展时期表现得尤为突出。出现这种现象的原因是多方面的，主要是由于原先的人员配备不合理性，也可能是由于组织内部各个部门工作情况的变化，或者由于人员自身发展的不均衡性。在这种情况下，组织需要对现有的人力配备进行结构性调整。具体措施有晋升、降级、平调。另外也可以针对某些人员进行专门的培训，同时辅之以招聘和辞退。

二、人员配备的配套措施

人员配备并不是一项孤立的工作，要保证和提高组织人员配备的有效性，使组织的人员配备达到动态的平衡，必须辅之以必要的考评和培训。

（一）人员考评

> **基本概念**：人员考评
>
> 人员考评是指按照一定的标准，采用科学的方法，检查和评定相关人员履行岗位职责程度的一种活动。

1. 人员考评的要求

从人员配备的角度来看，通过考评可以为组织制定包括降职、提升或维持现状等内容的人事政策调整提供依据，考评资料也能够指导组织针对人员配备的现状来制定相应的培训和发展计划，从而使组织的人员配备能够保证组织目标任务的有效实现。为了保证人员考

评的科学性和准确性,考评工作必须注意以下几方面的要求:

(1) 指标要客观。考评不仅需要有定性指标,更需要定量指标,对定性指标也要尽可能地给予科学量化。

(2) 内容要完整。完整并不意味着面面俱到,考评项目要适中,应根据各层次不同人员所在职位的重要性来确定。

(3) 方法要可行。考评的方法必须具有可操作性,所采用方法的目的和意义应该是明确的。

(4) 时间要适当。作为一个连续性的管理过程,必须强调其定期化和制度化。

(5) 结果要反馈。考评的结果应该及时和充分地反馈给被考评者。

(6) 过程要民主。要注意各种方式的综合运用,并赋予被考评者解释权和申诉权。

2. 考评的方式

考评的方式是指考评的形式,涉及考评主体的选择。

(1) 自我考评。自我总结是自我考评常采用的一种形式。这种方式有利于增强工作的责任感,但容易受个人个性的影响,容易出现自我保护的倾向。

(2) 上级考评。由被考评者的直接上级进行考评。直接上级既理解考评的目的和考评的标准,也比较熟悉被考评者的工作状况,但要避免先入为主的倾向。

(3) 同级考评。同级考评的常见方式是小组评议,这种方式比较能够体现考评的民主性,但受人缘的影响比较大。

(4) 下级考评。"群众评议"、"民意测验"是这种考评方式的具体形式。下级更熟悉被考评者的领导方法、领导作风等特点,但下级可能由于怕被"穿小鞋"而不愿讲真话。

(5) 客户考评。"客户"指的是被考评者工作的服务对象。既可以是内部客户,也可以是外部客户。客户对被考评者的评价,习惯上称之为"顾客评议"。

以上考评方式各有其优缺点,因此,在具体的考评工作中,应坚持采用多种评价方式,从不同的角度进行考评,以最大限度地降低某一种方式单独运用时可能产生的偏盖。

3. 考评的方法

考评方法是指的考评的工具或手段。考评的具体方法很多,既有定性的,也有定量的。定性方法更多的是在定量方法的基础上,以书面定性的描述来评价被考评者。在实际的考评工作中,将定性考核与定量考核相结合,才能取得比较满意的效果。

(1) 配对比较法。这是一种相对考评的方法。事先规定好考评的具体项目,将同一级的管理人员编成一组,按事先规定的考评项目,人与人一项一项地进行对比,优者得 1 分,劣者得 0 分。最后计算每个人的得分并按照优劣顺序排出名次。这种方法的精确度较高,在被考核人员不多的情况下比较适用,缺点是难以得出绝对的评价。

(2) 等差图表法。这种方法是将某一特定职位上多种与工作绩效相关的方面列出清单,对每个考核项目设置若干个等级,考评者根据被考评者的实际状况,按照图表的要求对被考评者给出分数。这种方法的优点是考核内容比较全面,可以设置比较多的打分档次,缺点是没有考虑到各个被考核因素的重要性。这种方法适用于对那些基层的、工作行为和结果都比较容易被了解的岗位。

(3) 要素评定法。要素评定法是对等级图表法的进一步完善。这种方法细化了每项考核要素并考虑了权重的因素，给不同的项目赋予不同的重要性，通过它们各自的分值范围来体现。在实际操作中，一般由被考评者本人、上级、下级、同级各填一表，再给各表赋予相应的权数，最后统计综合得分。这种方法比较繁琐、费时，但由于吸收了不同层面的人员参与考核，考核要素比较全面，同时又考虑了加权，因此能够体现考评的全面、公正、客观和民主性，是一种被普遍应用的考核方法。

(4) 关键事件法。这种方法是对完成工作的关键行为进行记录，并选择其中最重要的和最关键的部分进行评定的方法。它要求对岗位工作任务造成显著影响的事件进行归纳和分类，然后在某个固定的时间里，根据所记录的关键事件来评价其工作绩效。它为考核结果提供了确切的事实依据，避免了主观性。由于这种方法根据被考评者在一个考核期限内积累下来的关键事件的记录而来，故可以避免"近因效应"。这种方法可以作为其他考评方法的补充，在认定被考评者特殊的良好表现或劣等表现方面十分有效，但其对人员进行比较分析或作出相关的人事政策决策时，可能不会有太大的用处。

(二) 人员培训

> **基本概念：人员培训**
> 人员培训是组织有计划地组织员工学习与完成本职工作所需的基本知识和技能，或改变员工的价值观，形成与组织目标、文化相一致的工作态度和行为的活动过程。

从人员配备的角度来看，一方面，对新招聘的人员需要岗前培训，使其能够顺利适应组织文化和岗位任务的要求；另一方面，通过培训，可以提高所有人员的工作技能、促进其个人的职业生涯的发展，为人员的晋升和调配提供基础，最终保证人员配备的动态平衡，实现人员和组织的共同发展。

1. 培训需求的分析

对于培训需求的分析是人员培训的基础性工作，是保证培训成功的前提。

(1) 组织的需求。考虑组织的需求，即组织的目标、运行和发展带来的需求，找出人员的现状与组织当前任务要求之间的差距以及与组织未来发展的需求之间的差距。

(2) 人员的需求。人员的需求是指人员个人自我提升、自我发展和完善的需求。考虑人员需求时，必须将培训计划与人员的职业生涯规划结合起来。

(3) 组织的资金条件。在对组织需求和人员需求进行分析的时候，也要考虑组织可能提供的条件，努力寻求两者之间的平衡。

2. 培训计划的制定

在识别培训需求的基础上，必须制定培训计划，这是人员培训的重要工作，是保证人员培训实效性的关键。

(1) 计划的完整性。一个完整的培训计划包括：培训目标的设定、培训对象、培训内容和培训方式的选择、培训机构的落实、培训方式方法的运用、培训时间和进度的安排、培训场所和设施配备、培训费用的预算落实等。

(2) 计划的针对性。针对性主要表现在培训对象、培训内容和培训方式方法几个方面。这是培训计划中相辅相成的三个方面,在培训对象上要注意分级分类,针对不同层面和不同岗位的人员的需求和特点;培训的内容应该根据培训目标和需求,分别围绕政治思想、企业文化、专业知识、实际技能等方面来展开;培训的方式方法也应该根据不同的培训对象和培训内容来进行选择。

3. 培训成果的评价和应用

对培训效果进行评价时制定相应的评估方法和标准。培训效果评估的手段是多样化的,可以是问卷调查、面谈调查,也可以是对受训者进行知识和实操考核,还可以通过培训前后的相关数据对比等。通过培训效果的评价,可以指导今后培训工作的开展。培训成果的评价还应该应用到人员配备工作中,将受训情况与人员的任用与职位晋升、与年度考核和任职考察结合起来,发挥培训的激励作用。

第五节 组 织 变 革

组织的运行过程是组织与其环境发生相互影响的过程。组织变革是组织实现与其环境动态平衡的发展阶段,当组织原有的稳定和平衡不能适应环境变化的要求时,就要通过变革来打破它们。但打破原有的稳定和平衡本身并不是目的,目的是建立适应新形势的新的稳定和平衡,以提高组织的适应性。

> **基本概念:** 组织变革
> 组织变革是组织为了适应组织外部环境的变化和内部条件的变化而对组织的目标、结构以及构成要素等适时而有效地进行调整和修正。

一、变革阻力和排除阻力的方法

(一)变革的阻力

组织变革不可能是一帆风顺的。任何变革,总会有人反对,会有人以种种不同的方式来表示他们的抵制。人们反对变革的原因是多方面的,概括起来主要有:

1. 习惯的阻力

习惯的阻力来自人类本性中的惰性。人们总有安于现状的习性,对变革有一种天然的抵触情绪,担心变革将会威胁到原有的安全与内心的平衡。

2. 观念的阻力

观念的阻力来自于对未来发展趋势缺乏清醒的认识,对环境给组织的压力认识不足。当人们不能预见未来的发展趋势时,他们就不可能对变革有紧迫感,当然也就拒绝一切的变革行动。

3. 利益的阻力

变革可能带来原有体制或结构的改变、人事关系的调整、组织中的权力和地位关系的重新配置，这致使一部分人丧失或者削弱了原来的地位和权力，从而产生不满和抵触情绪。如果变革对人们的工作提出了新的要求并导致人们的收入直接或间接地下降，也将形成对变革的抵制力量。

4. 人际关系的阻力

有时人们之所以反对变革，并不是反对变革本身，而是因为对发起这场变革的人心怀成见，由反对变革者而导致反对变革。有时人们对变革本身并不真正了解，也不想去了解，但只要看到是由他不喜欢的人发起了这场变革，就感到从感情上接受不了，有一种十分盲目而强烈的抵触情绪。因此，在进行组织的变革时，要注意选择容易为大多数人所接受的人选，以尽量减少变革的阻力。

（二）排除变革阻力的方法

组织变革是不以个人意志为转移的，但它又是一个循序渐进的过程，要选择好时机并注意策略与艺术，尽可能地消除阻力，保证组织变革的顺利进行。排除组织变革中阻力的方法主要有：

1. 教育和培训

在变革前要做好教育和宣传，加强培训与学习。通过教育和宣传，使人们认识到组织发展和变革的基本目标和需要，做好心理准备。必要的话，应该做好变革的试点工作，以变革的实际成效教育员工。通过有针对性的培训与学习，让员工不断地学习新知识，接受新观念，掌握新技术，学会用新的观点和方法来看待和处理新形势下的各种新问题，增强对组织变革的适应力和心理承受能力，从而更好配合组织的变革。

2. 沟通和参与

讨论和沟通应该贯穿在变革实施的全过程之中，通过讨论和沟通，使人们认识到变革的必要性，发现变革中出现的问题。沟通的过程，也应该是员工参与变革的过程，如果员工有计划参与组织发展计划的制定和实施，赋予他们在变革中的话语权，这样既可以提高人们的积极性和主动性，增强变革的可接受性，同时也可以集思广益，使变革方案更加符合组织及各部门的实际需要。

3. 尊重和信任

提高对变革者的信任，也是实现组织变革的非常重要的保证。而这需要一种良好的组织文化作为支持。共同的价值观会增进组织成员的相互信任与尊重，变革的阻力也就会减小。

4. 奖励和惩罚

奖惩作为组织变革的强化方式，是克服变革阻力的有效方法。在变革过程中，对先进的部门和个人要给予及时的肯定、鼓励与表扬，对阻碍变革的部门和力量要及时地予以批评和调整，这有助于组织内部形成一种积极向上、勇于变革的文化氛围。

二、变革的程序

组织变革是一项系统工作，必须在科学规划与设计的基础上有步骤地加以实施。虽然变革没有硬性规定的固定程序,但在大量的实践经验的基础上,许多组织行为学家们提出了各自的观点,据此我们可以归纳出组织变革的一般程序。

(一) 诊断

诊断阶段的主要任务是确定问题和组织诊断。确定问题就是要识别导致组织变革的原因或力量到底有哪些,并将其一一列举出来。识别的结果源自对组织内外环境的客观与系统的分析,以及与有关人员的沟通与交流。当导致组织变革的问题被确定以后,就要组织有关人员参与诊断,或与变革所涉及的有关人员进行沟通。通过对问题的分析,并将问题按重要性顺序进行排列、分析、说明,寻找最重要的问题,以确定变革的方向。

(二) 推行

推行阶段的主要任务是制定变革的计划并采取行动。针对诊断的结果,提出变革的可行方案,确定决策标准,并依此选择解决问题的方案。变革计划应该包括变革需涉及的人、财、物等要素以及变革的时间、地点、具体措施和预计效果等。采取行动是将变革的计划加以实施。在实施过程中,要注意策略与艺术,循序渐进,相机而动。

(三) 评估

组织变革的最终效果如何,需要进行准确、客观的衡量和评估。具体衡量的指标可能很多,但最重要也是最根本的,就是看一项变革是否真正解决了组织所存在的问题,是否促进了组织与外部环境保持协调一致的发展关系。要将评估的结果反馈给组织负责人,以供组织今后的变革起参考借鉴的作用。因为,组织变革是一个系统的、不断循环进行的过程,其根本目的在于使组织经营管理更有效。

 实例:是分封诸侯还是中央集权

作为中国大陆资产最雄厚的5大国有银行之一的交通银行,长期以来一直采用的是类似于"诸侯制"的管理体制,分行是相对独立的利益主体,分行的行长拥有人事权、资源支配权和其他多种权力。总行只是履行管理职能,对分行缺乏制约,管不到下面,没有管的能力,也缺乏管的权力。交行的管理体制行政色彩浓厚,机关作风严重,不是现代商业银行意义上的经营中心和利润中心。2002年交行依据"流程银行"的思路开始了组织变革,考虑到分行行长权力的上收对于分行的冲击,变革没有在分行推行,只是停留在总行层面。随着入世五周年后金融环境接近完全开放,外资银行可以在华开展境内零售业务,一场对于国内中高端客户的激烈争夺正在持续上演,交行痛定思痛,于2006年开始了以"客户为中心,以流程为导向",旨在打破分行藩篱的改革。

这场变革以纵向垂直管理为主,横向管理为辅,类似于汉景帝的削藩和宋高祖的释兵权。通过纵向管理,总行可以直接管到下面,而且信息反馈的渠道变得更多,抓好经营计划和预算控制两条线,并且财会、风险、审计等各条线都直接对总行负责。同时,总行和分行在关键业务环节上分工和定位清晰,如目标客户群体的营销方面,总行主要定位于跨区域的和跨国的特大客户,分行主要定位在大中型区域型客户。在个别环节,进行完全集权,如总行对全行本外币对公业务进行统一管理,包括制定全行业务发展规划和市场营销计划等。在这样的变革后,各条线负责人具有相对独立的人财物权,分行各条线负责人的职务任命、业务权限和费用的分配由总行条线上级决定,利润考核也以条线为主。变革以后,分行行长的权力被大幅削减,但把分行行长原来的一部分权力转移到各条线负责人手上,而这些负责人并不在市场一线,把市场拓展的责任和风险寄托于他们,使得交行的变革也面临着风险。

请思考:交行的变革涉及了集权还是分权?2002年的变革没有在分行推行是基于什么考虑?在推行此次变革之前,应该做好哪些工作来消除分行行长可能有的抵触情绪?

三、组织生命周期与组织变革

从发展的观点来看,组织是一个有机的"生长体"。同人一样,组织也有它的生命周期,有它的童年、青年、壮年和老年时期。每一个阶段的后期都会出现问题和危机,组织管理的任务,就是采取相应的管理措施来解决这些问题、克服这些危机,从而促进组织适时地从一个阶段发展到另一个阶段,这是保证组织持续发展的关键。这种阶段的演变和转换实质上就是组织变革。研究表明:组织的生命周期分为创业期、聚合期、规范期、成熟期、衰退期或再发展期(图4-6)。

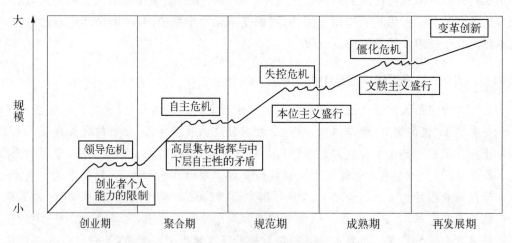

图4-6 组织的生命周期

(一)创业期与"领导危机"

创业期相当于组织的幼年期。处于创业期的组织,规模小,关系简单,组织管理更多地依赖于创业者的个人管理,组织的生存和发展也完全取决于创业者个人的素质和能力,而这些创业者一般属于技术业务型,他们不重视也不擅长管理。随着组织的发展,组织活动日益复杂,管理问题日益凸显,创业者难以通过个人管理来解决这些问题。因此,在创业阶段的后期就会产生"领导危机"。

(二)聚合期与"自主性危机"

聚合期相当于组织的青年期。组织经过创业期的发展而不断扩大,员工的士气较高,对组织有较强的归属感。创业者也实现了自身角色由"创业"到"领导"的转变,同时也培养或引进了大量的专业管理者,通过分工形成了专业化的集权指挥,整顿混乱。但这种集权指挥的管理方式会使中下层管理者渐生不满,高层领导的集权指挥与中下层管理者的自主性要求之间的矛盾开始出现,但高层主管形成了集权的习惯,或者组织结构的集权特点一时难以改变,从而产生了"自主危机"。

(三)规范期与"失控危机"

规范期相当于组织的中年期。处于规范期的组织已有相当的发展规模,增加了许多职能部门和经营单位。组织要继续发展,就必须改变原来的权力分布状况,赋予各级经营管理者一定的自主权。但随之各单位各部门的本位主义开始盛行,甚至会出现各自为政的现象,高层管理者对组织整体的控制力会明显削弱,久而久之,组织将面临瓦解的威胁,这时,组织内部会产生"失控危机"。

(四)成熟期与"僵化危机"

成熟期相当于组织的壮年期。为了预防失控,集权管理势在必行。但是组织已经形成了"分权"的结构,不可能回归到命令式的集权管理。因此,组织必然要提高规范化程度。一方面,会加强领导监督、信息沟通和整体规划,建立各种委员会组织,加强各部门之间的协调;另一方面,会制定各种规章制度、工作流程。但随着规范化程度的提高,各种规章制度日趋复杂,最终会导致文牍主义盛行,管理效率下降,这样就会出现所谓的"僵化危机"。

(五)衰退期与组织再发展

成熟后阶段的组织,可能会由于不适应环境的变化而衰退,步入老年期,也可以通过变革创新获得再发展。为了避免文牍主义、克服组织结构的僵化,必须培养管理者和各部门的合作意识和团队精神,同时要通过调整组织结构,保持组织的弹性,激活竞争,增强活力。

实例:力不从心的老狼

一只野心勃勃的老狼立志创业当老板,老狼不仅懂技术,而且进修过一些管理方面的课程。它向猪借了一笔钱,注册成立了公司。公司大约有50名狼崽员工。老狼的朋友阿猫帮它联系一些产品订单。老狼几乎独自包揽了公司的所有业务,包括从计划、营销、人事到生产及监督的每一项工作。

在完全投入生产后,老狼全盘掌握它的公司,制定所有的决策。老狼要处理如下问题:制定公司的发展计划;建立和保持与现有和潜在顾客的联系;安排筹资并处理日常的财务问题;招募、甄选新的狼崽员工;解决生产中的问题;监管库存、货物接受和发运;在秘书的帮助下管理日常事务。

老狼在公司投入了全部的时间,它知道狼崽们该做什么和不该做什么,一旦看到了自己不喜欢的事情,它就会叫附近的任何狼员工来改变它。

起初老狼尚能应付,但近来它越来越力不从心,每天忙忙碌碌,效率却很低,同时公司也开始出现混乱。

请思考: 为什么老狼越来越力不从心?河马医生提醒它应该注意身体,你对它有什么好的建议?

问题与思考

1. 请理解下列概念:组织、组织设计、组织结构、职务、职务设计、部门化、管理幅度、管理层次、职权、集权、分权、授权、人员配备、人员配备的平衡、招聘、人员考评、人员培训、组织变革。
2. 请举例说明当代组织结构设计的变化趋势。
3. 请比较两种招聘渠道的优劣。
4. 请比较集权与分权的利弊,并思考在哪些情况下宜于集权管理,哪些情况下宜于分权管理?

实践与应用

1. 请考察一家公司,最好是你所在的单位或者曾经工作过的单位,完成以下任务:
(1) 该公司有哪些部门?采用了什么样的部门划分方法?
(2) 该公司采用了何种类型的组织结构?请画出它的结构图。
(3) 开展小组讨论,说明各自公司部门划分和结构设计中的不合理之处。
2. 你所在单位是如何进行员工考评的?你参加考评的体会是什么?请通过学习小组交流各自单位考评的做法,指出存在的问题并对改进公司的考评工作提出建议。
3. 你肯定有过N次应聘的经验,请你从应聘者的角度,对组织的招聘工作提出意见和建议。
4. 请结合自己的工作实际说明,当公司推行一项变革措施时,你和你的同事们的态度是什么?

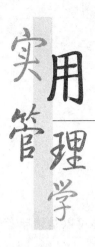

第五章 领导

第一节 领导与领导方式

领导是管理的重要职能之一。领导是组织活动的组织者,是组织职能的推动者。组织的实际运作最终是通过领导展开的,有了领导,组织才能作为能动的主体去完成自身的目标。

一、领导行为与领导者

> **基本概念：领导**
> 从动态的角度来看,领导是一种行为,即领导是指引和影响人们去实现组织目标的过程；从静态的角度来看,领导是领导行为的主体,即带领并指引人们去实现组织目标的个人或集体。

（一）领导行为

从动态的角度来理解,领导是一种行为,或者是一系列行为。作为行为,领导体现为一种过程。这个过程是领导者在一定的环境下,为完成某个特定目标,在与被领导者的交互作用中所表现出的行为方式。因此,领导行为是否有效取决于领导者、被领导者及其与环境的交互作用。在这个过程中,领导者是主导性因素,包括领导者的素养、领导者的人性观和权力观等；被领导者的因素包括被领导者的素养、对组织目标的认识程度、对领导者的信赖与拥戴程度以及由此产生的积极性与创造性；影响领导的环境因素是指组织方面的结构形态、经营方式、技术基础、价值取向、行为习惯,还包括组织外部的社会文化、技术经济等条件。

总之,领导的过程并不是领导者个人的行为,领导行为方式的选择和领导效能的发挥是领导者、被领导者以及环境变量交互作用决定的。用公式可以表示为：领导＝f(领导者×被领导者×情境)。这种交互作用体现为领导行为的基本模型(图5-1)。

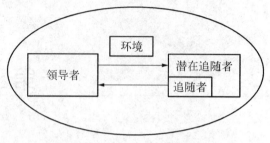

图5-1 领导行为基本模型

(二) 领导者

从静态的角度来理解,领导特指领导行为实施者的领导主体。领导主体可以是领导者个人,也可以是领导班子。

1. 领导者个人

领导者个人就是人们通常说的领导人,比如头儿、上司、主管、总裁、总经理、主席等角色。这是领导者的主要含义所在,也是领导班子集体存在的前提。从领导者的角度来说,各级领导者应该努力丰富自身的素养,提高领导(行为)的艺术和水平,改善领导者与被领导者的关系。作为领导者(个体),应该特别注意个人与集体的关系,避免主观主义,克服长官意志,发挥领导班子集体的作用。

 实例:张瑞敏砸冰箱

张瑞敏入主海尔集团时,企业正面临亏损和几近破产的局面。1985年12月的一天,时任青岛海尔电冰箱总厂厂长的张瑞敏收到一封用户来信,反映工厂生产的电冰箱有质量问题。张瑞敏带领管理人员检查了仓库,发现仓库的400多台冰箱中有76台不合格。张瑞敏随即召集全体员工到仓库开现场会,问大家怎么办?当时多数人提出,这些冰箱是外观划伤,并不影响使用,建议作为福利便宜点儿卖给内部职工。而张瑞敏却说:"我要是允许把这76台冰箱卖了,就等于允许明天再生产760、7 600台这样的不合格冰箱。放行这些有缺陷的产品,就谈不上质量意识。"他宣布,把这些不合格的冰箱要全部砸掉,谁干的谁来砸,并抡起大锤亲手砸了第一锤。

砸冰箱砸醒了海尔人的质量意识,砸出了海尔"要么不干,要干就要争第一"的精神。在1988年的全国冰箱评比中,海尔冰箱以最高分获得中国电冰箱史上的第一枚金牌。在海尔的发展中,质量始终是海尔品牌的根本。

请思考: 在企业面临亏损和几近破产的局面下,张瑞敏为什么不惜代价砸冰箱?你认为砸冰箱事件中体现了张瑞敏的哪些领导品质?这种品质对张瑞敏后来的成功起到了哪些关键作用?

2. 领导班子

领导班子也称领导团队。任何组织中的领导者都应该是复数而非单数,是一群人而非一个人。领导团队绝不是领导者个体简单松散的拼凑叠加,而是科学有序的排列组合,它是具有高度组织性和能动性的有机整体。从这个意义上说,领导者应该加强领导班子的建设、优化领导班子的结构、提升领导班子的协同能力。

(1) 领导班子的结构。领导班子的结构涉及领导班子成员的构成成分。运用群体结构的同质性和异质性来分析,领导班子应该同时具有同质性和异质性的特点。同质性是指成员在构成成分的某些方面的相似性,表现在领导班子成员要信守共同的组织愿景和目标、共同的信念和价值观,并在开展工作、处理实际问题时始终秉持共同的组织立场和态度。异质性是指成员在构成成分的某些方面的差异性,表现在领导班子成员在年龄、专业、智能、心理素养等方面的差异性。首先,领导班子应是由有适当比例的不同年龄区段的成员构成的整体;其次,领导班子成员也应该由有不同的专业背景的人才组成,强调各类人才的合理搭配;第三,应该注意领导班子成员的智能差异,把组织发展所需要的不同智能类型的人才组合到领导班子中来,形成高智能、多才艺的整体;第四,领导班子应由不同气质、性格类型的人组成,发挥不同气质、性格类型的积极因素,弥补其中的消极成分,从而形成一个刚柔相济、动静共存的协调结构。

(2) 正职与副职。担任正职的领导者通常对全面工作负责,处于主动地位,发挥着决定性作用,需要总揽全局、把握方向、科学决策、综合平衡。在个人的领导风格上,更多需要坚毅、决断,甚至适度的"霸气",既要突出集体领导的作用,又要发挥副职的主动配合作用。正职领导者在实际工作中要避免"越权",不能抛开副职,做出一些应由副职做出的决定。担任副职的领导者,往往负责某一方面的工作,他既是分管事务的领导者,又是正职领导的被领导者;既是决策者,又是执行者;既是完成分管工作的主角,又是辅佐正职的配角。在实际工作中,副职要避免"擅权"现象,即应该请示正职领导而不请示,擅自决定问题。在处理正、副职关系的时候,领导班子应该合理分工,在明确正职与副职权责关系的基础上,正职领导应该按副职的分工职责抓好综合协调工作,通过例会、专题会议、班子民主生活会等形式,做好沟通协调工作,发挥领导班子的联动作用。

二、领导方式和领导风格

(一) 民主与专制

民主与专制通常是人们描述领导方式最常用的两个词,也是领导者在领导活动中表现出来的最常见的两种领导风格。这是从领导者对其所拥有的权力运用方式来对领导方式进行区分的。

1. 勒温的三种领导风格

这些不同的领导风格对团体成员的工作绩效和工作满意度有着不同的影响。美国社会心理学家勒温以权力定位为基本变量,把领导者在领导过程中表现出来的极端领导风格分为三种类型:专制式、民主式和放任式。

(1) 专制式。专制式领导将权力定位于领导者个人手中。在决策方面,领导者个人独断专行,自行作出各种决策,从不考虑下属意见;在对待下属的方式方面,除了工作命令之外领导者从来不传播更多信息,下级没有机会参加决策方案的制定,而只能奉命行事;在影响力来源方面,领导者权威的维护主要依靠行政命令、规章制度,更多地运用训斥和惩罚等刚性的手段;在对员工的评价和反馈方式上,领导者根据个人的了解与判断来监督和控制团队成员的工作。导致组织内存在严格的等级链,领导者和被领导者之间保持着相当的心理距离。团队中缺乏创新与合作精神,而且易于产生成员之间的攻击性行为。

(2) 民主式。民主式领导将权力定位于团体之中,领导者在作出决策和采取行动方案之前,会主动听取下级的意见,或者吸纳下级人员参与决策的制定;分配工作会尽量考虑到成员的个性特点;对下级的工作,更多地倾向给予指导性而不是指令性的意见,下级拥有较大的工作自由空间,体现出较多的选择性和灵活性。领导者主要运用非职权,而不仅仅依靠职位权力和命令迫使下级服从,领导者积极参加组织内的团体活动,被领导者愿意听从领导者的指挥,领导者和被领导者不存在心理差距。领导者会根据客观事实对员工进行评价,将反馈作为对员工的训练机会。

(3) 放任式。放任式领导将权力分散在每一个员工手中,采用无为而治的方式,领导者一般很少运用其法定权力去影响下级,下级被赋予高度的独立性。领导者对员工缺乏影响力,也不对员工的工作进行评价和反馈。由于领导者的放任自流,成员的行为根本不受约束。

勒温认为在实际工作中,上述三种极端作风并不常见,大多数领导人采用的工作作风往往是介于这三种基本类型之间。勒温通过实验表明:成员喜欢民主方式的领导,不喜欢专制方式的领导;实行专制式和放任式的领导者,在成员中造成的内部矛盾较实行民主方式的多;民主式的领导效率较另外两种方式要高;放任自流作风的领导效率最低,专制作风的领导,虽然通过严格的管理,也可能使群体达到工作目标,但成员的消极态度和对抗情绪也不断增长。

2. 利克特的四种领导风格

美国密歇根大学的利克特教授根据领导者在运用自身权力过程中所表现出来的专制独裁的程度高低以及下属民主参与程度的强弱,将领导风格分为四种,这四种领导方式也被称为四种管理体制。

(1) 极端专制独裁型。这是一种专制-权威式的领导方式,其主要特征是:权力高度集中,领导者非常专制,不信任下级,独自决定一切与工作有关的事宜,然后下令执行;在激发员工积极性方面,主要采用惩罚的方式;组织内部的沟通方式主要是自上而下的。

(2) 仁慈的专制型。这是一种开明-权威式的领导方式。领导者性格仁慈,对待下级采用父母对子女的方式,但权力仍高度集中,由领导者作出决策,并要下级相信和接受决策,允许下级提出一些看法和意见,但已作出的决策不会因此而受到动摇;在激发员工积极性方面,采用奖惩并用的激励措施;在一定范围内推行一定程度的自下而上的沟通方式,向下级授予一定的决策权,但领导者掌握控制权。

(3) 民主协商型。民主协商型的领导者对下级有相当的信心和信任,在决策方面能和下级进行协商,下级可以提出各种意见和建议,并会得到相当程度的重视和采用,但重大决策仍由高层作出决定。领导者主要采用奖励方式,并运用自上而下和自下而上相结合的沟通方式。

(4) 民主参与型。利克特认为最好的领导风格是民主参与型,领导者对下级有充分的信心和完全的信任,相互之间有着大量的交往和合作,上级积极征求和采用下级的看法和意见,下级广泛参与重大决策的全过程,领导者和被领导者关系融洽。

利克特的研究认为,民主参与式的领导能达到最好的效果,而专制独裁的体制则既达不到高效率,也不能给成员以满意感。利克特大力提倡极端专制独裁型、仁慈的专制型的领导方式向民主协商型和民主参与型的领导方式转变。

(二) 领导行为的双维模式

从领导者在态度和行为上对被领导者和工作任务所表现出的关心的程度,可以将领导方式(领导风格)分为工作导向与员工导向两种基本类型,前者是以任务为中心的,后者是以人员为中心的。这便是领导行为的双维模式。主要包括领导行为四分图(图5-2)和领导行为方格(图5-3)。

1. 领导行为四分图

领导行为四分图是美国俄亥俄州立大学的行为科学课题小组提出的。他们列出1 000多种可划分领导行为的因素,通过逐步概括,最后把领导行为归纳为两大类。一类为"关心组织",另一类为"关心人"。

(1) 以关心组织为重的领导行为。这种领导风格以工作为中心,主要抓组织设计、明确各部门职责和关系,通过制定任务、确定工作目标和工作程序来引导和控制下属的行为表现。

(2) 以关心人为重的领导行为。这种领导风格以人际关系为中心,关心和强调下属个人的需要,尊重下属的意见,注意建立同事之间、上下级之间的相互信任气氛。

该课题小组通过调查发现,两种领导行为在一个领导身上有时一致,有时不一致,领导者可以是单一的工作型或关系型,或者是两者的任意组合。而具体组合方式可由领导行为四分图(图5-2)表示。

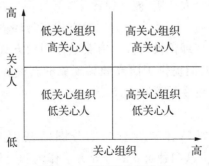

图5-2 领导行为四分图

在管理思想史上,领导行为四分图是以二度空间表示领导行为的首次尝试,为以后领导行为的研究开辟了一条新的途径。四种领导行为中,究竟哪种最好则要视具体情况而定。例如有人认为在生产部门中效率与"关心组织"成正比,而与"关心人"成反比,而在非生产部门中情况恰恰相反。一般来说,高关心组织与低关心人的领导行为带来更多的旷工、事故和抱怨。

2. 领导行为方格图

美国得克萨斯大学的布莱克和莫顿发展了领导行为的四分图理论，在"关心人"和"关心生产"的基础上提出了领导方格理论。如图5-3所示：

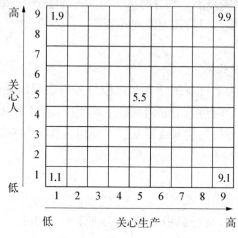

图5-3 领导行为方格图

图中：1.1为贫乏型，领导者付出最小的努力完成工作；9.1为任务型，领导者始终关心任务效果而不重视下属的发展和士气；1.9为乡村俱乐部型，领导者只注重支持和关怀下属而不关心任务效率；5.5为中庸型，领导者维持一定的任务效率和令人满意的士气；9.9为团队型，领导者通过协调和综合相关活动来提高任务效率与工作士气。布莱克和莫顿得出结论：9.9风格的领导者工作效果最佳。但事实上，没有任何实质性的证据证明在所有情况下，9.9风格都是最有效的方式。

（三）权变的领导方式

权变领导理论把领导者个人特质、被领导者及领导环境相互联系起来，否认有任何固定不变、普遍适用的领导方式的存在，认为任何领导方式在与环境作适当搭配下，都可能成为有效能的领导方式。领导权变理论没有提出有关最佳领导方式的主张，而代之以领导方式与情境搭配之模式，从而为人们提供了研究领导现象的新途径和提高领导效能的新方法。与领导权变理论相对应的是权变的领导方式。

1. 连续统一体理论

美国的坦南鲍姆和施密特在领导行为四分图的基础上提出了连续统一体理论（图5-4）。他们把专制和民主这两种对立的领导方式作为两个极端，这两个极端之间，领导行为又存在着多种不同的专制与民主水平，从而形成一个领导行为的连续统一体。领导者不能机械地从专制和民主两种方式中做出选择，而应在两者之间许多过渡性的方式中，根据具体情况，适当地选择某种领导行为，这样才能实现有效的领导。

（1）七种领导风格。坦南鲍姆和施密特提出了七种能够反映领导行为连续变化的具有代表性的领导风格：

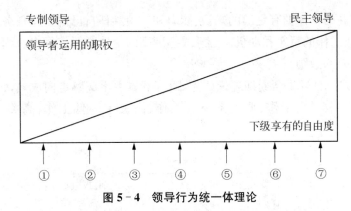

图 5-4　领导行为统一体理论

① 领导者作出并宣布决策,直接责令下属执行。
② 领导者作出并推销决策,即在下属接受之前作适当的说明和解释。
③ 领导者作出决策,但允许下属提出疑问,并予以解释和回答。
④ 领导者作出初步决策,交下属讨论修改。
⑤ 领导者提出待决策的问题,征求意见,然后作出决策。
⑥ 领导者规定决策的界限,由团体作出决策。
⑦ 领导者允许下属在规定的界限内行使决策权。

坦南鲍姆和施密特认为,任何一种领导方式都毫无例外地是上面七个连续变化的领导风格以及所有介于这七种领导风格之间的领导方式的一种。它们之间的差异在于:是更倾向于以领导为中心还是更大程度上强调放权给下属。

（2）三种权变因素。坦南鲍姆和施密特认为,很难判断哪一种领导方式是正确的,哪一种领导方式是错误的。哪一种领导方式合适,取决于领导者、被领导者和情境因素。

① 领导者。在领导者的个性中起作用的一些因素,如价值观体系、对下属的信任度、对某种领导作风的偏好,以及在不确定情境中持有的安全感等。

② 被领导者。被领导者会影响领导行为的因素,如乐意承担责任的程度、知识和经验、对模棱两可的容忍以及其他等。

③ 情境因素。情境因素对领导行为的影响包括:组织的价值准则和传统、下属人员作为整体如何有效地工作、问题的性质和是否能把处理问题的权限稳妥地授予下属以及事件的压力等。

2. 领导生命周期理论

领导生命周期理论在领导行为四分图的基础上加入了第三个因素——被领导者的成熟程度。这种理论认为,有效的领导行为应该把工作行为、关系行为和被领导者的成熟程度结合起来考虑(图 5-5)。领导者要根据下级不同的年龄、成就感、责任心与能力等条件,采取不同的领导行为。高工作、高关系的领导并不经常有效;低工作、低关系的领导也不一定完全无效,这都要根据下级的成熟程度而定。

（1）权变因素。成熟度作为影响领导方式有效性的权变因素,在这里指的是下属对自己直接行为负责任的能力和意愿,它包括两类因素:一是工作成熟度,即一个人的知识和技能。工作成熟度高的个体拥有足够的知识、能力和经验胜任自己的工作任务；二是心理成熟度，即一个人完成工作的意愿和动机。心理成熟度高的个体主要依靠自身内在的动机激励，而不需要太多的外部激励。

(2) 领导方式。领导生命周期理论认为，随着下属由不成熟走向成熟，领导行为应该按照下列程序逐步推移：高工作、低关系→高工作、高关系→低工作、高关系→低工作、低关系。

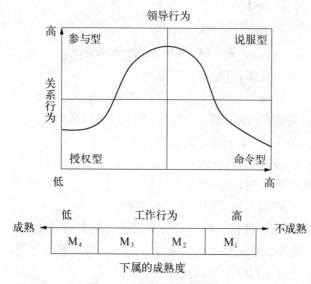

图 5-5 领导生命周期模型

① 高工作、低关系。这是一种命令型的领导方式。领导者以单向沟通方式向下属规定任务：干什么，怎么干。这种领导方式适用于下属的平均成熟度处于不成熟阶段时（M_1），即下级既不愿意也无能力执行某任务，因此他们既不愿胜任工作又不能担负工作责任。

② 高工作、高关系。这是一种说服型的领导方式。领导者通过与下属双向沟通的方式，说服下属接受工作任务和工作方法，同时增强他们的工作意愿和热情。这种领导方式适用于下属成熟度进入初步成熟阶段时（M_2），即下属虽然愿意从事必要的工作任务并担负起工作责任，但还缺乏足够的工作技能，在这种情况下，领导者同时提供指导性的和支持性的领导行为就相当有效。

③ 低工作、高关系。这是一种参与型的领导方式。下属能够独立进行工作，不希望领导者过多地指示和约束。领导者通过与下属双向沟通，欢迎下属参与决策，通过鼓励的方式激励下属努力工作。这种领导方式适用于下属进入比较成熟阶段时（M_3），即下属的工作能力强但工作意愿比较低。

④ 低工作、低关系。这系是一种授权型的领导方式。领导者授权给下级，领导者只起监督的作用，让下级"各行其是"。这样他们取得工作成果后就会有胜任感和成就感。这种领导方式适用于下属发展到成熟阶段时（M_4），下属一般都具有较高的自信心、能力和愿望来担负起工作的责任。

第二节 激 励

领导的主要对象是与人力资源相关的资源,或者也可以说,领导主要是对人的领导。如何调动和发挥人的积极性、主动性和创造性是领导的主要职能,这就是激励,有关激励理论和方法为领导者制定激励政策提供了思路和依据。

一、激励的基本原理

> **基本概念:激励**
> 激励是指有机体追求既定目标时的意愿程度,是人类行为动机的激发力量。

(一)个体行为的心理过程

1. 人的行为是由动机支配的

动机是引起、维持某种行为并使之导向一定目标的心理过程。动机是直接推动个体进行行为活动的内部动力。动机能激发个体产生某种行为并使个体行为指向某一目标,在这个过程中,动机能使个体行为维持一定的时间并调节个体行为的强度。个体动机水平不仅因人而异,而且对同一个人来说还因时而异。

(1)动机的形成条件。个体行为动机的形成有两个条件:一是内在的需要和愿望,二是外部提供的诱因刺激。因此我们要关注的是:有哪些因素可以导致期望行为的发生?是什么原因导致这种行为持续不断地发生?又是什么原因致使这些行为不偏离既定的目标?

(2)动机与行为。动机具有内隐性的特点,总是要通过行为表现出来,人们既可以通过动机预测人的行为,也可以根据行为溯源到真正的动机。但是,行为与动机并不是这样简单的线性关系。这种复杂性表现在:同一动机可以引起不同的行为,而同一行为可以出自不同的动机;好的动机可能引发不好的行为,而不好的动机有时候也会被好的行为所隐蔽。所以领导者在分析预测、引导控制人的行为的时候,要具体情况具体分析。

2. 人的动机是由需要引起的

需要是有机体在内外条件刺激下,对某些事物希望得到满足时的一种心理紧张状态。在现实生活中,人的需要往往不只一种,而是同时存在着多种需要。这些需要的强弱也随时会发生变化。

(1)需要的类别。从需要的功能特征来区分,人的需要包括物质需要和精神需要。物质需要是人最基本、最重要的需要,如衣、食、住、行、用等;精神需要相对于物质需要而言是高层次的需要,如求知、审美、实现自我价值等。一般来说,物质需要大多属于生理需要和自然需要,而精神需要基本是心理需要和社会需要。但有时物质性需要既是生理需要,也包括心理需要和社会需要的成分。

(2) 需要与动机。在任何时候，一个人的行为动机总是由其全部需要结构中最重要、最强烈的需要所支配、决定的。这种最重要、最强烈的需要被称为优势需要。换言之，需要的程度在某种水平以上，才能成为动机并引起行为。当需要不断增强，人的心理活动进入到意向和愿望阶段之后，在一定的条件就可能成为活动的动机并导致行为的产生。

3. 人的行为是朝向一定目标的

动机是人们行为产生的直接原因，它引起、维持行为并指引行为去满足某种需要。当人们产生的某种优势需要未能得到满足时，会产生一种紧张不安的心理状态，而在遇到能够满足需要的目标时，这种紧张不安的心理就转化为动机，人的动机结构中最强烈的优势动机推动了人的行动，使之达成预定的目标。目标达到后，需要得到满足，紧张不安的心理状态就会消除。随后，又会产生新的需要，引起新的动机和行为。

(二) 激励过程与激励理论

行为的基本心理过程就是激励的过程，通过有意识地设置需要，使被激励者产生动机，进而引起所期望的行为，满足需要，实现目标。这个过程，我们可以用图5-6示意：

图5-6 个人行为的心理过程

这个模型揭示了激励过程的三个阶段：需要激发阶段、动机转化阶段、行为转化阶段。这三个阶段也是有效激励的三个关键环节，围绕着这三个阶段或环节进行研究，形成了三大有代表性的激励理论。

1. 需要激发阶段与内容型激励理论

在需要激发阶段，通过恰当设定行为的指向物，激发或强化激励对象的相关需要。人的需要都是受到一定的激励而产生的。人的行为都具有一定的目的性，都旨在寻求某个特定目标的实现或某个特定需要的满足。那么，人到底需要什么？管理者应该提供哪些诱因来激励员工？围绕有关人的需要类型和性质方面进行研究的理论，是内容型激励理论，有代表性的是需要层次理论、双因素理论、ERG理论、成就需要激励理论。

2. 动机转化阶段与过程型激励理论

在动机转化阶段，通过合理设计目标与制度，促使激励对象将满足相关需要的动机转化为相应的行为。现实的动机，往往并不等于现实的行为。内容型激励理论所研究的各种激励因素是否能够以及如何能够发挥激励的作用，从这个角度来看，有效的管理者不仅应该知道给员工什么激励，更应该知道如何激励才更有效。围绕这方面进行研究的理论是过程型激励理论，主要研究的是从动机形成到产生某种行为的心理过程，这方面有代表性的成果是期望理论和公平理论。

3. 行为转化阶段与行为改造型理论

在行为转化阶段,需要对激励对象的相关行为进行鼓励或禁止,以影响激励对象的进一步行为。侧重于这方面研究的是行为改造型理论,它研究如何把人的行为按组织的意图进行改造,使良好行为得以发扬,不良行为得以减弱或转变。代表性理论是强化理论、归因理论和挫折理论。

二、激励理论与管理

(一) 需要层次理论

马斯洛是美国人本主义心理学派的主要创始人,他从人的需要出发研究人的行为,核心是要使人人都成为自我实现的人。

1. 需要层次的内容

马斯洛最早把人的需要按其重要性和产生的次序分为五个层次,即生理需要、安全需要、社交需要、尊重需要和自我实现的需要(图5-7)。以后又在此基础上增加了求知需要和求美需要两个层次,提出七个层次的需要,但七层次需要并不流行。

(1) 生理需要。生理需要是最为基础的需要,如衣食住行等。这一层次需要如果得不到满足,其他需要几乎不存在或居于隐蔽地位。

(2) 安全需要。马斯洛认为整个有机体是一个追求安全的机制。安全需要包括人身安全、经济的保障、环境的稳定性和预知性。

(3) 社交需要。社交需要是情感和归属的需要,这是由人的社会性决定的,它比生理需要更细微,与一个人的生理特征、经历、受教育程度等有关。

图5-7 马斯洛需要层次理论

(4) 尊重的需要。尊重的需要要求对自己有高度的评价,保持自尊并得到别人的尊重。自尊需要包括自立、自由、自信、自尊、自豪等渴望;受人尊重包括对荣誉、声誉、地位、名望、控制、认可、受人注意、尊严等追求。

(5) 自我实现的需要。自我实现的需要就是最大限度地发挥个人潜力并获得成就的需要,这种需要往往是通过胜任感和成就感来获得满足的。

2. 需要层次理论的基本观点

马斯洛认为,上述五种需要由低到高依次排列成一个阶梯,当低层次的需要获得相对满足后,下一个需要就占据了主导地位,成为驱动行为的主要动力。其中,生理需要和安全需要属低级需要,尊重需要和自我实现需要属于高级需要,社交需要为中间层次的需要,基本上也属高级需要。

马斯洛还认为,在同一时间、地点、条件下,人存在多种需要,其中有一种占优势地位的需要决定着人的行为。当一种需要满足以后,一般地说它就不再是行为的积极推动力,于是,其他需要就开始发生作用,但不能认为某一层次的需要必须完全满足后,下一层次的需要才成为优势。因此,马斯洛的需要层次理论并非是一种"有"或"无"的理论结构,它只不过是一种典型模式,说明了需要动力作用的基本趋向。

3. 需要层次理论与管理

马斯洛的需要层次理论提示各级管理者和领导者:员工的需要既具有多样性,又存在着个体差异性和动态性。为此,领导者的任务就是研究员工的需要,采取措施,满足员工的各种合理的需要,以调动他们的积极性、主动性和创造性,有效地实现组织目标。

(1) 物质需要和精神需要相结合。物质需要是员工的基本需求,属于较低层次的需求,根据需要层次理论,当这一层次的需要得到相对满足以后,人们就会重视其他方面的需要,总希望得到尊重、重视和认可。因此,物质激励和精神激励是组织激励不可分割的两个方面。没有适当的物质激励,精神激励就没有基础,员工的积极性、主动性和创造性就难以长期维持;而没有精神激励,也不可能真正激发员工的精神力量,就不能使物质激励得到升华和发展。因此,必须把物质激励和精神激励有机地结合起来,使它们相互补充,相互渗透。

(2) 满足员工不同层次的需要。领导者要了解、掌握员工的需要及其变化发展规律,根据不同层次的需要,采取相应的激励措施,以引导和控制人的行为。尤其注意强化或者改造高层次需要,使之与组织的或社会的需要相一致。

(3) 满足不同人的需要。马斯洛的需要层次仅是一般人的要求,实际上每个人的需要并不都是严格地按其顺序由低到高发展的,这应具体情况具体分析。因为在不同情况下人们需要的强烈程度是不同的。即使同一个人在不同的时候和不同的情况下,需要层次也不一样。对于领导者来说,了解这些情况并采取不同的激励措施是非常重要的。激励措施与需要层次如何密切结合,表5-1能够为领导者提供参考。

表5-1 需要层次理论与管理措施相关表

需要的层次	诱因(追求的目标)	管理制度与措施
生理的需要	薪水、健康的工作环境、各种福利	身体保障(医疗设备)、工作时间(休息)、住宅设施、福利设施
安全的需要	职位的保障、意外的防止	雇佣保证、退休金制度、健康保险制度、意外保险制度
社交的需要	友谊(良好的人际关系)、团队的接纳、与组织一致	协谈制度、福利分配制度、团体活动制度、互助金制度、娱乐制度、教育训练制度
尊重的需要	地位、名分、权力、责任、与他人薪水之相对高低	人事考核制度、晋升制度、表彰制度、奖金制度、选拔进修制度、委员会参与制度
自我实现的需要	能发挥人人特长的组织环境、具有挑战性的工作	决策参与制度、提案制度、研究发展计划、劳资会议

实例：自助餐式的福利制度

企业传统的福利待遇会因员工的层次不同而有所差别，至于同一层次的员工所享受的福利待遇则完全相同。事实上，员工的福利需求各不相同，例如：未婚青年员工对假期感兴趣，新婚夫妇则更注重住房补贴，而上了岁数的员工重视退休后的待遇。传统的统一福利形式不仅不能满足不同员工的需求，在实际工作中却会遇到例如福利成本居高不下、回报率低、缺乏灵活性和针对性等问题。起源于20世纪70年代美国的弹性福利制度能在一定程度上解决这些问题。弹性福利制度又称为"自助餐式的福利"，在公司总体分配框架内向员工提供多种福利组合。员工可以从企业所提供的一份列有各种福利项目的"菜单"中自由选择其所需要的福利，像鸡尾酒一样调配起来，使每一个员工都有自己"专属的"福利组合。相对于过去的福利制度来讲，弹性福利制度更能体现出一种人本思想的经营理念和对员工的关怀。弹性福利制度非常强调"员工参与"的过程，强调从员工的角度来了解员工的需要，这样一方面员工可以根据自己的实际需要来选择对自己最有利的福利；另一方面也会使员工产生受尊重和有价值的感觉，进而增强员工对企业的忠诚度和归属感，而对于企业来讲则更有利于管理和成本控制。

请思考：自助餐式的福利制度其制定的基础是什么？它的激励意义何在？"自助餐式"的福利管理方式要求公司在考虑员工需要的基础上，设计一套福利制度，给员工提供众多的选择，让员工根据自己的需要有限制地选择一些福利项目，您觉得哪些福利项目是您最需要的？

（二）双因素理论

美国心理学家赫兹伯格认为组织中影响人的积极性的因素，按照其功能不同，可以分为激励因素和保健因素两大类，据此提出了"激励因素/保健因素"理论，简称双因素理论。

1. 双因素的内容

（1）激励因素。激励因素是指那些与工作本身的特点和内容联系在一起的，能促使人们产生工作满意感或得到激励的因素。这类因素的改善，或是这类需要得到满足，能给人以很大程度的激励，产生工作满意感，有利于充分、持久地调动人们的积极性；即使不具备这些因素和条件，也不会引起太大的不满意。

（2）保健因素。保健因素是指那些与工作条件相关的、容易使人们产生不满意的或消极情绪的因素。这类因素一般来说不能对员工起到直接的激励作用。如果这类因素处理不当，会导致员工产生不满，甚至严重挫伤员工的积极性。如果这类因素处理得当，也不会对积极性的激发产生特别的激励作用，而只能起到防止员工产生不满情绪的作用。

 实例：玩具与奖品

心理学家给小孩做实验。小孩分成两组，两组都给予同样好玩的玩具。不同的是：一组只是给玩具，并让小朋友自己玩；另一组除了给玩具外，还用外在奖品来激励小朋友玩,比如给糖果之类的。实验结束后,过一段时间,心理学家来测量这两组小孩对玩具的喜欢程度。结果发现,没有给奖品的小朋友,大多数小孩子还是很喜欢玩这些玩具,而给奖品的小组,多数小孩对玩这些玩具提不起精神。

请思考:你怎么看这个实验的结果?如何解释这种现象?

2. 双因素理论的主要观点

(1) 修正了传统的关于满意与不满意的观点。传统观点认为,满意的对立面是不满意。赫兹伯格则认为这种表述不确切,应该使用这样一个新观点:满意的对立面是没有满意,而并非不满意;不满意的对立面是没有不满意,而并非满意。满意与不满意是一种质的差别,而不是量的差异。缺少了保健因素,员工会感到不满意,有了保健因素,员工并不会感到满意,而是没有不满意;有了激励因素,员工会感到满意,没有激励因素,员工不会感到不满意,而是没有满意。

(2) 有效的管理在于化保健因素为激励因素。双因素理论认为:保健因素可以消除不满,激励因素可以产生满意。管理者在管理中不应忽视保健因素,但也没有必要过分地改善保健因素。有效的管理在于化保健因素为激励因素而不是相反。

(3) 激励因素是以工作为核心的。激励因素是在工作时发生的。由于工作本身就有报酬,所以在进行工作时也就有可能调动内在的积极性。因此,激励因素是以工作为核心的。

3. 双因素理论与管理

许多领导者一直困惑不解,为什么组织所设计的人事政策和福利制度总是不能提高员工的激励水平。双因素理论对于解决这个疑惑有很大的帮助,因为所有这方面的制度措施都属于保健因素,而不是激励因素。双因素理论的最重要贡献在于提示各级管理者和领导者重视工作本身对于员工的价值和激励作用(图5-8)。

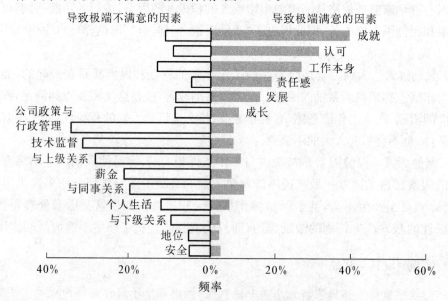

图 5-8 激励因素与保健因素的比较

> **基本概念：内激励和外激励**
> 内激励是指参加某项工作本身对工作者激励作用与完成工作任务所产生的激励作用之和。外激励是指与工作本身和完成工作任务无内在关系的各种外在奖酬所引起的激励作用之和。

(1) 内激励与外激励的有效结合。由双因素理论可以引导出内激励与外激励的概念。外激励与工作本身并不直接相关，只是对于员工付出劳动的补偿，它对人的激励是有限的，比如：根据员工的绩效给予一定的工资、奖金、福利、提升机会，以及各种形式的表扬、认可和荣誉等。而内激励则是与工作本身直接相关的，比如：对工作本身的兴趣、工作对人的挑战性、工作中体会到的责任感和成就感，从工作本身体会到的价值和意义等。只有在内激励上去努力才可能从根本上调动人们的积极性，而单单依靠外激励是不全面的、有缺陷的。因此，将内激励与外激励有效地结合起来才能提高职工的积极性。

(2) 运用工作激励。传统的激励办法是以各种物质激励和精神激励为手段，根据员工的绩效给予一定外部激励，它对人的激励是有限的。而人们对工作本身的兴趣以及从中得到的快乐，才对人们具有根本性的激励作用。由于工作本身就有报酬（内激励），所以执行工作时就有可能调动内在的积极因素，它与外界是否给予报酬无关。倘若报酬是在执行工作之后，或是离开工作场地之后才有意义或价值（外激励），则在进行工作时，即使有积极性存在，也只能提供极少的满足。在运用现代工作设计方法进行工作设计时，应该特别重视工作丰富化方法的运用，赋予员工自主权，使他们有机会参加计划与设计，获取信息反馈，估价和修正自己的工作，从而增加他们的责任感、成就感和对工作的兴趣。

(3) 注意奖金的数量、形式和时间。奖金计划作为一种最灵活的调整薪资的工具，可能是刺激业绩增长的最好的方法。然而奖金计划毕竟只是一种辅助的薪酬手段，领导者真正所要关注的还是如何建立一套符合企业长期发展要求的有效的薪酬体系。在制定奖金计划时应该注意发挥其激励作用，防止其变为保健因素。有研究表明，奖金与绩效挂钩会使利润提高，奖金增加10%，则企业的资产收益率会上升1.5%，但所有的报酬都遵循收益递减规律，因此决定奖金激励功能的并不只是奖金的数量，还有奖金的形式，比如个人奖励还是团队奖励。个人奖励中的绩效衡量指标一般是客观的，易于拉开差距，有利于体现公平性；团队奖励是对共同工作加以强化，以强化工作团队作为一个基本工作单位的相互依赖性以及对合作的需要。选择个人奖励还是团队奖励，这取决于需要完成的任务的类型、组织对团队的认可程度以及工作环境的类型。在奖金发放的时间方面，短期奖金一般依据特定的绩效标准，符合即时奖励的原则，长期奖金的目的在于鼓励员工努力实现长期的绩效目标，这些绩效标准主要针对企业长期目标。此外，年终奖金也常常发挥非常重要的作用。

(三) 期望理论

期望理论是美国心理学家弗罗姆于1964年提出的。期望理论实质上一种目标激励理论。

1. 期望理论的主要观点

弗罗姆认为,只有当人们认为存在实现预期目标的可能性,并且实现这种目标又是非常重要的时候,他们的激励程度或动机水平才会最大。也就是说,决定行为动机的因素有两个:期望与效价。更精确地说,行为动机是由两者的乘积决定的。用公式表示就是:动机水平(激励程度)=效价×期望值。期望理论包括三个变量:动机水平、期望和效价,目标是提高员工的动机水平。

动机水平即激励程度,反映了一个人工作积极性的高低和持久程度,它决定着人们在工作中会付出多大的努力。期望是指人们对某一行为导致的预期目标或结果之可能性大小的判断,在数学中它被称为主观概率。期望可以分为两类,第一类期望是通过努力达到一定工作成绩的可能性,第二类期望是达到一定工作成绩后获取适当报酬的可能性。效价则是指人们对所预期目标的重视程度或评价高低,也就是人们在主观上认为该目标能够满足自己需要的程度。

2. 期望理论与管理

根据期望理论,领导者在实施激励时,应该设置一个对员工来说既有重要性(效价)又有实现可能性(期望值)的目标,并且通过设置报酬和奖励措施,给员工创造良好的工作条件,提高员工的工作热情,增强其达到目标的信心。领导者在实施激励时应处理好三种关系(图5-9):

图5-9 期望理论三方面的关系

(1)努力与绩效的关系。绩效,即一类期望,是人们努力的直接目标,努力与绩效的关系取决于个人对目标的期望值,而期望值的大小又直接影响着个体积极性的发挥。领导者为了提高员工完成工作目标、取得绩效的可能性,一方面要保证所制订的工作目标必须切实可行,并尽可能创设良好的工作环境,帮助员工排除工作中的干扰性因素;另一方面,也要注意根据员工的能力特长来分配和安排工作,并通过指导和培训来提高员工的工作胜任能力。

(2)绩效与奖酬的关系。奖酬即二类期望,指的是目标与员工的关联性,这取决于组织对组织成员采取的相应的奖励措施。为了提高获取相应的外部报酬的可能性,领导者应该完善和贯彻组织内部按劳分配的工资和奖励制度,使绩效与报酬紧密挂钩。

(3)奖酬与满足需要的关系。奖酬与满足需要的关系,就是要提高奖酬的效价。为了提高员工对奖酬的满意程度,领导者一方面要在充分研究、掌握员工需要的基础上,根据需要的多样性和差异性的特点,奖人所需,形式多样;另一方面在制定组织目标时,要努力将组织的目标和成员的目标、组织的价值和成员个人的价值有机地结合起来。

(四)公平理论

美国心理学家亚当斯根据社会心理学中的认知失调理论提出了公平理论。公平理论侧重于研究利益分配,尤其是工资报酬分配的合理性、公平性对员工工作积极性和工作态度的影响。

1. 公平理论的主要内容

公平理论认为,员工的工作态度和工作积极性不仅受其所得的绝对报酬(自己的实际收入)的影响,而且还受其所得的相对报酬(自己的收入与自己的劳动之比值)的影响。员工不仅会将自己的付出和所得之比值与他人进行横向比较,还会把自己现在的付出和所得之比值与过去进行纵向的比较。如果两种比值相等,就会产生公平感;如果不相等,则会产生不公平感。

$$\frac{个人的所得}{个人的付出} : \frac{他人的所得}{他人的付出} \quad (横向比较/社会比较)$$

$$\frac{个人现在的所得}{个人现在的付出} : \frac{个人过去的所得}{个人过去的付出} \quad (纵向比较/历史比较)$$

这里所谓的"付出"和"所得"都是一个人的主观感觉或判断。"付出"指的是一个人自己觉得劳动量多少、效率高低和质量好坏,还包括自己所感觉到的能力、经验、资历、学历、投资等贡献的高低或多少。而"所得"则指的是一个人主观认识到的在工作之后所得到的回报,如工资、奖金、地位、权力、待遇、赞扬、表扬甚至自己体会到的成就感等。

根据公平理论,当人们面临不公平,尤其是所得/付出比值过低引起的不公平时,他们在心理上将会产生紧张、不安和不平衡,在行为或心理上将会设法采取如下措施以减少自己心理上的不公平感:

(1) 自我安慰。自我安慰就是从心理上调节认识机制,降低不公平感。比如:通过改变比较或参照的对象,以获得主观上的公平感;或者通过曲解自己或别人的所得与付出,造成一种自以为公平的假象,以消除自己的不公平感。

(2) 采取一定的行动,改变所得与付出的比值。一种情况是采取一定的行动,实际改变自己的所得/付出,如:通过消极怠工等来减少自己的实际付出。另一种情况是给比较对象施加影响以改变其实际所得与付出,如通过诋毁他人的付出以影响分配的过程,或者通过推诿责任来增加他人的工作量等。

(3) 摆脱目前的分配关系。在无法改变不公平现象时,极端的行为是摆脱目前的分配关系,放弃工作(辞职)、跳槽(调离工作单位)。

此外,人们通常还会通过发牢骚、制造人际矛盾等不良行为来减少因为不公平感而产生的心理失衡。

实例:刘工程师为什么要另谋出路

临近年底,某公司各部门的考核在按常规进行。技术科刘工程师却向总经理抱怨自己不受重视,声称如果再继续如此的话,自己将考虑另谋出路。经过了解,原来是刘工对技术科的奖金分配方案感到不满。

刘工是公司里的高级工程师,由于职称最高,他的工资也是技术人员中最高的。虽然技术科在各科室中奖金总额最高,但科长老许出于操作的便利,决定采取平均分配的方式。刘工以为自己职称最高,而且工作年份长,对公司的贡献也大,但是年终却与参加工作不久的小李、小马等人拿同等金额的奖金,刘工实在看不惯小李、小马等人欢天喜地的样子,觉得自己的贡献和价值没有得到重视,想到此前他的一名大学同学一直动员他加盟到同行业的另一家新建公司,刘工程师不免开始心动起来。

请思考：刘工程师为什么意欲辞职？这一事件对管理工作有何启示？

2. 公平理论与管理

公平理论提出的基本观点是客观存在的,但公平本身却是一个相当复杂的问题,人们对组织资源分配中的公平公正性的判断存在着强烈的主观感受,也就是说,不公平感是受两方面因素制约的:客观分配的公平与否和个人在主观上认知的正确与否。公平性是影响人的工作动机、工作态度和工作行为的重要因素,因此也是一个强有力的激励因素。

(1) 加强基础管理。不公平感(或公平感)既与个人所持的公平标准有关,也与绩效评定有关。因此,组织要加强基础管理,首先要建立合理的薪酬体系。薪酬体系的设计,不仅要保证内部的公平公正性,同时也要考虑外部的平衡性,即组织的薪酬水平与外部同类组织保持大体的平衡。其次要完善绩效考核体系。薪酬的合理性是以公正、科学的评价为基础的。如果缺乏科学的评价标准和措施,必然会造成不公平现象。将薪酬与绩效考核密切结合起来是影响公平感的重要方面。

(2) 改进领导工作作风和方法。不公平感(或公平感)还与评定人(领导者和管理者)有关。领导的工作作风和方法问题是影响员工工作积极性发挥的主要因素之一。良好的领导作风和方法是调动职工积极性的基本前提。有些领导者由于官僚作风、主观片面或碍于情面等对一些员工抱有偏见,分配奖励时不实事求是,难免造成人为的不公平,因此领导者要尽可能公正无私地对待每一位员工。

(3) 加强教育,引导员工进行全面客观比较。不公平感(或公平感)也直接与个人的主观判断有关。个人判别报酬与付出的标准往往都会偏向于对自己有利的一面,也就是说,人们在心理上会自觉或不自觉地产生过低估价别人的工作绩效、过高估计别人的工资收入倾向,而且也常常选择一些比较性不强的比较对象,这些情况都会使员工产生不公平感,这对组织是不利的。因此,领导者应能正确分析个人认识上可能存在的偏差,适时做好教育工作,引导员工进行全面客观比较,并且通过企业文化建设,在组织内部形成一种争绩效、比奉献的文化氛围。

(五) 强化理论

强化理论是由美国行为主义心理学家斯金纳提出的。强化理论认为,人的行为是对其所获刺激的一种反应,因而人的行为是由外部因素控制的。也就是说,行为是其结果的函数。当行为的结果对本身有利时,这种行为就会重复出现;反之,这种行为就会减弱或消失。

> **基本概念：强化**
>
> 强化就是通过不断改变环境的刺激因素来达到增强、减弱或消失某种行为的过程。

1. 强化的方式

根据强化的性质和目的,可以将强化分为以下四种方式:

(1) 正强化。也称积极强化,是指对某种行为给予肯定和奖赏,以增加其重复出现的可能性,这是一种经常被使用而且有效的方法,如:增加工资和奖金、获得有意义的纪念品、表扬和赞赏、晋升和培训、赋予更大的责任等。

(2) 负强化。也称消极强化,是一种事先规避性的强化措施,它通过预先告知某种不符合要求的行为或不良绩效可能引起的不利后果,使人们按照要求的方式行事或避免不合乎要求的行为,因此,负强化是一种非正面的对所期望行为的强化,其目的是为了防止不希望行为的出现,间接增加所希望的行为,最终目的是引导人们的行为符合组织的要求,其目的和效果与正强化是相同的,但两者所采取的方式不同。

(3) 衰减。也称自然消退,是一种撤销对某种行为的正强化,以终止这种行为或降低这种行为出现的可能性,或对某种行为不予理睬,以表示对这种行为的轻视或某种程度的否定,从而使这种行为减弱以至最终消失。对这种行为的弱化过程并不需要领导者干预,所以被称为"自然消退"。研究表明,一种行为长期得不到正强化,会逐渐消失。采用这种方法,在某种程度上可以发挥制裁作用,因此它本质上是一种惩罚性措施。

(4) 惩罚。惩罚是指当某种行为出现后给予某种带有强制性、威胁性的不利后果,以期减少甚至消除这种行为,如减薪、扣发奖金或处以罚款、批评、降级或撤职、辞退等。

实例:老人和孩子

一群孩子在一位老人院子后的空地上踢球,嬉闹声使得老人难以忍受。于是,他出来给了每个孩子25美分,对他们说:"你们在这儿变得很热闹,我觉得自己年轻了不少,这点儿钱表示谢意。"

孩子们很高兴,第二天仍然来了,一如既往地嬉闹。老人再出来,给了每个孩子15美分。他解释说,自己没有收入,只能少给一些。15美分也还可以吧,孩子仍然兴高采烈地走了。

第三天,老人只给了每个孩子5美分。孩子们勃然大怒,"一天才5美分,知不知道我们多辛苦!"他们向老人发誓,再也不会来玩了!

从此,老人的院子又恢复了安静。

请思考:老人采用的是哪一种方法使孩子们每天坚持来踢球的行为消失从而恢复自家院子的安静的?如果他用最常用的方法训斥孩子,结果又会怎样?您认为领导者在运用强化措施时能够从上述故事中得到什么启示?

2. 强化理论与管理

强化理论特别重视环境对行为的影响作用。对于领导者和管理者来说,这种理论的意义在于通过改造环境(包括改变目标和完成任务后的奖惩)来保持和增强积极行为、减少和消除消极行为。

(1) 设立目标体系。领导不仅要为组织设立一个合理的总目标,而且要将总目标分解为不同阶段的目标,从而使员工能够在实现目标的过程中都可以及时得到成功结果的反馈和强化。

(2) 及时反馈。及时反馈就是要及时让员工了解自己行为的结果,好的结果能鼓舞士气、继续努力;不好的结果有利于员工及时分析原因,纠正行为。及时反馈是影响和改变行为的重要环节。

(3) 不定期、不定量地实施强化。实践证明:根据组织的实际和员工的行为状况,不定期、不定量地实施强化,会提高强化的作用,而连续、固定的强化容易在成员心目中形成一种预料之中、理所当然的印象,容易导致越来越高的期望,降低强化的实际作用。

(4) 奖惩结合,以奖为主。奖罚结合并不等于奖惩并重。事实上,在管理工作中不能过分地使用惩罚手段,这是因为惩罚有时会造成新的不良行为,过分的惩罚会使人产生挫折感,进而产生攻击行为。在实施惩罚性措施时应只对事或行为,不对人,量罚应适当,惩罚条例要事先公之于众,并且建立申诉制度,允许当事人为自己的行为辩护,并且在必要时提交第三方处理。这样做可以减少或避免许多不必要的纠纷。

第三节 沟通管理

实例:巴别塔之误

传说中人类一开始是使用同一种语言的,彼此之间没有语言障碍,根据《圣经·旧约·创世记》中的记载,当时人类正联合起来兴建一座能通往天庭的高塔,也就是所谓的通天塔(或者叫做巴别塔),以显示人类的力量和团结,人类的这个行动惊动了天庭的耶和华。眼见高塔越建越高,他十分担忧,他想,现在天下的人们都说同一种语言,他们团结一致,什么奇迹都可以创造,那他还怎么去统治人类?于是,耶和华便施展魔法,变乱了人们的口音,使人类因为使用了不同的语言而相互之间不能沟通交流,高塔最终无法继续建下去,人类的计划因此失败。

请思考:巴别塔之误指的是什么?这个传说告诉人们的道理是什么?在实际的生活和工作中,即使人们使用同一种语言,沟通是不是就能够有效进行?为什么?

一、沟通的过程

杰克·韦尔奇曾说:"管理就是沟通、沟通、再沟通"。对于领导者来说,沟通是领导者激励下属、实现领导职能的基本途径。

沟通是指人与人之间信息交流的过程。作为一个完整的行动过程,沟通包括以下环节和要素:

（一）编码环节

编码环节包括信息发出者、信息、编码等几个要素。信息发出者，即信源，也称传者。信息是指沟通交流的内容，包括消息、情感、思想、态度和观点等，编码信息发出者把他所要发送的信息变成信息接受者所能理解的信息（信号）的过程。没有编码过程，沟通就无法进行。

（二）媒介和信道环节

编码的过程，涉及媒介和信道的选择。媒介即信息的载体，是指用以记录和保存信息并随后由其重现信息的载体。信道是指信息传递的途径和渠道，信道的选择，取决于沟通双方地理上的距离、沟通双方所处环境条件、沟通渠道的成本条件，也受各种文化因素的影响。信息沟通的渠道有很多，如电话、电报、书信、大众传播、互联网以及会议、组织内刊等。信道的性质和特点将决定对媒介的选择。

（三）译码环节

这个环节包括的因素包括接收者、译码和反馈。这个环节是信息的接收者（也称信宿）对所接收的信息符号做出解释或理解（译码）从而使信号转化为传者始初的信息并做出反应（反馈）的过程。只有当传者发出的信息被收者接收并理解时，沟通才算发生。在此之前，都仅仅是传递。传者可以根据反馈来检验沟通的效果，并据此调整下一步的行动。

沟通不是一般意义上的单向性的信息传递，而是通过双向的信息互动、情感交流，使传收双方认识趋于一致，行动趋于协调。在这个过程中，存在着各种干扰因素，这种干扰性因素可被称为"噪音"，它来源上述三个环节的各方面要素，成为妨碍沟通的障碍。此外，组织内部的文化氛围、管理方式、组织结构等因素都会左右着沟通的过程。

二、沟通的类型

（一）根据沟通的方向分类

组织内部的沟通，从沟通的方向来分，可以分为上行沟通、下行沟通、平行沟通和斜向沟通。

1. 上行沟通

上行沟通就是指自下而上的沟通，例如下级的意见、下面的情况向上反映。上行沟通有很多途径和形式，诸如意见箱、小组会议、反馈表。上行沟通可以为员工提供参与管理的机会，营造民主管理文化，使员工获得心理上的满足，并减少员工因不能理解下达的信息而造成大的误失。有效的上行沟通，还有助于领导全面地了解下情，从而做到兼听则明。

2. 下行沟通

下行沟通就是指自上而下的沟通，其形式包括管理政策宣示、备忘录、任务指派、下达指示、布告、面试、会议、演示、巡回管理等。下行沟通有助于下级了解上级的意图和思路，明确奋斗目标和行动步骤，有助于上级领导与下属取得共识。但是，由于这种沟通方式较容易形成一种"权力气氛"，而且极易产生"逐级失真"的现象，信息容易被误解、曲解、搁置、漏失。

3. 平行沟通

平行沟通是指组织机构中处于同一层级上的群体或个人之间的信息沟通，例如：处于同一层级的但部门不同的管理人员之间的沟通，处室与处室、车间与车间、班组与班组等相互间的沟通。平行沟通通常具有业务协调性质。它可以使办事程序、手续简化，节省时间，提高工作效率，还可以使各个部门之间相互了解，有助于培养整体观念和合作精神，克服本位主义倾向。平行沟通可以克服纵向沟通信息传递缓慢、容易逐级失真的现象，但是相比较而言也更为困难。

4. 斜向沟通

上行、下行沟通，属于纵向沟通，平行沟通则属于横向沟通，而同一组织中非同一组织层级上的单位或个人之间的沟通则被称为斜向沟通。与横向沟通一样，它可以提高组织内的沟通效率。有时参谋部门与直线部门之间的沟通，也属于斜向沟通。这种类型沟通在组织变革出现扁平化和团队管理的趋势时，尤显重要。

（二）根据沟通的渠道分类

按照沟通的渠道分，组织内部的沟通可以分为正式沟通和非正式沟通。

1. 正式沟通

正式沟通是指通过正式安排的渠道（通常是官方的）在组织内部进行的信息沟通。正式沟通往往与组织结构密切相关。组织结构在一定程度上规定了组织内部信息沟通的渠道，组织的制度也在一定程度上规定了组织内部信息沟通的形式。例如按正式组织系统发布的命令、指示、文件；正式的会议制度；组织颁布的制度、规章、手册、简报、公告、通告；下级逐级向上报告、汇报、请示制度；组织内部上下级之间和同事之间因工作需要而进行的正式接触等。在组织中，上级的命令、指示按系统逐级向下传递；组织内部规定的会议。组织与外部环境进行的信息交流，例如组织与组织之间的公函往来，组织对外的信息发布会、发言人制度等也属于正式沟通。

组织内部正式沟通效果较好，有较强的约束力，易于保密，一般重要的信息通常都采用这种沟通方式。但同时这种沟通依靠组织系统层层传递，因而沟通速度比较慢，而且显得刻板。对于正式沟通，其内容和频率要适当。次数过少，内容不全，会使上情不能下达，下情不能上达；而次数过频，内容过多，则会导致"文山""会海"，陷入官僚主义和形式主义。

2. 非正式沟通

非正式沟通是指组织成员通过并非组织规章制度规定的正式沟通渠道所进行的信息传递和交流。非正式沟通与正式沟通几乎始终是同时并存的。一个有效的领导者，不但要善于运用正式沟通，也要善于运用非正式沟通。这两种沟通方式的灵活运用，也是领导者"情商"高低的一个标志。

组织内部非正式沟通具有形式多样的特点，例如：领导者的巡回管理；成员之间在工作间歇的聊天；成员之间各种形式的社交性活动（聚餐、生日聚会、联欢会等）。随着通信网络技术和通信技术的日新月异，许多公司在自己的网站上设立相关论坛、BBS等沟通渠道，同事之间通过私信、微信、朋友圈等形式的交流成为新型的非正式沟通的形式。

由于非正式沟通不必受到规定手续或形式的种种限制,因此往往比正式沟通还要重要,这种途径被比喻为"葡萄藤"。可用葡萄藤的枝茂叶盛、随处延伸来形容它的优点:沟通方便,内容广泛,方式灵活,沟通速度快,可用以传播一些不便正式沟通的信息。而且由于在这种沟通中比较容易把真实的思想、情绪、动机表露出来,因而能提供一些正式沟通中难以获得的信息。这种沟通的缺点是:沟通过程比较难以控制,传递的信息往往不确切,易于失真、曲解,容易传播流言蜚语而混淆视听。为使组织内信息产生最佳的效果,领导者在战略上应使用非正式沟通的原则,在力求正式沟通畅通的同时,应该重视和利用非正式沟通渠道,使之成为更好地掌握各种信息的一种补充形式。小道消息大多出于捕风捉影,歪曲或扩大事实,但是它的流行常常与正式沟通渠道不畅通有关。因此,对于小道消息,领导者要确保正式沟通渠道畅通,用正式消息驱除小道消息。

 实例:公司内部的非正式沟通

美国 GE 公司执行总裁杰克·韦尔奇在他上任之初,公司内部等级制度森严、结构臃肿。韦尔奇在公司内部引入"非正式沟通"的理念,他经常给员工留便条和亲自打电话通知员工有关事宜。在他看来,沟通是随心所欲的,他努力使公司的所有员工都保持着一种近乎家庭式的亲友关系,使每个员工都有参与的机会,从而增强管理者和员工之间的理解、相互尊重和感情交流。

无独有偶,惠普创始人在公司内部也创造了"野餐"这种亲密的情感沟通方式。在早期,惠普公司每年在帕洛阿尔托地区为所有的雇员及其家属举行一次野餐,比尔·休利特和戴维·帕卡德以及其他高级行政人员负责上菜,从而有机会会见所有的雇员及其家属。随着公司的扩大,每个分公司都将举行自己的野餐会。此外,惠普公司还采取了包括会见所有雇员及其家属的多种多样的感情交流方式。例如,惠普公司经理们很好地利用了喝咖啡时的交谈和其他非正式的雇员集会增加与雇员的交流。公司领导认为没有什么东西比亲自的相互沟通更能促进合作和团队精神、更能在雇员之间建立一种信任和理解的气氛了。

请思考:非正式沟通对管理有何意义?您认为非正式沟通的形式有哪些?结合实际,指出各种形式的沟通的利弊。

(三)根据沟通媒介分类

按媒介分,沟通可以分为书面沟通、口头沟通和非语言沟通三类。

1. 书面沟通

书面沟通就是指用书面形式进行的信息传递和交流。这种形式在组织管理中多见于简报、文件、通讯、刊物、调查报告、书面通知等。书面沟通的优点在于:具有准确性、权威性,比较真实,不受时间、地点限制;信息可以长期保存;便于查阅,反复核对;可以减少因一再传递、解释所造成的信息失真。它的缺点是:不易随时修改,有时文字冗长不便于阅读,比较费时。

2. 口头沟通

口头沟通就是指运用口头表达的方式来进行信息的传递和交流。这种沟通常见于会议、会谈、对话、聊天、演说、报告以及电话联系等。口头沟通的优点在于：比较灵活，简便易行，速度快，有亲切感；双方可以自由交换意见，便于双向沟通；在交谈时可借助于手势、体态、表情来表达思想，有利于对方更好地理解信息。它的缺点是：人数众多的大群体无法直接对话，口头沟通后保留的信息较少。

3. 非语言沟通

非语言，通常被称为身体语言，由人体发出的或与人体有关的信息符号，借助于非语言符号传递信息的过程和行为就是非语言沟通。有关实验得出结论：信息的总效果=7%的言语词语+38%的音调+55%的面部表情。可见，非言语行为在信息的表达中起着重要的作用。非语言形式大体可以分为有声非语言和无声非语言。

(1) 有声非语言。指辅助言语和类语言，又称"副语言"。辅助言语指言语的非语词方面，如语气、音调、音质、音量、快慢、节奏等。它属于言语表达的一部分，但不是言语词语本身。类语言指的是无固定语义的发声，如笑、哭、叹息、呻吟等。

(2) 无声非语言。无声非语言一般表现为动态体语系统和静态体语系统。前者如表情、肢体语言、眼神眼色等；后者如服饰、身体距离等。

人们通常讲的察言观色、言外之意等，指的都是在沟通中不仅要重视有声交流，而且更要重视无声交流。非语言这种形式能够丰富语言沟通内容，增强语言沟通的效果。非语言符号具有以下特点：一种非语言形式往往可以传递多种不同意义的信息；不同的非语言可以传递相同或相似的信息；矛盾的语言和非语言有时可能同时出现，它更多、更真实地隐含了人们的内在意图和动机；非语言不能独立发送信息，它通常作为语言的辅助内容。只有在极个别的情况下，才能单独发送一些简单的信息。

三、沟通的改善

(一) 沟通中的相互作用及其改善

相互作用分析也被称为交流分析，它是由贝尼尔在《大众的游戏》一书中提出来的。这种理论认为，一个人的个性有三种自我状态构成，即"父母自我状态"、"成人自我状态"和"儿童自我状态"，这三种自我状态指的是不同的心理状态，与年龄没有关系。每个人身上都存在着这三种不同的自我状态，并且这三种不同的自我状态是处于动态平衡状态。不同之处只在于其所占比例不同。这种心理状态又不是固定的，往往会由一种状态转变为另一种心理状态，一个人如果没有确切地了解他人在沟通中所处的心理状态，就不能作出适当的反应，从而造成沟通中的冲突。

1. 三种自我状态

(1) 父母自我状态。父母自我状态的个性特征是权威和优越感，父母自我状态主要来源于父母的感知、思维和情绪体验。从内在表现看，它体现为上辈父母的意图仍不断地影响内在的自我状态。从外在表现看，表现出感知偏见，总是感知对方的消极方面，加以否定、批评、命令或训斥，摆出权威的无所不知和高高在上的姿态，使对方难以忍受，有时也表现出对别人的关照和帮助。当某人按照往日所见的父母的行为方式去感知、思维和情绪体验的时候，这个人就处在父母自我状态。父母自我状态的行为往往表现为：独断专行，滥用权威，以命令的口吻、权威的架势训斥人。这种人在沟通中惯用否定的语句或命令的语句,如:"你应该……""你不能……"等。

(2) 成人自我状态。成人自我状态的个性特征是客观和理智,这种自我状态总是能够实事求是,根据现实决定自己的立场和态度,客观地估计各种可能性从而冷静从事,不盲动,不急躁,三思而行,当某人以实事求是的态度,客观地理智地进行感知、思维和情绪体验时,这个人就处在成人自我状态。待人接物冷静、理智,尊重他人,客观理智地与别人交流信息。这种人讲起话来总是"我的看法是……""我是这样想的……"等。

(3) 儿童自我状态。儿童自我状态的个性特征是服从、任性和冲动。这种人像婴儿一样感性好动,有时喜怒无常,有时讨人喜欢,有时使人厌烦;没有主见,没有原则,不是要求别人照顾就是拒绝别人。当某人像儿童一样,缺少控制、感情冲动、不负责任时,这个人就处在儿童自我状态。这种人惯用的语式是"我不知道……""我猜想……""我真喜欢……""我讨厌……"等。

2. 相互作用的类型

上述三种自我状态同时不同程度地存在于人的个性之中,蕴藏在人的潜意识中,在一定条件下,它们会不自觉地表露出来。相互作用有三种类型:互感性沟通、交叉性沟通和隐含性沟通。

(1) 互感性沟通。互感性沟通是一种符合正常人际关系的自然状态下的反应,沟通的双方表现出对方所预期的自我状态,因此,这种沟通中的相互作用是平行的。在平行沟通中,如果双方都以成人状态出现,即相互作用的形式是"成人刺激-成人反应",是一种最佳的沟通方式,沟通双方没有心理障碍。其次,双方中的任何一方处于成人状态,也有利于引导对方进入成人状态,从而使得沟通向好的方向发展。不过,一个人在与他人沟通时并非一定处于成人自我状态之中,也可以以其他心理状态进行沟通,但只要是对方所预期的反应,他们之间的相互作用就是平行的,就属于互感性沟通。

(2) 交叉性沟通。如果在沟通中没有表现出适当的预期的反应,也就是说双方都没有以对方的所预期的自我状态出现,双方心理上的相互作用是交叉式的,这时,沟通过程就会出现中断,甚至出现争吵和冲突。

(3) 隐含性沟通。这是一种最为复杂的相互作用方式,双方没有把真实的观点明白地表达出来,而是隐含在社交客套之中。在隐含性沟通中,双方虽然没有正面的冲突,但双方在相互试探、揣摩中进行交流,沟通的障碍隐含在相互的客套中,也很难达到沟通的目的。

 实例:上班迟到以后

某人像平时一样早早地出门上班,不料,所乘坐的地铁临时发生故障,尽管他改换地面交通,上班还是迟到了。一进公司,他径直去了主任办公室向他道歉并说明情况。主任不等他说完就冲着他怒喝:"迟到就迟到了,还狡辩什么!每一个人迟到都找借口,还成何体统!"

请思考:主任在与下属沟通时,表现出何种自我状态?这种自我状态的个性特征是什么?如果你是这位主任,你会作出如何反应?如果你是这位下属,你又该如何反应?

3. 相互作用的改善

相互作用分析理论有助于改善人际交往和沟通。相互作用分析作为一种训练工具，可以帮助领导者和管理人员了解人际交往和信息沟通中自己和对方的行为是出自哪一种心理状态，然后尽量消除交往与沟通中的心理障碍，建立相互信任、相互理解的关系。

（1）有效整合成人自我状态。一个人的心理健康与否取决于是否具备一个有效整合的成人自我状态，有效整合的成人自我状态不仅不受父母自我状态和儿童自我状态的错误干扰，而且能够有效地调节自己个性中存在的父母自我状态和儿童自我状态，能控制父母自我状态所发出的否定性内部语言，并发掘出积极的父母自我状态，使成人自我状态在个性中保持适当的比例，从而对不同的信息刺激作出适当的反应。

（2）了解对方的自我状态。在与他人沟通时，必须确切地了解对方在沟通中所处的心理状态，以便做出适当的预期的反应。只有确切了解了他人的心理状态，才能调整自我的心理状态并引导对方的心理状态，使双方沟通中平行地相互作用，最大限度地减少双方相互作用的障碍，取得预期的沟通效果。

（3）引导对方的成人自我状态。各级管理者和领导者不仅应该确立自我的成人状态，同时也应鼓励他人确立成人自我状态。一般来说，"成人刺激-成人反应"是最佳的相互作用方式，其次是由"成人状态"参与的任何沟通方式。在推行各种改革措施时，领导者要以平等的态度、商量的口吻，尊重下属的意见，使他们感到自己有一种参与感和自主感。尽量少用"你应该……""你必须……"这一类"父母自我状态"的架势与口吻，避免勾起他人的"儿童自我状态"而增加各种阻力。

（二）沟通的过程性问题及其改善

沟通的过程包括编码环节、媒介和渠道的选择环节以及译码环节。从这个过程出发，分析影响沟通的因素，对于改善沟通是十分必要的。

1. 编码环节中的问题及其改善

编码环节造成沟通障碍的问题表现在：

（1）表达不准确。这主要是因为信息发送者用词不当而导致表达不清，比如使用了模棱两可的词致使对方产生歧义，或者用了对方听不懂的深奥怪癖的词汇。

（2）信息不全面。信息传送不全面有两个主要表现，一是删减或遗漏了重要的信息内容；二是由于压缩、简缩信息，而使得信息变得模糊不清。

（3）传送不及时。信息是有时效性的，如果忽视了沟通中的时间意义而没有及时或适时地发送信息，就会致使信息丧失价值。

（4）人的惰性。有时人们往往会因为觉得这是"无关紧要"或"谁都知道"，而不去传递必要的信息。

要改善沟通，对于信息的发出者来说，要把自己置于接受者的位置，熟悉接受者，从而选择恰当的用词、态度和时机；信息发送者还要换位思考，站在接受者的角度，倾听反馈。

2. 媒介和信道选择环节的问题及其改善

在媒介和信道选择方面存在这样几个问题：

（1）媒介选择不当。例如有些重要的信息用口头沟通的效果可能会不太理想。口头沟通运用的是言语媒介和人际渠道，一方面接受者会认为"口说无凭"而不重视它；另一方面，通过人际渠道传递的信息容易在口口传递中走样，或者被遗漏，或者被添油加醋，或者被篡改。

（2）几种媒介相互冲突。比如领导者板着脸表扬下属，或者嬉皮笑脸批评下属，由于言语和非言语两种媒介的矛盾，会使被表扬和被批评的人产生疑惑，产生不好的效果。

（3）沟通渠道过长，由于信息沟通的中间环节过多，必然造成信息在传递过程中被延误、被歪曲。

在选择沟通媒介和信道时应该注意以下方面的要求：首先，要考虑对象的特征。使用的语言要适合沟通对象的特点和要求，比如对象的受教育背景、个性特征、地域文化的差异等。其次，要充分考虑信息内容的特点，有时候，信息内容的特点决定了媒介的选择。人们在沟通时要考虑的是：什么信息内容选择正式沟通的渠道比较好，什么信息内容通过非正式渠道可能更好些；什么信息运用书面的语言媒介，什么信息运用口头的言语媒介，或者将几种媒介结合起来使用。第三，要考虑信息传递的效益。尽量减少传递的层次，在人际沟通和管理沟通中应该更多地进行直接沟通和面对面沟通，使信息"一步到位"、一杆到底。此外还要考虑渠道的物理特点，注意技术维护。

3. 译码环节中的问题及其改善

信息接受者对信息的理解和据此作出的反应也直接影响着沟通的效果，这个环节的问题表现在：

（1）忽视信息。忽视信息指的是对于某些信息内容未加注意。这是因为人的注意是有选择的，在众多信息的刺激之中，人们不可能对所有的信息刺激都一一作出反应，这种选择性注意必然会使人们忽视沟通中的某些信息。

（2）选择性误解。这是由于信息接受者没有站在信息发出者的角度来理解和解释所接收到的信息内容，或者由于对信息发出者的编码不熟悉，这样就有可能误解信息，甚至朝着截然相反的方向去理解。

（3）拒绝接受信息。有时信息接受者注意到并理解了信息，但就是拒绝接受它。比如听不得不同意见、拒绝接受批评意见。这时，信息接受者的态度和立场就成了沟通的重要障碍。

有人说，沟通不是我想说什么，而是别人想听什么；也有人说，沟通不仅仅是说，更重要的是听和问。这些都是非常有道理的真知灼见。因此作为信息的接受者来说，不仅要积极倾听，而且要善于倾听，不仅对传来的信息要有足够的注意，更要理解。对对方的信息内容既不能断章取义，也不能望文生义；既不能自作主张地臆断，更不能拒绝接受，必要时应该予以追问。同时，还要注意克服心理障碍，要有闻过则喜、兼听则明的胸怀，这样才能在沟通中获取更多的必要信息。

 实例：秀才买柴

有一个秀才去买柴，他对卖柴者说："荷薪者过来！"（荷薪者，挑柴的人）

卖柴者听不懂这三个字，但是听得懂"过来"两个字，他猜想应该是叫他过去吧，于是就把柴挑到秀才的面前。

秀才问他:"其价如何?"

卖柴者也听不太懂这句话,但是他猜想"价"这个字,可能是问价钱,于是就告诉了秀才柴禾的价钱。

秀才接着说:"你的柴禾外实而内虚,烟多而焰少,请损之"。(你的柴禾外表是干的,里面却是湿的,燃烧起来,浓烟多而火焰小,请减些价钱吧)

这下,卖柴者完全听不懂也猜不出秀才的话是什么意思,干脆挑着柴就走了。

请思考:卖柴者挑着柴走了,说明双方的沟通中断了,其原因是什么?你从中可以得到什么启示?

(三)沟通的组织性因素及其改善

在组织管理中,人与人之间、部门与部门之间的沟通,都是在组织的框架体系和一定的组织体制下进行的,因此,组织本身的问题很大程度上影响了沟通的有效性。

1. 组织性因素对沟通的影响

(1) 结构性因素。在组织结构方面的问题主要表现在层级设置太多,部门划分太细。层级设置太多,造成不同层级之间的管理机构层层截留权力,从而导致"上情下达、下情上达"的困难。而部门划分太细,又会形成权力分布过细过碎,最终形成部门之间的协调困难。

(2) 权责性因素。在组织的权责设计方面的问题主要体现在权责不清。比如权责重叠或者权责失衡等,从而导致上下之间的矛盾、部门之间的冲突,相互之间或者互相推诿,或者争相处理,推卸责任,争功避过,最终带来管理的混乱。

(3) 人员配备因素。人员配备不合理,造成岗位责任交叉,分工不明确,在具体工作中造成人员责任心不强,缺乏沟通协调观念,引发矛盾和冲突。

(4) 沟通机制因素,沟通机制因素主要表现在沟通渠道不健全。组织内部缺乏制度化的沟通渠道和沟通方式,势必造成组织内非正式沟通盛行,小道消息蔓延,从而给管理沟通带来干扰。

2. 组织性因素的改善

(1) 优化组织结构。首先要减少层次,使组织结构扁平化,减少中间环节,确保组织沟通渠道的畅通;其次要精简部门,使组织结构精干高效。

(2) 完善权力责任体系。一方面要明确各管理层次及管理部门的职责范围;另一方面要缩小管理幅度,减少职权交叉,对各部门之间的不可避免的交叉权力,则应明确主次关系。

(3) 严格人员管理。建立严格的监督、考核、奖罚、升降等制度,组织内的每个人员都应有特定明确的职务、权力和责任,各司其职,各行其权。

(4) 开发信息沟通系统。一方面要完善组织正式的信息沟通系统,比如建立信息的发布系统、完善会议制度、建立合理化建议制度和员工投诉管理制度。另一方面要开发有效的直接沟通的渠道,比如运用"巡视员系统",直接由人来获取信息;推广领导者"开放式办公",鼓励员工直接与领导者沟通;采用领导者"接待日"的方法,使领导者与员工有一个直接沟通的渠道;建立领导的"巡回管理"制度,方便领导获得直接的第一手资料。这些方法都是为了开发一种更为平衡的信息沟通系统,以确保组织内部的信息沟通更加有效。

第四节 冲突管理与危机管理

据美国管理学会对企业中层和高层管理人员的调查,管理者平均要花费20%的时间处理冲突,而美国《危机管理》的作者菲克普曾对《财富》杂志排名前500强企业的董事长和CEO所作的专项调查表明,80%的被调查者认为现代企业面对危机就如同人们必然面对死亡一样,已成为不可避免的事情。由此可见,冲突管理和危机管理已成为现代企业管理中的一项不可忽视的重要内容,是各级管理者特别是高层管理者和领导者的重要职责。

一、冲突管理

传统观点往往把冲突理解为暴力、破坏、无理取闹一类的东西,冲突被看成只有坏处而无好处,冲突意味着意见分歧和对抗,只会给组织造成不和,损害人际关系,影响组织目标的实现,从而给组织带来破坏性恶果。而现代观点则认为,任何组织都会存在着冲突,所不同的只是冲突的程度有高低之分而已。冲突是客观存在的、不可避免的现象。冲突本身并不危险,危险的是处理不当。

> **基本概念:冲突**
> 冲突是组织中的个体与个体、个体与群体、群体与群体之间由于目标上互不相容、认识上差异、情感上的矛盾而引起的不一致的相互作用或行为上的对立状态。

(一)冲突的类别

根据冲突的主体分,冲突有个体之间的冲突、个体与群体的冲突、群体与群体的冲突。这种分类仅仅是从冲突的表现形式来区分的,而在管理实践中,更重要的是要区分不同原因和不同功能的冲突。

1. 根据冲突的原因分类

(1)目标性冲突。这是由冲突双方不同的目标导向引发的冲突。各部门都存在着自己的绩效目标,例如销售部希望增加产品线的广度以适应多样化的市场需求,生产部则希望减少产品线的广度以节省成本,销售部门的目标是顾客满意,生产部门的目标是生产效率。不同的目标导向背后是不同的利益诉求,因此目标性冲突往往基于自身的利益追求,从而表现在争夺资金、人员等资源方面产生冲突。

(2)认识性冲突。这是不同群体或个人在对待某些问题上由于认识、看法、观念之间的差异而引发的冲突。这种冲突是对事不对人,没有恶意,也不伤害感情,一般通过分析讨论、民主集中就可解决。

(3)感情性冲突。这是由人与人之间存在情绪与情感上的差异所引发的冲突。这种冲突的对抗选择并不直接依赖于引起争端问题的相关因素,也不以获得某种利益结果为目标取向,它是纯情感(情绪性)的,往往是个体(或群体)为发泄、释放自身紧张情绪而同其他方发生的冲突。

2. 根据冲突的功能分类

(1) 建设性冲突。建设性冲突是指在目标一致的基础上,由于看法、方法不一致而产生的冲突。它的发生和结果,对组织有积极意义。

(2) 破坏性冲突。破坏性冲突是指在目标不一致,各自为了自己或群体的利益,采取错误的态度与方法发生的冲突。这类冲突,大多是对人对事,冲突激化时进行人身攻击,对组织会造成不良后果。

对建设性冲突与破坏性冲突,很难准确划分。由于事物都有一个由量变到质变的过程,这两类冲突,在量变阶段,其特点都不明显。如果处理不当,或者冲突水平过高,建设性冲突也可能向破坏性冲突方向转化。

3. 根据冲突的性质分类

(1) 现实性冲突。现实性冲突指某种需求得不到满足或对其他参与者所作所得的估价而引发的冲突,其目的在于追求尚没有得到的利益。这种现实性冲突只是获得特定目标结果的手段,它可以表现为个体之间、个体与群体之间、群体与群体之间以资源和利益的争夺为目的的冲突。它的发生与发展对组织的目标的实现和组织运行的秩序及效率是极其有害的,应该时刻予以关注、引导和控制。

(2) 非现实性冲突。非现实性冲突是组织成员之间因态度、情感矛盾而产生的,一般这种冲突不针对组织的根本价值观和目标,其影响和作用总是有限的,同时它又能够缓解组织成员的精神压力,起到一种维护组织结构的作用。因此对非现实性冲突,只要在管理活动中抑制它的情感攻击强度,使其不指向组织目标,就可以在少投入资源的情况下把握它的范围和后果。

(二) 冲突的根源

1. 沟通因素

沟通频率和沟通方式是产生冲突的主要原因之一。由于沟通不良,容易造成误解和相互猜忌,相互之间缺乏信任,从而引发人际关系和群际关系的紧张。虽然由不成功的沟通引起的冲突不同于本质上对立的冲突,但它仍然有着强大的影响力。

2. 结构因素

(1) 规模。规模越大,分工越多,层次越多,因此信息在传递过程中越易扭曲。

(2) 参与。当下级参与程度越高,冲突水平也越高。原因可能是参与越多,个体差异也越大。而且,仅仅参与决策并不等于所提建议必被采纳。如建议不被采纳,则下级无权把自己的想法付诸实施。缘于扩大参与所引起的冲突并非都是有害的,如果这种冲突可以增加群体的绩效,则应该鼓励存在。

(3) 直线机构和参谋机构。冲突的一个经常的来源是组织中直线机构和参谋机构之间的矛盾。直线机构和参谋机构的职能不同、目标不同,成员的价值观和背景不同,因此它们之间常有冲突。

(4) 奖酬制度。如果一方多得报酬而使另一方少得报酬,就很容易引起冲突。

(5) 资源相依性。在使用组织的资源上,群体之间往往发生冲突。如果有足够的奖金和其他资源(如空间、设备、材料),冲突就不会产生。但组织往往又不能有如此丰富的资源。因此,各群体之间为了资源的分配往往产生冲突,导致协作的不良。

(6) 权力。组织中权力的分布也是冲突的来源。如果一个群体感到自己的权力过小,而另一个群体权力过大,它可能会对现状提出挑战。

3. 人格因素

人格特质也是造成人际冲突的一个重要因素,人格特质的差异会致使个体之间的行为冲突。例如,个人性格缺陷、需要和动机的差异、价值观或知觉方式的不同等都可能导致与他人的冲突。

(三) 冲突管理的方法

领导者要想成功处理冲突,就应该构建预警机制,监测和评价组织内部冲突的状态及变动趋势,同时还应该识别冲突的原因和性质,确立一个适宜的冲突水平,然后选择一个处理的策略。在任何情况下,都有一个最佳的冲突水平存在。冲突水平过高,可能导致混乱,而冲突水平过低,则将导致缺乏创新意识和低绩效。

1. 限制破坏性冲突

冲突管理主要是减少破坏性的有害的冲突。处理有害冲突的若干传统方法主要有:

(1) 协商。当两个部门发生冲突时,由双方派出代表通过协商的办法来解决。协商解决,要求冲突双方都能顾全大局,互相做出让步。

(2) 妥协。这是解决冲突常用的方法。当协商不能解决问题时,由上级领导出面当仲裁人。仲裁人采取妥协的办法,让每一方都得到部分的满足。用这种办法时,仲裁者要有权威性。

(3) 第三者裁判。这指的是由权威人士仲裁,靠法规来解决;或者由冲突双方的共同上级来裁决。要求双方按"下级服从上级"的原则执行决定。这种权威解决法容易带来后遗症,易使输掉的一方受到心理挫折等。

(4) 拖延。冲突的双方都不去寻求解决的办法,拖延时间,任其发展,以期等待环境的变化来解决分歧。这是解决冲突的一种微妙而又常常没有结果的办法。

(5) 不予理睬。这是"拖延"办法的变种。这种不予理睬的办法不但不能解决问题,有时还会使冲突加剧。

(6) 和平共处。这种办法是冲突各方本着求同存异的精神,和平共处,避免把意见分歧公开化。这样做,虽不能消除分歧,但可以避免冲突的激化。

(7) 压制。建立一定法规,或以上级命令,限制冲突,它虽可收效于一时,但并没有消除冲突的根源。

(8) 转移目标。寻找一个外部竞争者,使冲突双方的注意力转向外部的竞争者。

(9) 教育。如通过讨论冲突的得失,使双方了解冲突所带来的后果,帮助他们改变思想和行为。

（10）重组群体。有时一个群体内冲突严重而又长期解决不了，干脆解散，加以重组。

2. 促进建设性冲突

在冲突程度不够强烈的地方，管理者可以有意识地引起冲突。例如在那些需要有创造性和直率讨论的场合，为了避免群体意识，就需要引起冲突。一般来说，在下列情形下，确实需要有一定程度的冲突存在：人员流动率低；缺乏创新；缺乏竞争意识；严重的群体意识和不合理的凝聚力；变革遇到阻力。引起冲突的方法主要有：

（1）委任态度开明的管理者。在有些组织，反对意见往往被高度专制的管理者所压制，因此，选派开明的管理者可以在一定程度上克服这种现象。

（2）鼓励竞争。通过增加工资、奖金，对个人和集体进行激励，这样可以增进竞争。而适当的竞争则可以导致积极意义的冲突。

（3）重新编组。变换班组成员、调动人事及改变沟通路线都可以在组织中引起冲突。而且，重新编组后，新成员的价值观和思维方式也可能对群体原来的陈规陋习形成挑战。

实例：亚通公司的冲突

亚通公司是一家专门从事通信产品生产和电脑网络服务的中日合资企业。在公司成立之初，销售额每年增长50%以上。在公司业务迅猛发展的同时，公司内部的冲突却影响着公司绩效的继续提高。而造成冲突的原因则是多方面的。首先是跨国经营中的文化差异造成的冲突。由于公司是一家中日合资公司，日方管理人员带来了许多先进的管理方法，但是日本的企业文化未必完全适合中国员工。例如，在日本母公司，加班加点不仅司空见惯，而且没有报酬。而这种做法在亚通公司却引起了员工的普遍不满，这势必造成员工与管理层的矛盾，一些优秀员工还因此离开了亚通公司。其次是由于公司组织结构造成的冲突。亚通公司采用的是直线职能制的组织结构，部门之间的协调非常困难。例如，销售部经常抱怨研发部开发的产品偏离顾客的需求，生产部的效率太低，使自己错过了销售时机；生产部则抱怨研发部开发的产品不符合生产标准，销售部门的订单无法达到成本要求。另外，管理者的个性因素也是造成冲突的原因之一。例如，研发部经理虽然技术水平首屈一指，但是心胸狭窄，总怕他人超越自己，因此，常常压制其他工程师。这使得研发部人心涣散，士气低落。

请思考：亚通公司冲突的根源和类型分别是什么？你对解决亚通公司的冲突有什么好的建议？

二、危机管理

由于环境的复杂性和易变性，任何组织都面临着危机与契机共存的局面。危机会使组织陷入巨大的舆论压力和生存困境之中，如何管控危机事件是对领导水平最具挑战性的考验。

> **基本概念**：危机
>
> 危机就是由于外界环境因素或组织自身因素引起的危及组织形象和生存发展的突发性和灾难性事件或事故。

(一) 对于危机事件的界定

1. 危机事件的基本特征

(1) 严重的危害性。危机事件不仅对组织，而且对社会都会造成严重的危害。它破坏了组织正常的运行秩序，带来的是严重的形象危机和巨大的经济损失。从社会的角度来看，它会给社会公众带来恐慌，甚至直接的损失。

(2) 广泛的关注性。危机事件成为社会舆论关注的焦点和新闻报道的热点。危机情况下组织的反应会引起舆论的普遍关注，因而社会影响很大。

2. 危机事件的演变进程

危机事件具有突发性和不确定性，但是它也有着自身的发展演变进程。危机是有迹可寻的，但不一定是线性发展的。把握危机事件的演变规律，有利于领导者辨识危机，并根据危机不同阶段的特征，有效地管控危机。

(1) 潜伏期。这是危机事件的生成期。大部分危机并不是由单一事件引起的，而是由许多微小的、容易被忽略的一系列事件综合起来而引发的。当形成危机性事件的相关因素之间相互作用、相互矛盾冲突，但这种矛盾冲突还处在隐性状态时，危机便处于生成潜伏期。虽然有时有些预兆和端倪，当然更多时候是难以察觉的。

(2) 爆发期。这是危机事件的突变期。在这个阶段，危机事件由隐性转为显性并快速扩散。虽然危机已经暴露并开始扩散，但可以逆转，也可以转化。

(3) 持续期。这是危机事件的蔓延期。这一阶段危机事件仍在发展，或者进一步恶化，本质原因不一定能明确，现象则在传播中不断复制。在持续阶段，危机演进的速度逐步放缓，并随着矛盾冲突的减弱，危机形势会逐渐趋缓。

(4) 终止期。这是危机事件的终止期。引起危机事件的因素已经解除，通过事件的处理、原因的调查，事情有了结果，当事人各得其所，公众、媒介的关注兴趣逐渐减弱、消失，系统回到原来的或正常的状态。

3. 危机事件的生成因素

从生成的角度，可以将组织的危机划分为组织外部环境变化引起的危机和组织内部环境变化引起的危机。

(1) 外部环境因素。外部环境可以分为微观环境和宏观环境。微观环境是组织具体的环境，这个具体环境直接影响组织的活动，如市场、行业、舆论环境等。宏观环境是间接地或潜在地对组织发生影响的，如政治法律因素、经济因素、社会人文因素和技术因素等。

(2) 内部环境因素。相对于外部环境因素不可控制的特点，内部环境因素是组织能够加以控制的，如组织结构、组织文化、组织产品和组织行为、组织成员关系等。内部环境因素引发的危机往往是由于在这些方面的漏洞造成的。

（二）危机管理的环节

> **基本概念**：危机管理
> 危机管理就是组织对危机进行有效的防范和全面的处理并使其转危为安的一整套工作过程。

1. 危机的防范

根据危机是否可以预测，可以将为危机分为可预测性危机和不可预测性危机。不管何种情形，领导者都是可以依赖于洞察力、专业敏感性和运气等去预见事物的未来趋势。因此，领导者应该在组织内部建立危机的"预警"机制。对可能发生的和已经发生的问题进行调查、监控和解决，这种预警机制的建立对于缓解矛盾、避免纠纷、杜绝各种恶性突发事件的发生是极其重要的。

（1）调查研究、查漏补缺。对于内部环境，要通过不断的信息采集、处理和反馈，对组织运行状态和组织目标实现的可能性进行监测，未雨绸缪，察征兆于青萍之末，防祸患于未然。这就要求领导者在常规性工作中要注意调查研究，查漏补缺，及早发现或捕捉那些可能引起纠纷的苗头和可能发生事故的隐患，制定多种可供选择的行动方案，以应不测。

（2）把握动态、协调沟通。外部关系环境是最难控制的因素。危机问题往往与外部关系环境的易变有关。组织应该建立一种问题管理机制，及时通过各种传播媒介不断地把握与组织有关的社会信息及其走向，监视和预测与各种利益相关者的关系状态和变化方向，使自己能预先采取必要的对策，以免环境发生变化时出现束手无策的被动局面。

 实例：中美史克"PPA事件"

美国一项调查表明，PPA即苯丙醇胺，会增加患者出血性中风的危险。2000年11月6日美国健康与药物监督管理局发出公共健康公告，要求美国生产厂商主动停止销售含PPA的产品。中国国家药品监督管理局也于11月16日发布了《关于暂停使用和销售含苯丙醇胺药品制剂的通知》，在15种被暂停使用和销售的含PPA的药品中包含了中美史克生产的康泰克和康得两种产品。

中美史克天津制药有限公司委托中国环球公关公司，迅速启动危机管理工作系统，根据应对对象、职能不同，分为领导小组、沟通小组、市场小组和生产小组四个部分，领导小组负责制定应对危机的立场基调，统一口径，并协调各工作小组；沟通小组负责信息发布和内、外部的信息沟通；市场小组负责加快新产品开发；生产小组负责组织调整生产并处理正在生产线上的中间产品。

工作小组立即着手调查研究，对国家药品监督管理局、资深新闻记者及业内人士进行访谈，并广泛收集资料。2天以后公司召开了全体员工大会，总经理杨伟通报了事件的情况，并承诺公司不会裁员。4天以后举行了有54家媒体的记者出席的媒介恳谈会，会后总经理杨伟强多次接受包括CCTV在内的多家媒体的专访。自此，媒介将报道的焦点由非议康泰克和康得转向了PPA，公司及时扭转了舆论导向，使其向着有利于史克的方向发展。

事件后的第289天,公司将"新康泰克"产品推向市场,一周内仅在广东便获得40万盒的订单。据报道,在PPA事件里,中美史克没有让一个工人下岗;自PPA事件到"康泰克"被正式"判处死刑",政府、媒体和消费者中极少出现对中美史克公司的非议。通过实施危机期间的媒体关系管理方案,中美史克有效控制并处理了由PPA事件引发的重大危机,保护了品牌,更为重返感冒药市场奠定了良好的舆论基础。

请思考:造成中美史克此次危机的原因是什么?公司在处理危机事件中的成功之处何在?

2. 危机的处理

当危机已经发生,组织应在调查研究的基础上,对当事的另一方、有关主管部门和新闻媒介以及内部员工都要实事求是地说明原委,主动承担应负的责任,争取以诚恳的态度和切实的行动为解决矛盾和问题创造有利的条件。同时要采取果断的应急措施,及时控制事态,并与新闻媒介取得联系,争取他们对事件的准确、客观和公正的报道,以引导舆论,稳定局面,防止连锁反应,为妥善解决问题、度过危机奠定基础。具体来说,在处理危机时可以采取以下策略:

(1) 主动。在危机出现的最初12—24小时内,消息会像病毒一样,以裂变方式高速传播,因此组织必须高度重视、快速反应,在第一时间启用危机处理小组,对于危机的原因、类型、影响作出分析判断,并制定相应计划,及时与媒体和公众进行沟通,从而迅速控制事态,否则会扩大突发危机的范围,甚至可能失去对全局的控制。

(2) 担当。危机发生后,应及时表达出处理问题、承担责任的积极姿态,这将为解决危机奠定基础。公开道歉、产品召回、慰问受害者、赔偿损失是常见的策略选择。

(3) 真诚。真诚包含两层意思。一是真实。危机爆发后必须主动向公众讲明事实的真相,绝不能文过饰非或做"虚假声明",要争取以组织为第一消息发布源,如对外发布发生了什么危机,公司正采取什么补救措施。举行新闻发布会、成立接待中心媒介、组织记者参观现场等是基本的策略选择。二是诚意、诚恳。诚意、诚恳是态度,在危机处理过程中,态度比事实更重要,真诚沟通是处理危机的基本原则之一。

(4) 统一。危机发生后应立即启动危机处理小组,统一规划危机处理的步骤,统一指挥对外的一切行动,保证对外口径一致。不然的话危机将失控、失序、失真,会造成更大的混乱。一般情况下,危机小组由相关高层领导者担任组长,并由技术、市场、法律和公关方面的专家组成,这一方面可以保证危机处理中的统一指挥,同时也可以提高危机处理的专业性和高效率。

(5) 全员。危机发生以后,极容易在组织内部造成紧张猜测、人心涣散的局面,甚至是人员浮动、对组织丧失信心,甚至出现高级管理人员和技术人员的离职。因此,应该及时通报情况,统一思想认识,统一对外口径,并随时向员工和有关职能部门通报最新的事态,使员工切实感受到组织处理控制危机的努力和能力,恢复对组织的信心。要发动员工,群策群力,使全体成员成为危机处理的参与者,而不是旁观者,发挥所有成员的宣传传播作用,在更大范围里控制危机的影响程度。

(6) 权威。权威是指争取政府部门和外部专家的支持,以摆脱为自己辩解的嫌疑。外部专家可以对危机的问题作出权威而专业的实证,这对危机处理将起到决定性作用。有关政府部门的指导包括政策性指导、技术性指导等。

3. 危机的转化

经过危机处理后,危机问题可能得到解决,危机事件可能得到控制,这个阶段的工作就是如何处理好后遗症,进一步做好善后工作,如何变危机为契机是危机管理不可或缺的关键内容。一方面,应该对整个事件作出总结和反思,并且举一反三,着力内部的整改工作,完善内部的管理体系。另一方面,应该适当地开展后续公关,利用新闻媒介展开宣传,公开表明自己的诚意,公布自己补救的措施,并用补救后的事实来证实自己的转变。只有这样,才能彻底消除危机的不利影响,使组织形象受损的程度与范围控制在最小的限度,也只有这样才能变坏事为好事,变消极为积极,变被动为主动,变危机为契机。

问题与思考

1. 请理解下列概念:领导、激励、内在激励、外在激励、强化、冲突、危机、危机管理。
2. 结合自己的工作实际,你比较欣赏和能够接受的领导方式(领导风格)是哪一种?请说明你的理由。
3. 如何使奖金成为"激励因素"而不是"保健因素"?你认为在奖金发放的数量、形式和时间上,应该如何设计?
4. 引起不公平感的原因有哪些?管理工作中如何提高公平性?
5. 有人认为冲突是管理不善造成的,冲突有百害而无一利,你的观点如何?

实践与应用

1. 请在小组讨论的基础上归纳总结不同阶段的危机特征和管控对策。

危机阶段	危机特征	管控对策
潜伏期		
爆发期		
持续期		
消失期		

2. 在日常生活和工作中,你是否遇到下列情形:你认为自己已经非常清楚地告诉了对方完成某项任务的方法,但最终他还是不得要领;你的本意是好的,可是经过沟通,效果却是你最不愿看到的;你找某人谈话,可是他东拉西扯、滔滔不绝,他所说的根本不是你要听的;上级给你布置了一些不明确的工作任务,让你一下子觉得无所适从。

情景演练:(1)每种情形推派 2 名同学,分别扮演 A、B 两种角色;(2)根据具体情形,模拟具体的情景和对话;(3)小组同学讨论:各种情形的原因和沟通对策。

3. 请比较书面沟通与口头沟通的利弊及其运用形式

沟通类型	利	弊	方　式
书面沟通	1. 2. 3. 4.	1. 2. 3. 4.	1. 2. 3. 4.
口头沟通	1. 2. 3. 4.	1. 2. 3. 4.	1. 2. 3. 4.

4. 请比较正式沟通与非正式沟通的优劣及其运用形式

沟通类型	优	劣	方　式
正式沟通	1. 2. 3. 4.	1. 2. 3. 4.	1. 2. 3. 4.
非正式沟通	1. 2. 3. 4.	1. 2. 3. 4.	1. 2. 3. 4.

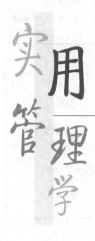

第六章 控制

第一节 控制的基本原理

在现代组织管理中,控制之所以必不可少,是因为组织环境的不确定性、组织活动的复杂性以及管理失误的不可避免性。控制本身并不是目的,它仅仅是保证目标实现的手段之一。控制的目的在于确保组织的各项活动都能按照预定的计划进行和组织计划与实际运作保持动态适应,因此,控制工作既要能够按照既定的计划标准来衡量和纠正计划执行中的偏差,也要求在必要时修改计划,以使计划更加适合于实际情况。

> **基本概念**：控制
> 　　控制,就是在动态变化环境中,通过检查、监督、纠偏等管理活动,使组织计划与实际运作保持动态适应,以确保组织目标和为此而制定的各种计划得以实现。

一、管理控制的对象

不同学科,对控制的解释存在一定的差异。会计学讲的是会计控制,通过财务绩效目标来引导组织行为;审计学讲的是审计控制,是为了减轻审计责任和降低审计风险;从公司的治理角度看,控制既包括了所有者对经营者的激励与约束,也包括了经营者对企业战略、业务流程和财务活动进行监控。在管理学的研究中,管理控制的对象也是全面的,包括战略控制、流程控制和任务控制、绩效评价与行为约束和引导等。罗宾斯将控制的对象归纳为以下五个方面：

(一) 对人员的控制

管理者是通过他人的工作来实现其为组织所设定的目标的。因此,为了保证组织目标的实现,就必须对组织内部的人员进行控制。对人员控制最常用也是最简单的方法就是直接巡视和系统化评估员工的表现。到管理现场直接巡视,发现问题可以马上进行纠正。通过对员工进行系统化评估,利用强化原理,对绩效好的员工应予以奖励,使其维持表现或表现得更好;对绩效差的员工,管理者就应采取相应的措施,纠正出现的行为偏差。

(二) 对财务的控制

财务控制是对组织财务活动施加影响或调节,以便实现计划所规定的财务目标。财务控制的主要内容是财务预算、审计和财务报表分析。预算是为完成计划和目标,对财务方面所提出的要求,属于事先控制;审计是对财务和会计计划进行检查,查找其中存在的问题;财务报表分析是采用一定的方法,以财务报表为分析对象,从中找出存在的问题,判断组织经营状况的一种财务控制方法。财务报表是财务信息的主要载体,包括资产负债表、损益表和现金流量表。审计和财务报表分析均属于事后控制。

(三) 对作业的控制

依照系统论"输入—转换—输出"的观点,作业就是从原材料、劳动力等资源到最终产品和服务的转换过程。组织中的作业质量很大程度上决定了组织提供的产品和服务的质量,而作业控制就是通过对作业过程的控制来评价并提高作业的效率和效果,从而提升组织产品和服务的质量。组织中典型的作业控制有:生产现场控制、产品质量控制、原材料采购控制、库存控制等。

(四) 对信息的控制

信息时代赋予信息在组织中更高、更重要的地位和角色,不精确的、不完整的、不及时的信息都将大大降低组织效率。因此,在现代组织中对信息进行科学的控制就显得尤为重要。对信息的控制就是要建立一个管理信息系统,使它能及时地为管理者提供充分的、准确的、有用的信息。

(五) 对绩效的控制

组织绩效是组织上层管理者的控制对象,但对组织绩效关注的并不仅仅只有组织内部的管理人员,还包括组织外部的其他组织和人员,如政府机构中的税务部门、贷款银行、供应商、潜在的投资者以及证券分析人员等。要有效实施对组织绩效的控制,关键在于科学地评价、衡量组织绩效。在实际工作中,很难用单一的指标来衡量组织的绩效,生产率、利润、产量、市场占有率、成长性等都是衡量整体绩效的重要指标。组织要根据完成目标的实际情况并按照目标所设置的标准来衡量组织绩效。

二、管理控制的特征

(一) 目的性

管理控制的目的在于提高组织活动中各职能工作的效果,促使管理系统更有效地实现预期的目标。管理控制无论是着眼于纠正执行中的偏差还是适应环境的变化,都是紧紧地围绕组织目标进行的。控制工作的意义在于监督,但是管理控制的目的不仅仅在于监督,更重要的是指导和帮助。通过监督,制定纠正偏差的计划,帮助分析偏差产生的原因,指导他们采取纠正措施。这样,既能达到控制的目的,又能提高工作者的工作能力和自我控制能力。

(二)整体性

控制的整体性包含了两方面的含义:首先,管理控制覆盖组织活动的各个方面,管理控制把整个组织活动作为一个整体来看待,使各方面的控制能协调一致,从而达到管理系统的整体优化。其次,管理控制应该成为组织全体成员的职责,而不仅仅是管理者的职责,要使全体成员参与到管理控制工作中来。

(三)动态性

管理控制的基本形式之一是跟踪控制,其标准和方法都是随着外部环境和内部条件的变化而变化的;同时,控制系统应该具有适应变化的灵活性,即使面临计划的变动,控制工作也能发挥它的作用。所以,管理控制应该是动态演化的控制,这根本不同于机械控制中的程序控制。管理控制的动态性特征,可以保证和提高控制工作的有效性和灵活性。

(四)人本性

组织的各项活动都是要靠人来完成,各项控制活动也要靠人去执行。人不仅仅是控制的重要对象,也是控制活动的主体,因此管理控制不可忽视人性因素。管理控制应该成为提高员工工作能力的工具。只有当员工认识到纠正偏差的必要性并具备纠正能力时,偏差才会真正被纠正。因此,管理控制应该对事不对人。

三、管理控制的类型

控制活动是多种多样的。从控制的要素来看,有人员控制、资金控制、信息控制等;从控制活动过程和职能来看,有运营控制、风险控制、内部审计和绩效控制等。这些控制的职能和要素内容,既涵盖了组织活动的方方面面,又涉及不同学科的研究领域。基础管理学更多地从控制方式角度考察控制的类别。各种控制方式之间并不是相互排斥的,为了有效地实现控制目的,在实际的管理工作中,往往是交叉运用多种控制方式的。

(一)前馈控制、同期控制和反馈控制

根据控制的时点不同,控制可以分为前馈控制、同期控制和反馈控制。

1. 前馈控制

> **基本概念:前馈控制**
>
> 前馈控制是指通过观察情况、收集整理信息、掌握规律、预测趋势,正确预计未来可能出现的问题,提前采取措施,将可能发生的偏差消除在萌芽状态中。

前馈控制也叫预先控制,就是把管理问题消灭在发生之前,即"防患于未然"。只有当管理者能够对即将出现的偏差有所察觉并及时预先提出某些措施时,才能进行有效的控制。其具体做法是:对输入系统的各种要素进行控制,把输入系统的各种要素与预先确定的标准进行比较。如果输入系统的各种要素与预先确定的标准相符,则让其输入系统;如果不相符合,则调整输入的要素。前馈控制的任务是使投入的资源,包括人、财、物和信息必须在数量和质量上符合计划目标的要求。比如,通过向计划系统投入符合任务要求的各类人员来控制机构臃肿、人浮于事的现象;利用统计抽样来控制原料质量,根据抽样不合格率决定接受或退货,根据库存理论控制库存储备量等。

(1) 前馈控制的优点。前馈控制是控制的最高境界。与反馈控制相比较,前馈控制的最大特点是能够防患于未然。由于控制进行于工作开始之前,因此可以避免反馈控制对已铸成的差错无能为力的弊端。与同期控制相比较,由于是在工作开始之前针对某项计划行动所依赖的条件进行控制,不是针对具体人员,因而不易造成对立面的冲突,易于被下属接受并付诸实施。

(2) 前馈控制的困难。首先,前馈控制的一个关键是要预先确定输入系统各种要素的标准和要求,这个标准和要求是根据组织自身或同行业过去的经验来确定的。而如果这些经验对今后的工作无效的话,那么按照这些经验所确定的输入系统的要素就不能保证系统的有效运转,控制的目标也就不可能实现。其次,前馈控制要求根据对系统未来运行情况的估计来确定系统所需要输入的要素,因此,如果系统未来的运行情况不能预先估计,或所进行的估计是不准确的,则按这种估计向系统输入的各种要素就不能满足系统运行的需要,也就不可能实现有效的控制。

2. 同期控制

> **基本概念**:同期控制
> 同期控制就是通过对系统运行过程中的情况进行监督和调整来实现控制。

实质上,同期控制是在某项活动和工作过程中,管理者在现场对正在进行的活动或行为给予必要的指导和监督,以保证活动和行为按照规定的程序和要求进行。因此,同期控制也叫现场控制,其特点是在行动过程中,一旦发生偏差,马上予以纠正,目的就是要保证本次活动尽可能少发生偏差,改进本次而非下一次活动的质量。

(1) 同期控制的优劣。同期控制的优点主要在于:有指导职能,可提高工作能力及自我控制能力,减少事后控制可能造成的损失。同期控制的缺点主要在于:受管理者时间、精力、能力的制约较大;比较适用于简单劳动,对设计、创作等复杂劳动,难以运用;容易在控制者和被控制者之间形成对立。

(2) 同期控制的条件。要进行有效可行的同期控制,必须满足以下四个必要条件:

① 较高素养的管理人员。同期控制较多地被企业运用于对生产经营活动现场的控制,由基层管理者执行。同期控制的效果更多地取决于现场管理者的个人素质、指导方式以及下属对这些指导的理解程度等因素,因此它对管理者的要求较高。

② 适当的授权。在进行同期控制时,管理人员一旦发现问题,就必须迅速发出控制指令,保证下面的工作顺利进行。如果主管人员对现场出现的问题没有权力进行处理而要请示上级主管部门,等候上级的处理意见答复下来,那么就可能造成某一方面控制工作的临时中断,使计划实施过程受阻。因此,担负同期控制责任的管理人员应当拥有相应的职权。

③ 逐级控制。一般而言,同期控制是上级管理者对下级人员的直接控制。一个组织中存在多个管理层级,因此,由最熟悉第一手情况的直接主管者实施同期控制是最为有效的,同时也可避免多头控制和越级管理。

④ 倾听下属人员的意见。同期控制中涉及的问题大多是细节性的,操作性较强,管理人员根据计划制定的目标实施控制时,应多听取下属直接执行人员的意见和建议,注意吸收他们直接执行工作的特有经验,从而提高控制工作的科学性和完备性。

3. 反馈控制

> **基本概念**:反馈控制
> 反馈控制是管理人员分析以前工作的执行结果,将它与控制标准相比较,发现偏差所在并找出原因,拟定纠正措施以防止偏差发展或继续存在。

反馈控制实质上是一种把组织系统运行的结果返送到组织系统的输入端,与组织预订的计划标准进行比较,找出实际与计划之间的差异,并采取措施纠正的控制方法。它的注意力集中于结果及其与标准的比较之上,矫正效果形成于事后的活动,因此也被称为事后控制。由于这种控制所依据的是时滞信息,其目的仅仅在于避免已发生的不良后果继续发展并以此作为改进下次行动的依据,达到"吃一堑,长一智"的效果。反馈控制方法可广泛运用于标准成本分析、财务报告分析、质量控制分析、工作人员和部门的业绩评定等。

(1) 反馈控制的优劣。从一个比较长的时期看,采用反馈控制的方法,通过不断地调整能使组织运行中的目标差不断地缩小,因此,反馈控制能够发现问题、防止事态恶化、实现良性循环、不断提高业绩。但从一个控制周期看,采用反馈控制的方法却使组织系统对运转过程中产生的偏差的纠正滞后了一个周期,这也正是反馈控制最大的弊端,即它只能在事后发挥作用,类似于"亡羊补牢",对已经发生的偏差及其危害无补偿作用。

(2) 提高反馈控制的有效性。反馈控制的有效性,可以通过两方面来加以提高:一是增强工作人员的责任感,二是合理运用现代科学技术。现代化探测、反馈技术的运用,可以大大提高反馈控制的效率,但增强工作人员的责任感具有根本性的意义。在具体实施的时候应该避免以下情况:

① 避免反馈失真。反馈的信息要准确可靠。如果不能反映实际的偏离量,就会对控制的主体发生误导,进一步的控制措施可能起相反的作用。

② 避免反馈滞后。一般情况下,反馈调节的对象处于不断变化之中。要使一个反馈调节有效,反馈调节的速度必须快于被控对象变化的速度,否则就会在调节中出现振荡现象,从一个极端走向另一个极端,达不到控制的目的,反而增加了新的干扰因素。

③ 避免矫枉过正。反馈控制中的调节不能过度。反馈控制为了使受控对象回到所期

望的状态,有时要向与造成偏差的相反方向施加作用,此时,调节的幅度是一个极其敏感的问题。如果控制主体在接收到反馈信息后做出过度的调节,就会造成反馈过度,使被控对象的行为在所期望的状态左右摇摆,发生振荡现象。

 实例:曲突徙薪

  古时候,有一个人出门拜客,看到主人家炉灶的烟囱是直的,旁边堆积着柴草,便对主人说:"请把直的烟囱改造为弯曲的烟囱,将柴草移到远处。不然的话,会有火灾的隐患。"主人听了未加理会。不久,这家的厨房果然失火,邻居们一同来救火,最后把火扑灭了,所幸火灾没有造成太大的损失。于是,主人杀牛摆酒来感谢他的邻居。烧伤的人被安排在上位,其他人按功劳大小依次排座,但是唯独没有请原先建议他"曲突徙薪"的那位客人。有人对这家主人说:"当初如果听了那位客人的话,厨房就不会失火,今天也就不用破费摆设酒席。现在论功劳邀请宾客,为什么没有想到感谢当初给你忠告的人呢?"主人顿时醒悟,赶紧去邀请那人。

  请思考:故事中的客人向主人提出"曲突徙薪"的建议,它属于哪一种类型的控制?如果在火被扑灭后,主人请邻居们帮助他一起"曲突徙薪",这又属于哪一种类型的控制?试比较这两种控制方式的优劣,并说明它们对有效管理的意义。

(二)集中控制、分散控制和分层控制

依据控制的方式不同,控制可以分为集中控制、分散控制和分层控制。

1. 集中控制

> **基本概念**:集中控制
>
>   集中控制是指在组织中建立一个相对稳定的控制中心,由控制中心对组织内外的各种信息进行统一的加工处理,发现问题并提出问题的解决方案。

  在集中控制中,信息处理、偏差监测、纠偏措施的制定都是由控制中心统一完成的,集中控制能够保证组织的整体一致性,有利于实现整体的最优控制。但由于各种信息和行动方案都由控制中心统一管理,因此,如果组织的规模较大,这种控制方式的缺点就显露出来了,如官僚主义、组织反应迟钝、下层管理人员缺乏积极性等,甚至由于决策延误时机而导致整个组织陷入瘫痪。企业组织中的生产指挥部、中央调度室属于典型的集中控制。一般来说,规模较小的、需要保持上下高度一致的组织宜采用集中控制的方式。

2. 分散控制

> **基本概念**:分散控制
>
>   分散控制是指将组织管理系统分为若干相对独立的子系统,每一个子系统独立地实施内部直接控制。

分散控制对整个组织集中处理信息的要求相对较小,容易实现,其优点主要表现在:反馈环节少,反应快、时滞短、控制效率高、应变能力强,即使个别控制环节出现问题,也不会致使整个系统的混乱。分散控制的最大缺点就是各分散系统的相互协调困难,从而难以保证各分散系统的目标与组织总目标的一致性,严重的话,甚至会导致整体失控。分散控制适应系统较松散的组织。

3. 分层控制

> **基本概念:分层控制**
> 分层控制,是指将管理组织分为不同的层级,各个层级在服从整个目标的基础上,相对独立地开展控制活动。

分层控制是一种把集中控制和分散控制结合起来的控制方式。分层控制的特点是:各个层级都具有相对独立的控制能力和控制条件,能对层级内部子系统实施独立的直接的控制;整个管理系统分为若干层次,层次内部实施直接的控制,而上一层次的控制机构对下一层次的控制机构只能实施间接的指导性控制。

第二节 控制的过程

在管理实践中,存在着对不同控制对象进行的不同的控制活动。虽然控制的对象各有不同,控制工作的要求也各不一样,但控制工作的过程基本是一致的。

一、制定控制标准

实施控制的第一步就是制定控制工作所需要的标准,作为共同遵守的衡量尺度和比较的基础。

(一)制订控制标准的要求

1. 简洁明确

控制职能一般都是在计划确定之后发挥作用的,但是不能完全用计划来代替标准进行控制。在一个组织中各层次、各部门单位都有其计划,也就是说,计划是各种各样的,各种计划的详尽程度和复杂程度也不尽相同。如果直接用计划作为控制标准并对全部计划内容进行控制的话,会使控制工作因缺乏规范化而导致混乱。因此必须根据计划的要求,制订具体的控制标准,控制标准力求简洁明确,既方便理解,又易于衡量。

2. 数量适度

组织目标的多样性,决定了组织目标指标的多元性。每一个目标指标都可以转换成一个标准,因此标准也是多元的。控制标准的多元性,不是一个事物存在多元标准,而是因为目标的多元性直接导致了标准的多元性。这就说明控制工作不能依赖单一的标准,但是控制标准又不能太多,太多了会阻碍创新并增加了工作的成本,因此,控制标准的数量要适度。

3. 突出关键

控制的最终目的并不是对控制客体进行全面而细致的评价,而是通过评价发现偏差并纠正偏差,从而保证计划目标的实现。而计划内容和活动状况是复杂和细微的,控制工作既不可能也无必要对整个计划和活动的细枝末节都来确定标准、加以控制。因此,在实践中往往选择影响整个计划的关键指标,对关键指标制订适宜的评价数值作为控制标准。

4. 切实可行

控制标准的切实可行有两方面的要求:第一,标准应该是具有可衡量性的,使标准能够实际发挥检验的作用,为此必须注意标准的定量化。对于一些难以用数量表示的定性标准,如行为标准,也应该尽可能把它们转化为定量指标,以提高其可衡量性。第二,标准的高低要适当,应该符合实际的需要,符合事物发展的客观规律。

实例:39 滴焊料

被誉为"石油大王"的洛克菲勒一生信奉"勤俭生财"的准则。一次,洛克菲勒视察美孚石油公司的一个包装出口石油的工厂,发现包装每只油罐用了 40 滴焊料。他注视良久,对工人说:"你有没有试过用 38 滴焊料?"经过当场试验,用 38 滴不行,偶尔有漏油的现象,但用 39 滴焊料封的油罐却没有一只漏油。于是,洛克菲勒当即决定:39 滴焊料是美孚石油公司各工厂每只油罐的统一规格。

平时洛克菲勒除了筹划企业的经营方略外,就是到处巡视,寻找公司管理上的问题和漏洞。对公司的账簿,他特别留心,亲自过问,他总是能够抓住某些细节提出质问或出些省钱的主意。不愧为一个精打细算的富翁。

请思考:从控制的角度,巡视管理属于哪一种类型的控制?巡视管理的管理价值何在?洛克菲勒所找的关键点是什么?关键控制点的标准有哪些?

(二)制定控制标准的方法

1. 统计方法

统计方法是根据组织的历史数据记录或是对比同类组织的水平,应用统计学方法确定的标准。最常用的统计标准如平均值、极大值或极小值。这种方法常用于拟定与组织的经营活动和经济效益有关的标准。与统计方法相应的标准称为统计标准。

2. 工程方法

工程方法是以准确的技术参数和实测的数据为基础制定标准的方法。这种方法的应用可以追溯到科学管理时期泰罗的工时研究,方法主要用于生产定额标准的制定。与工程方法相应的标准称为工程标准。

3. 经验估算法

经验估算法是管理人员凭借个人丰富的实践经验所确定的标准,一般是作为以上两种方法的补充。该方法的基本程序是：先根据统计法或工程法确定初步的标准,再根据管理人员的经验进行适当的调整,使制定的标准更加符合实际的需要。与经验估算法相应的标准称为经验标准。

(三) 常用的控制标准

标准的种类有多种类型实物标准与价值标准、成本标准与收益标准、历史标准与计划标准等,所有标准可以分为定性标准和定量标准两大类。定量标准主要有实物标准、价值标准、时间标准等,而定性标准主要是关于服务质量、组织形象、行为准则等方面的标准。在实际工作中,为了保持控制的准确性,标准应尽量数字化和定量化,所以定量标准是大多数组织控制标准的主要表现形式。其中,最常用的标准是时间标准、生产率标准、消耗标准和质量标准。这四种标准反映了一项工作在其数量、质量、时间及成本之间的内在联系。

1. 时间标准

对每一项工作的衡量都必须有具体的时间规定。时间标准是指完成一定工作所需花费的时间限度,如工时定额、产品是否按期完成生产并如期交货等。

2. 生产率标准

生产率标准是指在规定时间里所完成的工作量,如产品的产量是否达到数量的标准以及单位时间产量等。

3. 消耗标准

消耗标准是成本标准,指完成一定的工作所需的有关消耗,如单位产品的直接成本和间接成本、原材料成本、工时成本、单位时间的人工成本、单位销售额的销售费用等。

4. 质量标准

质量标准是指工作应达到的要求,或是产品或劳务应达到的品质要求,如原材料的规格、产品合格率等。

二、衡量实际工作

衡量实际工作就是采集实际工作的数据,了解和掌握工作的实际情况,旨在将实际工作成绩和控制标准进行比较,对工作做出客观的评价,从中发现偏差,为进一步采取控制措施提供全面、准确的信息。

(一) 衡量的对象

确定衡量对象就是衡量什么的问题,也就是控制点的问题。事实上,这个问题在衡量工作之前就已经得到解决。因为管理人员在确定控制标准时,随着标准的制定,计量对象、计算方法以及统计口径等也就相应地被确定下来了。所以要衡量的就是实际工作中与已制定的标准所对应的要素。要在计划实施步骤中选择一些关键点作为控制点,这个关键点一般是计划实施过程中起决定作用的点,或者是容易出偏差的点、起转折作用的点、变化大且不易掌控的点、有示范意义的点。

（二）衡量的方法

选择衡量方法就是如何衡量的问题。选择什么方法衡量应根据具体情况分析。

1. 获取控制信息的方法

（1）直接观察。直接观察是一种非常有效，同时也是无法替代的衡量方法。如通过巡回管理，可以获得常被其他衡量方法所忽略的信息。

（2）统计报告。统计报告是指将在实际工作中采集到的数据以一定的统计方法进行加工处理后而得到的报告，它不仅可以提供文字、图形、图表以及管理者所需要的各种数据，还可以清楚、有效地显示出各种数据之间的关系。

（3）汇报。包括口头汇报和书面汇报，这两种方法共同的优点是快捷方便，而且能够得到立即的反馈。相比较而言，书面报告要比口头报告来得更加正式和精确全面，而且也更加易于分类存档和查找。

（4）抽样检查。通过随机抽取一部分工作进行深入细致的检查，以此来推测全部工作的质量。这种方法最典型的应用是产品质量检验，对一些日常事务性工作的检查来说，这种方法非常有效。

2. 控制信息的质量问题

衡量工作是整个控制过程的基础性工作，而获得合乎要求的信息又是整个衡量工作的关键。因此在应用上述方法时，要特别注意所获取信息的质量问题。信息质量主要体现在以下几个方面：

（1）真实性。所获取的用以衡量工作的信息应能客观地反映现实，这是对控制信息最根本的要求。

（2）及时性。信息的加工、检索和传递要及时，过分拖延的信息将会使衡量工作失去意义，从而影响整个控制工作的进行。

（3）全面性。要求信息在真实性的基础上还要保证其完整性，不因遗漏重要信息而造成误导。

（4）适用性。应根据不同管理部门的不同要求提供不同种类、范围、内容的信息。

（三）衡量的频度

衡量的频度问题关系到间隔多长时间进行衡量。频繁衡量，不仅会增加控制成本，而且也会影响正常的工作以及控制对象的工作态度。相反，如果衡量的次数过少，则导致可能的偏差不能得到及时的发现和纠正。以什么样的频度、在什么样的时间节点对某种活动的绩效进行衡量，这取决于实际工作活动的性质和特点。确定适宜的衡量频度和时间节点所需考虑的主要因素是计划规定的进度和结点。

三、分析衡量结果

分析衡量结果就是把实际工作情况与控制标准进行比较，找出实际业绩与控制标准之间的差异，并分析其结果，为进一步采取管理行动作好准备。

（一）确定可允许的偏差范围

比较的结果无非有两种，一种是存在偏差，另一种是不存在偏差。偏差总是在所难免的，因此管理人员需要确定一个可以接受的偏差范围。如果实际业绩在偏差范围之内就不认为是出现了偏差。如果实际业绩超出偏差范围，那么就认为它确实发生了偏差。

（二）分析偏差的原因

偏差可能有两种情况：一种是正偏差，即实际结果比控制标准完成得还好，另一种是负偏差，即实际结果没有达到标准。不管哪一种偏差出现，都需要分析其原因。

正偏差未必是工作者努力的结果，其背后可能隐藏着一些负面的因素：如可能是某段时间某特殊事件作用的结果，纯属运气好；也可能是原来的计划标准定得太低，太容易达到和超过。由于这些负面因素的存在，就不能将实际业绩作为正偏差来对待。

如果实际业绩出现负偏差，就更有进一步分析原因的必要。在实际工作中，分析原因常常采用因素分析法，即找出在控制过程中影响计划执行进程的全部因素或主要因素，再分别分析它们对计划执行的影响方向和影响力度。原因不外乎以下三个方面：一是计划本身的问题，这是因为在制定计划时不切实际，计划或标准制定得过高或者过于保守；二是计划实施中的问题，这是计划执行者在实施中出现的问题，如一线员工的懈怠、管理人员组织不力等；三是外部环境原因，这是由于外部环境发生重大变化而致使计划目标无法实现，如宏观经济的调整、消费者需求的转变、供应商的变故、不可抗力的发生等。

四、采取管理行动

采取管理行动是控制过程的最终实现环节，它的结果是其他管理工作与下一个控制工作的连接点，使整个控制过程呈现为不断循环的过程。采取管理行动就是纠正偏差。纠正偏差的方法主要有两种：一是改进工作，二是修订标准。

（一）改进工作

通过分析衡量结果，找出偏差出现的原因。如果是由于实施过程中，由于组织自身原因或者计划执行者原因造成的，就应该立即采取纠正行动。纠正的范围可以涉及组织中的任何管理行动，如重申规章制度、明确责任、处罚责任者、加强员工培训、调整组织结构、改组领导班子等。

在采取行动纠正偏差的时候，要特别注意不能仅仅纠正偏差的结果，而更要重视纠正产生偏差的原因，也就是说，不应只满足于"救火式"的纠正行动，而忽视从事物的原因出发，应采取彻底纠正行动并杜绝偏差的再次发生。

（二）修订标准

工作中的偏差也可能来自不现实的标准，其发生的原因可能是由于原先计划工作的失误，将标准定得太高或太低，也有可能是由于环境的变化，致使计划中的某些重要条件发生了变化。这种情况下的纠偏措施就是调整计划标准和控制标准。在做出修订标准决定的时候一定要谨慎,防止出现被下级用来为不佳工作绩效作开脱的现象;另外,经常变动的标准也会给管理工作带来不稳定。所以,只有在确认标准的确不符合控制的要求时,才能做出修正的决定。随意更改将失去计划的意义,当然也谈不上有效控制了。

 实例:海尔公司对中间商的控制

海尔对直接供货的经销商通过销售合同控制其零售价格和销售区域,同时对直接供货的经销商提供派促销员、搞促销活动等各种支持;对专卖店的网络通过签订三方协议实行控制。海尔要求批发商报告渠道明细,一旦需要即可随时接管,但无销售支持。海尔根据渠道成员在分销体系中的地位和重要性,分别采取了不同的控制措施:

对商场,海尔规定统一的零售价格;规定销售区域;批发的网络要经海尔批准;要求商场中的展台位置;按时上报销售报表;商品促销员每天反馈销量统计和用户情况。

对专卖店,海尔规定统一的零售价格;规定销售区域;规定批发比例不超过50%;规定专卖店的最低回款不少于25万元;按时上报销售报表;商品促销员每天反馈销量统计和用户情况;通过直销员工资及促销费用从销售回款中提取的方式,约束专卖店必须从海尔进货。

对专营店,海尔规定统一的零售价格;规定销售区域;要求展台的位置;按时上报销售报表;商品促销员每天反馈销量统计和用户情况。

对个体经营者,海尔规定统一的零售价格;规定销售区域;批发的网络要经海尔批准;按时上报销售报表;商品促销员每天反馈销量统计和用户情况。

对批发商,海尔规定统一的批发价格;规定销售区域;批发的网络要经海尔批准;要求商场中的展台位置;按时上报销售报表。

请思考:海尔公司在对中间商控制方面有何特点?比较一下对不同中间商,海尔公司控制的重点是什么?你能对各种控制措施进行归类并指出其类型吗?

第三节 管理控制的原则和要求

为了保证对组织活动进行有效控制,确保控制工作顺利开展并取得预期的成效,控制工作必须遵循一些基本原则,并特别注意满足如下几个方面的要求。

一、管理控制的原则

(一) 客观性原则

控制应该客观,这是对控制工作的基本要求。在整个控制过程中最易引起主观因素介入的是绩效衡量阶段,尤其是对人的绩效进行衡量更是如此。为此,管理者应该注意:第一,尽量采用客观的衡量方法,用定量的方法记录并评估绩效,把定性的内容具体化;第二,要从组织目标的角度来观察问题,在绩效衡量上要确保信息可靠。无论是控制标准的制定、实际业绩的评估,还是存在差异的分析和控制措施的采取,都应该避免个人立场、主观主义;第三,要克服和避免认知偏差。认知偏差往往是习惯性思维造成的,具体的表现有"晕轮效应"、"首因效应"和"近因效应",这三种心理效应的作用,将使管理者对控制对象的绩效缺乏客观的评价或衡量。

(二) 及时性原则

控制不仅要客观、准确,而且要及时。一旦丧失时机,即使提供再准确的信息也是毫无用处的。及时性原则有两方面的要求:一是高效率,要及时地提供控制所需的准确信息,避免时过境迁,使控制失去应有的效果;二是预见性,纠偏措施的安排应有一定的预见性,要估计可能发生的变化,使纠偏的措施与已变化了的情况相适应。

及时不等于快速,而是指当决策者需要时,控制系统能适时地提供必要的信息。环境越复杂、越动荡,决策就越需要及时的控制信息。要尽可能地采用前馈控制方式或预防性控制措施,一旦发生偏差,就可对以后的情况进行预测,使控制措施针对未来,以避免时滞问题。

(三) 重点性原则

控制不仅要注意偏差,而且要注意不同偏差的重要程度。管理者应该控制那些对组织行为有战略性影响的因素,即有效的控制应针对关键项目,控制的重点应放在容易出现偏差的地方,或放在偏差可能造成很大危害的地方。抓住活动过程中的关键和重点进行局部的和重点的控制。由于组织和部门的多样化、被控制对象的多样化以及政策和计划的多变性,几乎不存在选择关键项目和重点环节的普遍原则,但也有规律可循。通常来说,关键目标和例外情况是管理控制的重点。

1. 关键目标

良好的控制必须具有明确的目的,不能为控制而控制。无论什么性质的工作都可能包含多重目标,但总有一两个是关键的。管理者要在众多的目标中,选择关键的、反映工作本质和需要控制的目标指标加以控制。

2. 例外情况

为了提高效率,管理者应重点针对事先未能预料而实际发生了的例外情况进行控制,这是管理上的例外原则。例外情况的出现,由于缺乏准备而易于措手不及,造成很大的影响,甚至是严重的后果。因此,管理者应集中精力迅速而专门地加以对付。但单纯地注意例外之处是不够的,某些例外可能影响不大,有些则可能影响很大,因此管理者所关心的应当是那些需要特别注意的、出现概率大或者后果严重的例外事件,而把其他问题交给下属去处理。

(四) 灵活性原则

控制系统应该具有足够的灵活性以适应各种不利的变化,或利用各种新的机会。控制的灵活性原则要求制定多种应付变化的方案和留有一定的后备力量,并采取多种灵活的控制方式和方法来达到控制的目的。应保证在发生某些未能预测到的事件的情况下

（如环境突变、计划疏忽、计划失败等），控制仍然有效，因此要有弹性和替代方案。控制应当从实现目标出发，采用各种控制方式达到控制目的。不能过分依赖正规的控制方式，如预算、监督、检查、报告等，它们虽然都是比较有效的控制工具，但它们也都有一定的不完善之处。数据、报告、预算有时会同实际情况有很大的差别，过分依赖它们有时会导致指挥失误、控制失灵，例如根据销售预测制定的相应预算中的定额会因实际销售量大大高于或低于预测数而失去控制意义。因此，也要采用一些能随机应变的控制方式和方法，如弹性预算、跟踪控制等。

（五）经济性原则

控制是一项需要投入大量的人力、物力和财力的活动。是否进行控制，控制到什么程度，都涉及费用问题，因此必须考虑控制的经济性，要把控制所需的费用与控制所产生的效果进行经济上的比较。为了使成本最少，管理者应该尝试使用能产生期望结果的最少量的控制。控制的经济性原则有以下两方面的基本要求：一是要求实行有选择的控制，全面周详的控制不仅是不必要的也是不可能的，要正确而精心地选择控制点，太多会不经济，太少会失去控制；二是要求努力降低控制的各种耗费，改进控制方法和手段，以最少的成本查出偏离计划的现有或潜在的原因。费用的降低使人们有可能在更大的范围内实行控制。花费少而效率高的控制系统才是有效的控制系统。

二、控制的要求

（一）加强控制系统建设

加强控制系统建设是有效开展管理控制的前提，前提条件愈充分，对控制过程的影响愈大，控制工作也就越有效。加强控制系统的建设的具体举措包括：

1. 提高控制系统的计划性

控制工作的任务是保证计划能够按照预期的目标进行，所以没有计划的控制系统是不可能有效开展工作的。计划的正确性是控制工作取得成效的基本前提。必须有一个科学合理、切实可行的计划。计划越明确、越完整，所涉及的控制就越能反映这样的计划，控制过程也就越有效。

2. 加强控制系统的组织性

一个组织若没有专门的控制机构，而由各部门自行监督、自行管理、自行控制，就难以防止出现各部门对于切身利益或本位主义的考虑而弄虚作假等种种人为因素造成的无序状况。因此，控制机构越健全，相应的规章制度越完善，协调机制越明确，控制工作就越能取得预期的效果。为此，组织必须建立精简、高效的控制机构，配备合格的专控人员；建立明确的控制责任制；建立控制过程中的协调机制，形成有机的控制系统。

3. 完善控制系统的反馈性

控制工作中的一个重要环节就是要将计划执行情况及时反馈给管理者，将控制的结果及时反馈给控制对象，信息反馈的速度与准确性直接影响到控制指令的正确性与纠正偏差措施的及时性、准确性。因此，必须建立和完善组织内部的信息沟通体系，保证信息上下沟通顺畅,做到控制工作能够得到充分、及时的反馈;必须明确与控制工作有关的人员在信息传递过程中的任务和职责,事先规定好信息的传递程序、收集方法和时间等要求。

(二)树立现代控制观念

传统的控制观念将被控者置于被支配的地位。现代控制思想则认为:控制者与被控制者之间是平等的,控制者的权威只有为被控制者接受和承认,才有意义。现代控制观念同时十分重视反馈。反馈是现代控制的特征之一,控制者不可能是万能的,他必须依靠被控者的反馈来判断和决策。建立反馈观念,重视反馈思想,不仅要在控制系统上建立现代反馈机制,更重要的是在实施控制过程中让下级畅所欲言,敢讲、愿讲真话,全面、及时地反映真实情况。

(三)面向未来发展

控制工作既要保证当前目标的实现,又必须着眼于组织的长远发展。为此,控制工作必须着重注意如下几点:第一,控制过程必须有效地协调好当前目标和长远目标之间的关系;第二,必须做好有关的记录、存档等工作,为今后的各项工作提供有益的借鉴;第三,控制工作应当从自身的工作出发,立足于组织的长期发展,向其他部门和人员提出有益的意见和建议。

(四)重视对监控人员的监控

组织内所有人的工作都应该得到监控,以确保其能符合组织的方向和目标,监控工作和监控人员也概莫能外。但在实际工作中,由于监控者一般都居于组织领导地位,而且都拥有相当的权力,对他们往往缺乏必要的监控机制,他们往往游离于组织监控系统之外,结果常常会酿成很多重大问题。另外,对于一般操作人员来说,他们更倾向于隐瞒工作的偏差和失误,如果监控人员失察,存在的偏差问题会不断扩大。因此,为了提高控制工作的有效性,必须加强对监控人员实施监控。除了建立健全组织监控系统之外,还可以运用外部力量介入监控过程、发动群众对监控人员实施监控、适时组织管理人员交流、对监控人员违纪违规行为进行惩处。

❓问题与思考

1. 请理解下列概念:控制、前馈控制、同期控制、反馈控制、集中控制、分散控制、分层控制。
2. 请比较前馈控制、同期控制和反馈控制各自的优劣,并思考为什么现代管理要优先运用前馈控制、同期控制的方法?
3. 请分析工作出现偏差的几种情况及其原因。
4. 在管理控制中,如何寻找控制的关键点?
5. 以你工作的实际经验和体会说明:控制会限制人的工作积极性和创造性吗?

实践与应用

请你以所在的单位为例,或调查一家你所熟悉的单位,说明以下问题:该组织建立了哪些控制制度?该组织采用的控制方式有哪些?该组织经常采用的控制标准有哪些?

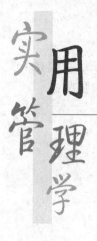

第七章 管理技能与管理艺术

第一节 管理技能的开发

彼得·德鲁克曾经说过:"管理是一种实践与应用"。他还指出:"如果你理解管理理论,但不具备管理技术和运用管理工具的能力,你还不是一个有效的管理者。"因此,对于管理实践而言,管理技能比管理知识更重要;对于管理者来说,获得的管理技能是比掌握的管理知识更高层次的要求。

一、管理者的技能

管理技能是相对于管理者在具体管理方面的能力而言的,是对管理能力的概括和总结。管理是否有效,在很大程度上取决于管理者是否真正具备了作为一个管理者应该具备的管理技能。

(一)不同层次管理者的管理技能

研究者认为,一名管理者必须具备的管理技能包括技术技能、人际技能、概念技能三种基本类型。技术技能是指管理者掌握与运用某一专业领域内的知识、技术和方法的能力;人际技能是指与处理人际关系有关的技能;概念技能是指能够洞察组织与环境相互影响的复杂性,在此基础上加以分析、判断、抽象、概括并迅速做出正确决断的能力。例如,对复杂环境和管理问题的观察、分析能力;对全局性的、战略性的、长远性的重大问题处理与决断的能力;对突发性紧急处境的应变能力。

这些技能是每一个管理者都应当具备的,但是对于不同的管理者,特别是处于组织的不同层次的管理者,三种技能的要求程度不同:技术技能对于基层管理者来讲最为重要,对于中层管理者较重要,对于高层管理者不太重要;人际关系技能对于所有层次的管理者的重要性几乎相等;概念技能对于高层管理者最重要,对于中层管理者较重要,对于基层管理者不太重要(图 7-1)。

图 7-1　不同层次管理者的管理技能

（二）不同发展阶段管理者的管理技能

每一个管理者都要经历一个逐步成长、不断成熟的过程,这个过程可以分成三个阶段:转型、成长和成熟阶段。由于不同发展阶段的管理者所面临的自身状态、管理情境和主要任务是各不相同的,因而不同发展阶段对于管理者的技能要求也是不一样的。

1. 转型期

对于管理者来说,在他就任之初,往往会产生一种无所适从的感觉。因为虽然身份已经转变,但是角色还没有调整过来。角色的调整往往需要在身份转变之后的工作体验中逐步实现。这就要求管理者在转型阶段,培育强烈的管理愿望,形成管理意识和管理智慧;明确自身的差距,理解、接受管理岗位的职责要求;提高意志水平以应对压力和控制情绪;有效地运用职位赋予的正式权力,实现从依靠正式权力到建立信任、从控制员工到激励员工、从管理个人到领导团队的转变。

2. 成长期

在成功度过转型阶段之后,管理者进入成长阶段。成长阶段的关键目标是培养驾驭复杂关系的技能和有效运用权力的技能,管理者可以通过下列管理技能的培育以完成建立权力源的任务:一是建立良好合作关系的能力,这是完成工作所需的一个主要权力来源,这需要管理者具有"良好的个人履历和声誉";二是处理各种复杂问题的能力,包括发现问题、分析问题并提出找出某一问题切实可行的解决办法;三是总结经验的能力。经验与教训的总结,可以提高对实践的认识,也可以将管理理论与管理实践有机地结合起来,从而进行有效的管理决策。

3. 成熟期

进入成熟阶段,管理者的职业生涯到了一个稳定发展期。对于其中少部分的人来说,可能顺利地升迁到高层,但是大部分的管理者将进入职业生涯的"高原期",无法升迁到高层职位。能否升迁的一个关键指标就是工作是否卓有成效,如何让自己的工作卓有成效是成熟阶段管理者的主要任务。管理者要掌握时间管理的技巧,善于利用有限的时间,集中精力于关键领域。管理者不仅要关注自身管理行为对于维持组织管理的意义,而且要善于动用一切可以运用的资源创造性地拓展工作局面,通过创新对组织绩效和组织发展作出贡献。

　实例：克劳顿管理学院——"美国企业界的哈佛"

位于纽约州哈得逊河谷、占地 50 英亩的"克劳顿村"是 GE（美国通用电气公司）高级管理人员培训中心,有人把它称为 GE 高级管理人员成长的摇篮,《财富》杂志称之为

"美国企业界的哈佛"。GE 的克劳顿管理学院的使命是：创造、确定、传播公司的学识，以促进 GE 的发展、提高 GE 在全球的竞争能力。

克劳顿管理学院的课程分三类：第一类是专业知识类，如财务、人事管理、信息技术等，其目的是使 GE 员工在某一技术领域更专、更深入。第二类是针对员工某一事业发展阶段而设计的课程，如新经理发展课程、高级经理课程、高层管理人员发展课程等。第三类是为推广全公司范围的举措而设置的课程，如六西格玛培训、管理变革培训等。通过这些培训，一方面让 GE 的管理人员学习必要的管理技能、业务技能、沟通技能等，另一方面也统一了大家的认识和管理理念，为公司内部的有效沟通与执行奠定良好的基础。

请思考：GE 公司被称为企业培训的楷模，你能不能总结出 GE 公司在管理人员培训方面的举措对其他企业的借鉴意义？

二、管理技能开发的途径

管理技能的开发主要有两个途径，即管理者个人的学习与实践和组织对管理者的培训。个人的学习与实践是指管理者个人在日常工作中，通过不断学习，用管理理论来指导自己的管理实践，从而使管理技能不断提高和发展。而对于组织来说，应当建立起有效的培训机构和培训制度，针对各级各类管理人员的不同要求，采用不同的培训方法，切实做好培训工作。现有的培训途径很多，但归结起来无非是两种：在职培训和脱产培训。

（一）在职培训

在职培训是一种岗位培训，是一种不脱产培训，即一边工作一边培训。在职培训模式通过管理的实践活动来提升管理者的技能，不受时间、场地、经费等因素的影响，受训者所接受的管理技能教育，部分来自师傅或教练的经验，部分来自自己的观察和摸索，这种模式的缺点是受惯性思维的影响较大且难以提升到理论的高度。在职培训的方式有：

1. 职务轮换

职务轮换是使受训者在不同部门的不同主管位置或非主管位置上轮流工作，以使其全面了解整个组织的不同的工作内容，得到各种不同的经验，为今后在较高层次上任职打好基础。职务轮换包括直线主管职位间的轮换、参谋职位和直线主管职位之间的轮换等。

2. 临时职务代理

当组织中某一个管理人员因某种原因暂时不能上岗时，对于这种临时性的职位空缺，组织可以安排受训者临时代理该管理人员的工作，组织也可以有意识安排这种职务空缺。这种方法可以给受训者提供一个体验更高一层管理岗位工作的机会，在代理期间积累管理经验并展示其管理才能。

3. 设立副职

这种方法可以使配有副职的管理人员很好地起到教员的作用，通过委派受训者一些任务，并给予具体的帮助和指导，由此培养他们的工作能力。而对于受训者来说，这种方法又可以为他们提供实践机会,并观摩和学习管理人员分析问题、解决问题的能力和技巧。在实际工作中,副职常常以助理等头衔出现。

4. 行动学习(Action Learning)

这种方法就是通过行动来学习,又称"干中学",即通过让受训者参与一些实际的工作项目或解决一些实际问题,来发展他们的管理技能。参与者被交换到不同于自己原有专业特长的项目组,形成稳定的学习的团队。每一个小组定期举行会议,所有问题均涉及参与者自身工作中的真实问题。学习过程中小组成员互相支持,通过反应、质疑、推测和驳斥等过程,形成解决方案并采取行动;在整个学习过程中,参与者还必须反馈和评价自身行动的变化。行动学习法使培训获得了实质性的内容,不仅有助于提高管理技能,而且有助于他们提高自己的学习能力,有助于管理者在工作和学习的平衡中获得职业生涯的发展。

(二) 脱产培训

脱产培训是让管理者暂时离开工作和工作现场,由组织内外的专家和培训师进行集中培训。脱产培训模式可以接受来自外部的一些新观念,可以静下心来学习,但是受时间、场地、经费和培训师水平的影响较大,而且学习的内容转化为现实的管理技能面临太多的障碍。这些障碍包括对新的观念与新的技能的理解问题、应用新的观念和技能时所面临的惯性思维的制约,以及来自周围的同事对新的技能和观念的接受障碍等。脱产培训的方式包括:

1. 研讨会

研讨会是指各有关人员在一起对某些问题进行讨论或决策。通过举行研讨会,组织中的一些上层管理人员与受训者共同讨论各种重大问题,可以为受训者提供一个观察和学习上级管理人员处理各类事务方法的机会,并了解和学习利用集体智慧来解决各种问题的方法。

2. 案例研究

案例研究通常以小组讨论的形式进行。首先让受训者阅读典型案例,然后由培训者提出问题并组织受训者进行分析和讨论,最后由培训者加以归纳和总结。通过案例研究,训练受训者的分析能力和综合能力。与案例研究相仿的是决策训练,即就某一个管理案例,让受训人员确定问题、提出假设、收集数据、评价方案、选择合理的方案直至评估决策效果,使受训者得到解决和处理问题的方法训练。案例研究和决策训练主要适用于管理人员的培训。

3. 情景模拟

情景模拟就是指根据受训者可能担任的职务,编制一套与该职务实际情况相似的测试项目,将受训者安排在模拟的、逼真的工作环境中,要求受训者处理可能出现的各种问题。情景模拟的内容有公文处理、与人谈话、无领导小组讨论、角色扮演、即席发言、管理游戏等。这种方法最大的特点是时间较长,环节比较复杂,涉及情景模拟的设计、主试培训和情景模拟的实施,因此费用比较高且需要有专家指导,一般用于对于高层次的管理人员或特殊的专门人员进行培训。常用的情景模拟方法是角色扮演和管理游戏。

角色扮演,就是把一组管理人员放在一起,从中选出两个人模仿某种带有普遍性的或者比较棘手的情况。当此两人进行模拟表演时,其他成员在一旁观摩,也可邀请另一些人模拟表演同一情节。使用角色扮演,受训者可从其他参与者那里获得反馈,因为他们在没有扮演角色时可以充当观察员,最后组织全体讨论。还可将表演过程进行录音、录像,表演者可进行自我检查,也可供大家仔细研究。这种方法将有助于受训者在模拟实践中加深对管理原理的领会、对管理技能及技巧的掌握,对提高受训者的演讲能力和表达能力也有一定的帮助。

管理游戏也叫管理博弈。这种方法是用有关现实情况的模型来替代现实情况,呈现给受训者,让他们根据给定的条件作出决策。在培训中,受训者分为几个小组,小组之间可以相互竞争,也可以不直接对抗,只进行方案的比较。小组要分析的都是量化的问题,受训者根据提供的数据进行规划、决策,用有关工具把小组提出的决策换算成利润指标、绩效指标,然后进行组际比较。

4. 敏感性训练

敏感性训练就是通过团队活动、观察、讨论、自我坦白等程序,使受训者直面自己的心理障碍,重新建构健全的心理状态。敏感性训练主要用于为受训者提供自我表白与解析的机会和了解团队形成与运作的情况。这种方法直接训练管理人员的敏感性,它所强调的不是训练的内容,而是训练的过程,不是思想上的训练,而是情感上的训练。敏感性训练备有成套的边听边看的课程,而且常常设计一些训练活动,使受训者在相互影响的实践中,亲身体验这种相互影响是怎样进行的。敏感性训练通常针对以下内容:管理者知道如何体察下情吗?管理者对各种人的情感注意到什么程度?企业或部门的某一目标或计划如何影响各种人的态度和追求?协商、讨论与命令等应如何进行?例如,把来自不同岗位的管理者编成小组,进行既不规定中心内容、又不规定具体日程的自由对话。在这种无拘无束的对话中,受训者通过自己与他人之间的相互影响,发现自己行为的动机和情感,并思考自己如何对待别人,如何进行改变自己行为的尝试。这种方法有助于管理者意识到自己的以及上级、下级、同事的态度、情感和需要,即提高对人的敏感性。

第二节 管理者的艺术

组织所面临环境的复杂多变性,要求管理者不仅要运用科学的理论和方法,而且还必须依靠丰富的经验和直觉来判断和处理各种问题,具备一定的管理艺术。管理艺术是指管理者在开展管理活动时所表现出来的技巧。管理艺术具有随机性的特点,在不同的管理者身上会有不同的运用,在不同的情境下也会有不同的运用。如果不懂得管理艺术的这个特点,东施效颦,反而会弄巧成拙,陷入本本主义、经验主义的误区。

一、管理者处事的艺术

处事,即处理事务,是管理者的日常工作。日常工作处理得怎么样,直接关系到管理的有效性。处理事务一方面要讲究方式方法,另一方面要注重效率。

(一)处置工作的4D法

管理者在面对工作事务时,一般会有四种选择:弃置(Drop it)、暂缓(Delay it)、委派

(Delegate it)、亲自做(Do it)，这四种选择的第一个英文字母都是 D，因此被称为处置工作事务的 4D 法。

1. 弃置(Drop it)

弃置，就是放掉一些事情不管。丢弃不管的这些事情，往往是不重要的小事，这样可以把节约下来的时间与精力用到更重要的工作上去。问题是怎样才能判定工作事务的大小呢？首先必须明确自己的工作目标，评价一下手头工作的轻重缓急，然后从下面几个方面来评价：这些事务与目标的关系如何？与其他事务比较其优先顺序如何？哪一件事务更符合目标的要求？这些事务是不是会贻误优先工作？当次优先或非优先的事务既不能满足目标的要求，又与优先工作相抵触时，就可以作出弃置不管的决策。

2. 暂缓(Delay it)

暂缓，就是对一些事务的拖延处理。对工作的拖延分为两种：消极拖延和积极拖延。消极拖延意味着官僚主义、效率低下，其原因和表现可能有：不愿意承担、缺乏兴趣、看不到做这些事务的现时意义、得过且过、敷衍搪塞等。但从积极的角度来看，拖延也不失为一种工作策略，其原因在于：某一件工作干扰了优先活动，但又不能不做。可以采取拖延暂缓策略的往往是没有期限压力的工作和信息不完备的工作。

3. 委派(Delegate it)

委派，就是对于一些别人能够做的事务，可以委派自己的直接下属去做，也就是工作中的授权。授权是管理者一项重要的职责和技能，因为事实上，管理者不可能事必躬亲，亲力亲为的管理者未必是一个合格的管理者。工作中的授权是最微妙和困难的管理艺术之一。本书第四章中专门阐述了授权的原则要求和过程，这里对授权的技巧再补充以下几点：

（1）可行。当管理者在界定某项工作是否应该委派下属去做的时候，必须考虑以下问题：下属是否可能比自己做得更好？下属做是否比自己花费更少的资源？下属做是否比自己更有效率？下属是否有意愿、时间和精力从事此项工作？委派下属去做是否有利于培养和发展他们的潜力？如果这些问题的答案基本上是肯定的，就可以考虑授权事宜。

（2）明确。管理者在确定授权的是什么以及授权给谁之后，必须向受权人明确授权的工作内容、权限范围以及时间和绩效方面的要求。每一授权活动都应与限制相伴随，管理者所授予下属的是在某些条件下处理问题的权力，因此必须明确指出这些条件是什么，使下属十分明确地知道他们的权限范围。

（3）公开。授权不宜在真空中进行。应该通知与授权活动有关联的其他人授权已经发生，需要通报的信息包括授权的是什么（任务与权力大小）以及授权给谁。不通知其他人很可能会造成冲突，并且会降低下属成功完成所交付任务的可能性。

（4）反馈控制。为了避免下属会滥用他所获得的权限，必须建立反馈控制机制以监督下属的工作进程，增加及早发现重大问题的可能性，并保证任务按时按质地完成。要适时地检查下属的工作进展情况，并对工作进程和工作结果进行分析评价。

4. 亲自做(Do it)

如果一个管理者明确了哪些工作没有意义可以弃置不做、哪些工作没有太大意义暂缓再做、哪些工作可以委派下属去做之后,剩下来的工作则是他必须自己亲自去做的。在自己亲自要做的工作中,要区分哪些是常规工作、哪些是非常规工作、哪些是优先工作、哪些是次优先工作,此外还要明确哪些是本职的管理性事务,哪些是非管理性事务,在此基础上安排好工作日程,并根据情况变化调整好时间安排。

(二) 时间管理

管理学家杜拉克说过:"不能管理时间便什么都不能管理"。德鲁克将善于处理和利用自己的时间列为一个有效管理者必须具备的首要习惯。时间管理的实质是自我管理的要求。管理者要养成讲究效率和效果的工作方式和生活习惯。时间管理的基本单位是事件,是否能够合理有效地运用时间,关键在掌握事件,确保每天的工作"以事件为中心",专注于达成目标的相关事件。

实例:"30 秒电梯理论"

麦肯锡公司曾经为一家重要的大客户做咨询。咨询结束的时候,麦肯锡公司的项目负责人在电梯间里遇见了对方的董事长,他问这位项目负责人:"你能不能说一下现在的结果呢?"由于项目负责人没有准备,而且即使有准备,也无法在电梯从30层到1层的30秒钟内把结果说清楚。最终,麦肯锡公司失去了这一重要客户。

从此,麦肯锡要求公司员工凡事要在最短的时间内把结果表达清楚,凡事要直奔主题、直奔结果。麦肯锡认为,一般情况下人们最多记得住一二三,记不住四五六,所以凡事要归纳在3条以内。这就是如今在商界流传甚广的"30秒钟电梯理论"或称"电梯演讲"。

请思考:"30秒钟电梯理论"对于管理者有效利用时间有何启示?麦肯锡认为,凡事要归纳在3条以内,你觉得这对管理者提出了什么要求?

1. 时间管理的"四象限"法

美国管理学家科维提出时间管理的"四象限"法,这种方法按照重要和紧急两个不同的纬度,把工作分为四个"象限"(图7-2)。

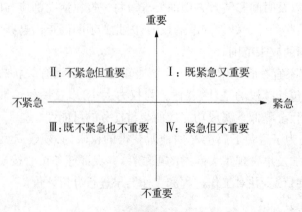

图 7-2　时间管理的"四象限"法

（1）Ⅰ象限，既紧急又重要，处理这类事务的策略是全力以赴"立即做"。这个象限包含的是具有时间的紧迫性和影响的重大性，无法回避也不能拖延，必须首先处理、优先解决，如客户投诉、即将到期的任务、重大项目的谈判、财务危机等。

（2）Ⅱ象限，不紧急但重要，处理这类事务的策略是优先考虑，"平时多做"。这一象限的事件不具有时间上的紧迫性，但是它具有重大的影响，对于个人或者组织的存在和发展以及周围环境的建立和维护，都具有重大的意义。这类事务的效益是中长期的，如建立人际关系、人员培训、制订防范措施等。

（3）Ⅲ象限，既不紧急也不重要，处理这类事务的策略是学会控制自己，"不做或少做"，这一象限的事件大多是些琐碎的杂事，既没有时间的紧迫性，也没有任何的重要性，如上网、闲谈、写博客等。

（4）Ⅳ象限，紧急但不重要。对这一象限的事件很多人认识上有误区，认为紧急的事情都重要。实际上像无谓的电话、附和别人期望的事、部门例会、不速之客等都属于这一类。这些不重要的事件往往因为它紧急，就会占据管理者很多宝贵时间。对这两类事务的策略是辨别估量，然后"选择做"。

运用时间"四象限"法的关键是区分事件的重要性与紧急性，根据轻重缓急，设定好短、中、长目标以及实现目标的规划，把精力主要放在重要但不紧急的事务处理上，合理安排时间，争取工作效率的提升。应用四象限法则时的逻辑可以是：先列出事件清单；根据重要性和紧急性判断事件的优先等级；根据优先级顺序的排序来将各项工作放入4个象限中；将时间和精力放在第一和第二象限上。在第一象限与第二象限的处理上，人们往往不那么明智——很多人更关注于第一象限的事件，这将会使人长期处于高压力的工作状态下，经常忙于收拾残局和处理危机，这很容易使人精疲力竭，长此以往，既不利于个人也不利于工作，因此，第二象限的工作是最需要关注的。

2. 时间管理的艺术

（1）列出清单。列清单包括三个步骤：首先，列出目标清单，列出未来一段时间内所要实现的目标，并按重要程度对目标排序；其次，列出实现目标所需进行的活动，即为了实现某一目标，应开展哪些活动，并排出活动的优先顺序；第三，制定每天（或每周）工作时间表或备忘录，按工作时间表开展工作，并通过回顾总结时间运用情况安排下一步活动，不断地提高工作效率。

（2）遵循帕累托定律。19世纪意大利经济学家帕累托提出的2/8定律，其核心内容是生活中80%的结果几乎源于20%的活动。时间是稀缺的资源，有效的管理者应该知道他们的时间用在什么地方。在管理者所有的事务当中，只有20%是真正重要的事务，它们将为有效管理提供80%的贡献；其余80%的事务将只提供20%的贡献。管理者有必要将事情按轻重缓急加以分类，用80%的时间来保证20%最有价值的事。

（3）运用帕金森法则。英国历史学家帕金森在其所著的《帕金森法则》指出：人有多少时间完成工作，工作就会自动变成需要那么多时间。如果有一整天的时间可以做某项工作，人会花一天的时间去做它。而如果只有一小时的时间可以做这项工作，人就会更迅速有效地在一小时内做完它。帕金森法则提示管理者，不要给一项工作安排太多的时间，而要严格规定完成期限。

（4）排除干扰。各种干扰，会分散管理者的精力、消耗管理者的时间。为了充分利用时间，管理者要学会安排"不被干扰"的时间，争取更多的可以自行控制的自由时间或主动时间，在这段时间里，把自己关在自己的空间里面思考或者工作，不被干扰的时间是效率最高的。

（5）掌握生物钟。每一个人在一天的不同时间里，其工作效率是不同的。管理者应掌握自己的效率周期，并以此制订自己每天的工作计划，把最重要的事情放在自己效率最高的时候做，而把日常事务和不重要的事安排在生物钟处于低潮的时候做。

（6）改进工作方法。改进工作方法可以大大地节约时间。通常的方法有三种：一是面对大量工作经常思考"三个能不能"：能不能取消？能不能合并？能不能替代？二是"见缝插针"，管理者要善于利用零散的时间，做一些零碎的工作，或者把不太重要的事集中在一起处理。三是"间作套种"，换一件工作是最佳的休息方法，两件工作之间的转换，有助于精力的调整。

实例：间作套种

"间作套种"是一种科学种田的方法。人们在实践中发现，连续几季都种相同的作物，土壤的肥力就会下降很多，因为同一种作物吸收的是同一类养分，长此以往，地力就会枯竭。人的脑力和体力也是这样，如果每隔一段时间变换不同的工作内容，就会产生新的优势兴奋灶，这样人的脑力和体力就可以得到有效的调剂和放松。

詹姆斯·莫法特的书房里有3张书桌：第一张摆着他正在翻译的《圣经》译稿；第二张摆的是他正在写的一篇论文稿；第三张摆的是他正在写的一篇侦探小说。莫法特的休息方法就是从一张书桌移到另一张书桌，继续工作。

请思考：莫法特类似于"间作套种"的休息方法体现了时间利用的哪一种艺术？这种方法对于工作和学习有什么启示？

（三）提高会议的效率

会议是管理工作中上下级之间、部门之间、工作团队内部成员之间进行沟通、协调、安排、咨询、决策等工作的有效方式，本书第三章阐述的5W2H的原则同样适合于会议的计划准备。然而，许多组织会议名目繁多、时间冗长、内容空泛，现代会议的种种弊端使得人们产生一种心理定势：开会就是浪费时间。因此领导者和管理者应该充分发挥会议的功能，提高会议的效率，争取会议的效果。

1. 开会的戒律

会议一定要精简，精简会议要遵循以下戒律：不开没有明确议题的会议；不开议题过多的会议，不开没有准备的会议，不开用其他方式可替代的会议，不开无关紧要的会议，不开议而不决的会议（多次会议才能解决的问题，应当明确宣布暂时休会）。

2. 会议的步骤

一个有效会议，通常包括三个基本步骤：

(1) 会前的准备。会前的准备包括议题的拟定、方式的选择、议程的安排、人选以及时间和地点的确定、会议材料的准备和发放、会场的布置等。

(2) 会议的控制。会议的控制包括议程的控制、会议时间的控制和与会者发言时间的控制等，当然也包括会议成本的控制。

(3) 会议的总结。不管什么形式和规模的会议，都需要对会议进行必要的总结，就是对会议进行概括：讨论了什么问题，取得了哪些共识，是否达到预期的目标，会后的工作安排等。

 实例：会议的成本

各级管理者经常会陷入各种会海之中，会议占据了他们的大量时间。据日本效率协会统计，公司科长以上的人员仅开会的时间就占整个工作时间的40%以上。而且人们也发现由于开会而花去的费用也越来越高。国外流行的一个会议无形成本计算公式：会议成本＝每小时平均工资×3×2×开会人数×会议时间（小时），由于劳动产值高于平均工资，所以平均工资要乘以3，又因开会要中断经常性工作，损失应以2倍来计算。从这个公式可以看出：参加会议的人数越多，时间越长，会议的成本就越高。因此，日本太阳工业公司在每一次开会时，总是把会议成本分析张贴在黑板上，提示大家提高会议的效率。

请思考：如何提高会议的效率？运用"三个能不能"的原理思考一下在工作中，哪些会是可开可不开的？哪些会是可以运用其他更简便的方式替代的？哪些会是可以合并的？

二、管理者待人的艺术

待人艺术，也就是交往艺术，或协调人际关系的艺术。对于管理者而言，待人艺术不是处理生活中的人际关系，而是工作中的各种错综复杂的关系，其目的在于管好人、用好人，充分调动方方面面人的积极性、主动性和创造性。

（一）待人的一般原则

1. 以信立人

信就是信用，这是对管理者自身而言的。诚信乃立身之本。孟子曾形象地将诚信比作车轮，"车无辕而不行，人无信则不立"。管理者要言必信、行必果，言行一致，表里如一，这是实施有效管理对管理者的人格要求。

2. 以礼待人

礼是礼仪，以礼待人，是对他人的尊重。礼仪能显示管理者应有的涵养和气度。以礼待人特别反映在对待下属的宽容态度上。对于失礼的下属，特别是对下属的过激和冒犯，要在坚持原则的前提下以礼相待，用礼仪的力量，显示真诚、宽厚和豁达。

3. 以理服人

理是指道理。在说服和影响他人时，要耐心疏导、晓之以理，特别是在面对他人的负面情绪时候,管理者自身要懂得用理智控制情绪,采取以理服人的策略,可以巧妙地利用他人复杂心态中的积极因素,缓解矛盾,平息风波。

4. 以情动人

情是指情感、情绪。管理者在以理服人的同时,还要学会以情动人。一方面要驾驭自己的情绪情感,克服冲动;另一方面要准确地洞察他人的情绪情感,设身处地为他人着想,运用情感的力量影响他人,借助于非语言,调节情感的表达方式,注意避免传递消极的情绪情感。

5. 以智用人

智是智慧。管理者应该具备用人的智慧,要正确地评价和认识其下属,树立正确的用人观,摒弃在用人问题上的论资排辈、求全责备、主观恩赐等旧观念。一方面要全面地考察下属的工作表现和工作能力,做到唯贤是举,德才兼备;另一方面要用发展的眼光评价下属,注意开发他们的潜能。

(二) 用人的艺术

成在用人,败也在用人。用人既是一项重要的管理职责,也是管理者艺术的集中体现。

1. 知人善用

每一个人都有他们不同的气质、能力、性格和兴趣,只有知人才能善任。管理者应该全面了解每个人的性格特点和能力所长,从而安排与之相适应的工作岗位和职务。

2. 用人所长

"尺有所短,寸有所长""金无足赤,人无完人"。用人要扬长避短。人的能力大小可以分为不同级次,用人所长就要量才核能,根据不同性质、不同层次工作的特点和需要,按照不同人的才能级次和智能特点,进行合理的安排,做到人尽其才,才尽其用。

3. 不拘一格

选用人员,到底需要什么标准。清朝龚自珍有一句诗广为人知:"我劝天公重抖擞,不拘一格降人才",但要真正做到不拘一格,却不是容易的事情,学历文凭、职称资历等,往往成为选人用人的藩篱。"不拘一格"要求管理者在选用人员的时候,不重资历,反对论资排辈;不唯文凭,崇尚真才实学;不纠缠于历史过失,主张用发展的眼光看人;不拘泥于背景,重视本人德才;不提倡消极服从,鼓励毛遂自荐。

4. 养用结合

"养兵千日,用兵一时""兵可千日而不用,不可一日而不备",这些古训都揭示了人员使用和人员培养之间的关系。管理者应该坚持"在使用中开发,在开发中使用"的原则。只有养用结合,不断地培养人才,才能保证人才资源的持续发展。

5. 动态平衡

由于组织的用人制度、管理者个人的心理偏差等种种原因,在选用人的问题上难免会出现偏差。当一个低级岗位上的优秀人才提升到高级岗位上,或者擅长某一领域工作的人被调配到另外的部门领域时,会产生效率低下、内耗加大等问题。因此,管理者既要敢于不拘一格地使用人,也应该勇于纠正自己的用人偏差,通过升降、平调等策略,保证人事相宜,实现用人的动态平衡。

实例：刘邦的用人之术

清代顾嗣协在一首诗中写道："骏马能历险,犁田不如牛;坚车能载重,渡河不如舟;舍长以求短,智者难为谋;生材贵适用,慎勿多苛求。"

在楚汉争霸的岁月里,刘邦手下有韩信、萧何、张良等几员大将,他发现韩信的确有将才,用兵打仗,堪称无人能比;而萧何心思缜密,行为非常谨慎小心;张良足智多谋,老谋深算,称得上是一位运筹帷幄的谋士。于是,在以后的征战中,刘邦果断地将用兵之权交给了韩信;把粮草等后备物资的筹划、运输交给了萧何,来保障前线士兵的供给;而张良则理所当然地成了参谋之才。在他用其所长的分工下,刘邦成功地夺得了汉室江山。

请思考：顾嗣协的诗揭示的用人之道是什么？刘邦的用人艺术对管理者有何启示？

(三)交往的艺术

在工作中,管理者要特别处理三类关系：与上级的关系、与同级的关系和与下级的关系。

1. 恰当处理上级关系

处理上级关系的前提是明确自身的角色和位置,重点是努力做好自己所承担的工作。具体的策略是：出力而不越位;善于领会上级意图而不奉承;运用"等距离外交",避免亲疏不一。

2. 正确协调同级关系

与同级的关系,尤其要注意方法、讲究技巧。具体的策略是：积极配合而不擅权;明辨是非而不计较;宽容大度而不嫉妒;相互沟通而不猜忌;支持配合而不揽功推过。

3. 妥善对待下级关系

对待下级,管理应该知人善任、理解信任、关心爱护、甘当伯乐。特别是要掌握批评与表扬的分寸、奖励与惩罚的方法以及授权和沟通的技巧。

实例：人际交往中的"马太效应"

"马太效应"是一种广泛应用于社会心理学、教育、金融以及科学等众多领域的术语,指强者愈强、弱者愈弱的现象。人际交往中通常存在着这样一种现象：密者密上加亲,疏者疏而愈远。通用电气前总裁斯通却主张：人际关系应保持适度的距离。斯通自知与公司高层管理人员工作上接触较多,在工余时间就有意拉大距离,他从不邀请同僚到家做客,也从不接受同僚的邀请。相反,对于普通员工、出纳员和推销员,他却有意亲近,微笑问候,甚至偶尔"家访"。密者疏之,疏者密之,斯通这种"适度距离"的交往原则避免了人际交往中的"马太效应"。

请思考：在人际交往中,马太效应有哪些弊端？斯通"适度距离"的交往原则对管理者处理工作中的人际关系有何启示？

（四）反馈的艺术

反馈是对下属工作的评价。反馈分为肯定性反馈和否定性反馈，前者属于表扬，后者属于批评。表扬和批评的艺术是管理工作中的重要环节，能够给予下属恰到好处的评价和反馈，也是管理者个人魅力不可或缺的部分。管理者应该掌握反馈的技巧，并使之成为一种良好的工作习惯。

1. 反馈的宗旨

反馈的宗旨应该是信息分享而非训导，这决定了反馈的基调和内容，是决定整个反馈效果的关键。一方面反馈要客观，要实事求是；另一方面反馈不要有预存立场，并且提出建设性意见。尤其是否定性反馈，应力求"自省"和"他鉴"。否定性反馈还应该指向接受者可控制的行为，因为可控制性的行为是接受者通过努力可以改进的。

2. 反馈的指向

反馈应该指向事件或行为本身而非具体的人，因此反馈应具体而不是一般化。管理者应避免下面这样的陈述："你的工作态度很不好""你的出色工作留给我深刻印象"这样的反馈过于模糊，都没有针对具体行为，没有告诉接受者足够的资料以改正"他的态度"，以及基于什么判定他完成了"出色的工作"。

3. 反馈的方式

反馈应是描述性的而不是判断性或评价性的。描述性的反馈既客观又富有诚意，评价性的反馈则带有很强的主观判断，容易夹带着偏见和成见。尤其是消极反馈应针对于工作，而不要因为一个不恰当的活动而指责个人，说某人"很笨""没能力"等常常会导致相反的结果，它会激起极大的情绪反应，这种反应很容易忽视了工作本身的错误。

4. 反馈的时机

有效的反馈强调及时性。事件刚刚发生之后、被淡忘之前通常是最佳时机，也就是说接受者的行为与获得对该行为的反馈相隔时间非常短时，反馈才最有意义。拖延对不当行为的反馈会降低反馈能起到的预期效果。当然，如果管理者尚未获得充足的信息，或者当管理者正处于负面情绪状态时，反馈的良机意味着一定程度的推迟。

5. 反馈的场合

选择合适的场合进行反馈很重要，一般来说"一对一"的反馈效果最佳。否定性反馈如果在私底下进行，在心理上更容易让下属接受。同样，"一对一"进行肯定性反馈，下属也更容易相信这种积极的、肯定性的评价是真诚的、切实的。有的时候公开表扬会令下属产生不安和压力。当然，有特殊需要的情况下，也可以在会议上公开表扬和批评。

6. 反馈的语言技巧

反馈最能显示管理者的语言技巧。在反馈中要注意双向交流，而不是单方面说教。在反馈的时候可以运用以下技巧：

（1）复述，即用自己的话把对方的言语内容进行综合整理后再加以反馈。一方面可以有助于管理者更准确地获取和理解对方的语义信息，另一方面还可以有助于对方更好地表达自己的观点。可用的语句格式是："你刚才的意思是……""我可不可以这样理解……"等。

（2）先肯定后否定。在进行否定性反馈或者不同意对方的观点时，可以运用先肯定后否定的方法，也就是通常讲的 Yes+But，在观点上尽量显示双方的共同点，在情感上尽量表示对对方的理解。当然，不要直接用"但是"，可以用"不过"等转折语气弱化一些的词，或者"如果"之类假设性的词。

 实例：乔布斯在市场失利之后

苹果推出 Mobile Me（云计算存储服务）时，市场表现极差，这让乔布斯非常懊恼。他严斥了负责这款产品开发的高官："这简直是给苹果丢脸！"为此他还亲自召开项目组会议，只问他们："有人能够告诉我这款产品的用处吗？"在项目组成员解释了产品的功效并表示用户还不了解这款产品之后，乔布斯发飙了："用户怎么一点都没有看出来呢？！"

请思考：面对市场失利，乔布斯对项目组的评价和反馈是否恰当？请您对此作出评价。

（五）倾听的艺术

反馈更多地体现了"说"的艺术。在"说"的过程中，积极倾听，会有助于管理者在与他人的沟通中获得更大的主动。

1. 确保理解

有效的沟通，要确保传受双方都能够清晰、完整、准确地理解对方的意思。积极倾听是确保理解的前提。积极倾听有以下四项基本要求：

（1）专注。专注是指倾听时要集中精力地听说话人所说的内容，而不考虑容易分散注意力的其他事情。

（2）移情。移情原本是心理学、美学中的一个术语，指的是把自己的情感移到外物身上去，仿佛觉得外物也有同样的情感。借用这样一个概念，要求在沟通时，把自己放在说话者的位置上。

（3）接受。接受要求沟通的双方客观地倾听对方的信息内容而不作判断，既不能望文生义，也不能主观臆断。

（4）对完整性负责。对完整性负责就是要求在沟通中，不能断章取义，对信息有足够的注意，尽量听懂全部意思，不只是理解信息的内容，还要吃透非言语所传递的含义。

 实例：既然满了，干吗还要不停地倒水呢

一个佛学造诣很深的人拜访一位德高望重的老禅师，老禅师恭敬地接待了这位来访者并为他沏上好茶。不料他夸夸其谈，老禅师只得不停地为他续水。茶杯满了，老禅师还是不停地往茶杯里倒水。来访者疑惑不解地问："大师，杯子满了，为什么你还不停地倒水？"老禅师说："是啊，既然满了，干吗还要不停地倒水呢？"

请思考：老禅师的言外之意是什么？请结合实例谈谈您对有效倾听的认识。

2. 巧妙运用非语言

在倾听过程中,尤其要注意非语言的运用。一方面要善于捕捉对方的非语言所潜含的语义信息,另一方面要有效地控制和运用自身的非语言。

(1) 保持目光接触。倾听时,与对方保持目光接触,不仅可以使自己集中精力,减少分心的可能性,而且也体现了对对方的尊重和鼓励。保持目光接触,还可以捕捉对方微表情的变化从而把握对方的心理状态和内在动机。

(2) 适度的情绪反馈。倾听时,要向对方表明自己在认真聆听,除了保持目光接触之外,还可以展现赞许性的点头和恰当的面部表情,以增强沟通双方的心理互动。

(3) 避免分心的举止。分心的举止,一方面表明倾听者并未集中精力,并因此可能遗漏一些说话者想传递的信息;另一方面会传达出倾听者的厌烦或不感兴趣的情绪,从而影响双方的进一步沟通。因此,在倾听时,要避免那些表明思想走神的举动,如:看表、心不在焉地翻阅文件、拿着笔乱写乱画等。

3. 引导对方话题

一个好的聆听者应该让他人多说,而自己不会多说;在倾听时,要避免中间打断说话者。但在更多的时候,倾听者又确实需要引导对方的话题,这时候可以运用以下技巧:

(1) 适当运用体语。比如适时地通过一些关心的动作来打断对方,如递烟、续茶等,利用对方的停顿来及时引导他的话题。

(2) 复述对方的观点。复述既是引导对方话题的巧妙手段,也是积极倾听的最佳监控手段,通过复述可以检验自己理解的准确性。

(3) 适时追问。当面临对方语焉不详的表述或者刻意回避的话题时,通过适时追问,提出自己感兴趣或不清晰的问题。追问也是控制谈话的有效手段之一。

问题与思考

1. 有许多人认为"管理专业的毕业生不会管理",自己所学的管理理论在工作实践中没有太大的用处,你的观点如何?

2. 你认为自己已经具备了哪些管理技能?哪些方面还存在不足?可以通过哪些途径提高自身的管理技能?

3. 你所在的单位对管理者技能开发运用的方式有哪些?你认为这些方式是否有待改进?

4. 如何对下属的工作进行批评和表扬?

实践与应用

1. 请你列出自己某一计划期限内(一天或一周)的工作清单,并运用"四象限法"排出它们的优先顺序,然后把这些活动填写在下面的表格内。

象限	相 关 事 宜	特 征
I		
II		
III		
IV		

2. 请你观察一下你的主管是如何与下属进行交流的,记录下他们在日常交流中有哪些不恰当的举止,有哪些不恰当的句式。你如何在与他人的沟通中避免这些不恰当的语言举止?

3. 请收集各自单位一周会议的安排表进行汇总,并在此基础上讨论:哪些会可开可不开?哪些会可以合并?哪些会可以用其他方式替代?这些可替代的方式是什么?

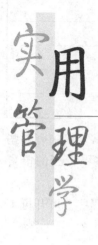

第八章 班组管理与团队建设

第一节 班组管理

班组是企业中最基本的作业单位,是企业内部最基层的劳动和管理组织,企业的所有生产活动都在班组中进行,班组管理是企业管理的基础。

一、班组的特点和作用

> **基本概念**：班组
> 班组是在劳动分工的基础上,把生产或服务过程中相互协同的同工种工人、相近工种或不同工种工人组织在一起,从事生产活动或提供服务的一种组织。

（一）班组的特点

1. 基层性

现代企业的基本管理结构分为三层：高层、中层和基层,班组是处于企业中最基层的组织,也是企业的基本单元。因此往往结构简单、规模较小,工作的同质性程度较高,通常情况下由一人担任组长。班组成员是企业最基层的员工,需要在班组长带领下,集中各位组员的智慧和能力完成各项工作。

2. 管理全

企业的任何工作最终都要落实到班组,班组管理工作不仅包括生产、质量、安全、工艺等生产任务,还包括班组文化、学习型班组建设等,可谓麻雀虽小,五脏俱全。

3. 工作细

班组工作非常具体,一人一岗,一事一议,各项生产、考核等管理工作需要班组长布置给每一位员工,任务要落实到人,并要对每项任务的完成情况进行检查。因此,班组工作需要耐心和细致。

4. 任务实

上面千条线,下面一根针,人们经常这样形容班组的工作,因为班组直接处于生产服务的第一线,企业所有的生产和管理工作最后都要落实到班组。

(二)班组的作用

班组虽然在企业的组织结构中处于最低层,大部分班组在企业中也大多是按照"最小行政单元"来进行划分的,但它的作用却不容小觑,主要体现在以下两个方面:

1. 班组是企业运营管理的基础

每个班组是企业整个生产经营活动的一个环节或组成部分,也是企业各项规章制度、工作流程等具体工作的最终落实单位,一个个班组组成了企业的整个生产流程,规范化、制度化管理班组是企业运营管理的基本要求,班组构成了企业运营管理的基础。

2. 班组绩效直接关系企业经营的成效

班组是企业最基本的生产单位,班组管理水平和人员素质的高低,直接影响着产品质量和生产订单的完成情况,甚至企业目标的实现。班组直接面对每个员工,每个员工的工作成果和业绩直接决定了班组的绩效,而班组的绩效直接关系着企业经营的成效,因此,要强化班组现场的管理,提高班组的执行力。在班组建设的时候,要充分发挥各人所长,促进班组成员开展业务技能学习,激发班组的团队精神,努力创建学习型班组,保证班组充满活力。

二、班组成员与班组长

班组管理的一个基本内容是班组成员的安排和班组长的选聘。班组成员的安排涉及班组内部岗位的设置。

(一)班组的岗位设置

岗位与人员是两个不同的概念,一个岗位可以只有一个人,也可以有多个人,也可能一个人要负责多个岗位。若某班组某一项工作的工作量很大,可以由两个或更多的人员共同承担该工作;若有好几项工作的工作量都很小,也可以让一个人来承担或几个人交叉承担。班组岗位设置要符合以下几个原则:

1. 最低数量

班组对于成本的控制是企业成本控制的重要组成部分。如果班组岗位设置不合理,造成人员过多,不但会增加人工成本,而且容易相互扯皮,工作效率反而降低;如果人员过少,也会出现工作没人做的情形,降低工作质量。所以在班组岗位设置时,要遵循最低数量原则,才能实现班组岗位的合理设置,实现工作效率最大化。

2. 明确岗位职责

对各岗位要进行科学划分。一般情况下班组可划分为组长、副组长、组员三类岗位,岗位职责要明确,优化确定相互之间的配合关系。

3. 发挥岗位协同效应

在班组岗位设置时,要考虑岗位之间的协同效应。每个岗位可承担其他工作或协助他人工作等职责。但每个岗位必须要有其主要职责,否则员工会认为他在班组中不重要,没有地位,会影响员工的工作积极性。

(二)班组长的职责与选聘

班组长是指在生产现场直接管理一定数量的作业员工并对其生产结果负责的人。因企业性质、行业特点不同而不同,班组长的称谓也有差异,如:组长、班长、领班等。

1. 班组长的作用

班组长不仅是班组的管理者,而且是班组的带头人,班组与企业发展紧密相连,因此班组长的作用是至关重要的。班组长的作用主要体现在以下几个方面:

(1)示范作用。班组长一般都是班组业务技术骨干,对成员具有标兵和示范作用。班组长要具有破难题、攻难关的本领,是班组里的技术业务能手。优秀的班组长不但自己"会干",还要带动班组成员"都会干"、"一起干",这是现代班组建设的突出特点和现代企业发展的客观要求。

(2)管理作用。将上级下达给班组内的生产(工作)任务分解、细化、落实到岗位和员工,并组织、协调、指挥任务指标的实施过程,进行质量监控,最终完成任务。

(3)桥梁作用。班组长既要及时、准确地把上级的指示精神传达给组员,并认真贯彻落实,又要向上级反映工作中的实际情况,提出自己的建议,做好上级领导的参谋助手。

2. 班组长的工作内容

班组中的领导者就是班组长,他是班组生产管理的直接指挥者和组织者,肩负着提高产品质量、提高生产效率、降低成本、防止工伤和重大事故的使命,以及劳务管理、生产管理、辅助上级的责任。班组长是企业中人数相当庞大的一支队伍,班组长是否尽职尽责关系到企业的各项规章制度能否顺利实施及生产任务的完成。班组长的工作内容主要包括:

(1)班组人员管理。人员的调配、排班、勤务、严格考勤、员工的情绪管理、新进员工的技术培训以及安全操作、生产现场的卫生、班组的建设等都属于班组人员管理。

(2)生产管理。生产管理职责包括现场作业、人员管理、产品质量、制造成本、材料管理、机器保养、安全管理等。

(3)辅助上级。班组长应及时、准确地向上级反映工作中的实际情况,提出自己的建议,做好上级领导的参谋助手。如果仅仅停留在通常的人员调配和生产排班上,就没有充分发挥出班组长的作用。

3. 班组长的工作职责

在一般企业里,班组长不算"干部",但实际上,班组长基本具备了"干部"的管理职能。因此,班组长也被称为"兵头将尾"。班组长要承担的职责主要有以下几个方面:

(1)提高产品/服务质量。提高产品/服务质量主要是不制造或者减少不合格的次品,减少或消除不合格服务。只有不断提高质量,比竞争企业的产品/服务更优越,才能扩大销售,增加市场占有量,实现企业利润的最大化。

（2）提高生产/服务工作效率。所谓提高生产（服务）工作效率，就是在使用同样的设备、工具进行工作时，在操作方法和工作方法上实现低成本、高质量、多产出。班组长一要合理进行劳动调配，加快人员在劳动方面的生产周期（加快作业效率）；二要提高班组设备作业周期（加快作业效率）等；三要减少设备的停歇时间，减少故障的发生次数，缩短修复的时间等。

（3）降低生产/服务成本。为了在工作现场创造出更多的利润，在提高质量和效率的同时要降低生产/服务成本。降低成本包括：原材料的节省、能源的节约、人力成本的降低。

（4）防止重大事故发生。安全事故会给企业造成毁灭性打击，很多事故往往都是由于违规操作造成的，必须杜绝或尽可能减少工伤事故和灾害的发生。为此，一方面要努力改善和提高机械设备的安全水平，另一方面要努力提高作业人员的安全意识和作业能力，改进安全措施。

4. 班组长的选聘

选聘班组长一定要考虑到这一基层管理岗位必须具备的基本素养，这些素养包括了多方面，与基层管理者的要求是一致的。对班组长而言，最为重要的要求有以下几方面：

（1）现场管理能力。班组长要有一定的管理才能，特别是现场管理能力，掌握一些现代化管理方法，能够以人为本，发挥班组团队的作用，带领组员完成各项生产任务。

（2）专业技术素质。班组长要有较高的专业技术水平，具备一定的生产实践经验和技术技能，在本班组的业务领域有一定的话语权，如：精益生产理念、质量体系基础、产品相关工艺知识、岗位操作知识等。

（3）协调人际关系的能力。班组长不仅要做好上情下达的工作，还要及时将班组的情况汇报给上级；不仅对外要协调好班组与班组之间的分工合作关系，还要对内协调好人际关系，维护组员的合法权益。

三、班组管理的内容

> **基本概念：** 班组管理
>
> 班组管理是指以班组为单位进行的计划、组织、协调、控制、监督和激励等管理活动，其职能在于对班组的人、财、物进行合理组织、有效利用。

班组管理的根本任务就是应用先进的生产模式和管理工具，最大限度调动班组人员的积极性和创造性，全面提高其综合素质和生产技能，夯实企业基础管理的过程，最终实现产量、成本、质量、安全、效率、士气等方面的持续改善和提升。

（一）班组基础管理

班组基础管理，是指为有效执行各项班组管理职能，最终实现班组工作目标而提供管理规则、运行标准、分析依据和原始资料等工作和活动的总称。企业的基层班组中，班组基础管理工作是围绕规章制度、定额管理、标准化工作、计量管理和原始记录等五个主要领域的相应管理工作和活动展开的。

1. 规章制度

班组规章制度是针对班组生产活动和管理活动所制定的一整套规章、程序、准则和标准的总称，是企业规章制度的分解、细化和落实，班组规章制度的制定、实施、检查和修订也要随着企业规章制度的变化而调整。从内容上看，班组规章制度主要包括民主管理制度、生产计划制度、技术质量制度、物资与设施管理制度、经济核算制度、安全生产制度、绩效考核制度和奖惩激励制度等。班组规章制度因班组职责不同而有所差异。

2. 定额管理

定额是指企业在一定生产、技术和组织条件下为进行正常的生产经营活动而消耗、占用和利用各种资源所制定的数量标准，是"技术经济定额"的简称。定额管理是利用定额来合理地安排和使用人力、物力和财力的一种管理方法。班组定额管理是班组合理组织、协调和控制生产或作业过程，提高劳动生产率的必要手段，是实行班组经济责任制、衡量员工贡献大小、贯彻"按劳分配"原则的重要依据，是班组劳动组织、经济核算、成本控制等管理工作的基础。

3. 标准化工作

班组标准化工作是班组管理科学化、规范化的基础环节之一。企业班组层次上的标准化工作有两种不同性质、不同含义的理解。第一层含义指班组对国家、行业和企业各层次标准的贯彻执行过程，是企业标准化工作的重要组成部分，主要内容是贯彻落实和严格遵守生产技术的国家标准、行业标准和企业标准。第二层含义指班组对班组自身各作业、操作和管理环节进行统一化、规范化、程序化和简化的设计和执行过程，通常称为班组标准化作业，主要包括：生产和服务标准化、工序操作标准化、日常管理标准化和原始记录标准化。

4. 计量管理

计量是实现单位统一、量值准确可靠的检测计算活动。计量管理是指为了达到计量单位统一、量值准确一致的测量所进行的全部活动。计量管理是企业实现集约化生产的重要技术基础，是提高产品质量的重要手段，是实现物料核算、降低成本的基本保证，是科学合理地利用能源和原材料资源的基本条件，是安全生产和环境监测的必要保证。班组计量工作是企业计量工作的基础环节，主要有两大方面的内容：一是按规范开展班组计量检测活动和计量管理活动，二是按法规使用和管理班组计量器具。

5. 原始记录

原始记录，就是运用数字和文字，按照规定的表格形式，对企业各类生产经营活动所做的最初的直接记录。班组原始记录是企业原始记录的基层来源。班组原始记录的内容一般包括：生产过程记录、技术经济指标执行情况记录、原材料燃料和动力消耗记录、设备运转和维修保养记录、安全生产记录和管理记录等。记录方法有岗位记录制，专人记录制和计算机、仪表自动记录等。班组原始记录管理包括记录、管理和统计分析三方面内容。真实、正确、全面、及时地提供班组运行记录是班组原始记录管理的根本要求。

（二）班组现场管理

班组现场管理是保证班组作业现场的各种生产要素进行合理配置和优化组合，经过生产过程的转换,按预定的现场作业目标实现产出的一系列管理活动的总称。在企业中,生产现场具体体现为加工、检验、装配、运输、储存、供应、服务、施工、监测、控制等一系列作业和工作场所。企业因其所处行业性质不同、生产体系和类型不同、生产过程和方式不同,生产现场形式的表现形式也各不相同,但都要满足生产过程的投入产出有效性要求。

1. 班组现场管理的要素

班组现场管理不同于班组生产管理。班组生产管理是班组根据企业、车间或部门下达到班组的生产作业计划,充分组织和利用班组生产系统中的人力、设备、原材料、动力、技术、资金和信息等要素和资源,对班组的生产活动的全过程进行计划、组织和控制等的一系列管理活动的总称。生产现场是整个生产系统的一个组成部分,是整个生产过程的一个环节,因此班组现场管理是班组生产管理的重要组成部分,是从属于班组生产管理的。班组现场管理的核心要素被概括为5M1E:

(1) 人(Man/Manpower):是指制造产品的人员;
(2) 机(Machine):是指制造产品所用的设备;
(3) 料(Material):是指制造产品所使用的原材料;
(4) 法(Method):是指制造产品所使用的方法;
(5) 测量(Measurement):指测量时采取的方法是否标准、正确。
(6) 环(Environment):是指产品制造过程中所处的环境;

由于这六个因素的英文名称的第一个字母是 M 和 E,所以被简称为5M1E。班组作业现场有效地整合人、机、料、法、环和测量等生产因素,实现班组作业现场优质、高效、均衡、安全和文明的生产是班组现场管理的基本任务。

2. 班组现场管理的 5S 方法

班组现场管理要求整齐、清洁的环境以保证安全生产和产品质量,5S 管理方法是普遍采用的有效方法之一。5S 管理是日本工业大发展时期的产物,5S 即整理(SEIRI)、整顿(SEITON)、清扫(SEISO)、清洁(SEIKETSU)、素养(SHITSUKE),5S 的称呼是因为这五个方面的第一个字母均是以 S 开头而来的。

(1) 整理。将工作场所的任何物品区分为有必要和没有必要的,除了有必要的留下来,其他的都消除掉。整理的目的是腾出空间,空间活用,防止误用。

(2) 整顿。把留下来的必要用的物品依规定位置摆放,并放置整齐加以标识。整顿的目的是使工作场所一目了然,缩短寻找物品的时间,消除过多的积压物品。

(3) 清扫。将工作场所内看得见与看不见的地方清扫干净,保持工作场所干净。清扫的目的是稳定品质,减少工业伤害。

(4) 清洁。将整理、整顿、清扫进行到底,并且制度化,保持环境处在美观的状态。清洁的目的是创造明朗现场,维持前面3S成果。

(5) 素养。每位成员养成良好的习惯,并遵守规则做事,培养积极主动的精神。注重员工素养的目的是培养有好习惯、遵守规则的员工,营造团队精神。

5S 管理的各项活动是一个完整有序的过程,也是一个不断循环提高的过程,开展 5S 管理不是一个运动,要持续不断地坚持才能实现其目标。

实例：昆山中荣金属制品公司的爆炸

位于江苏省苏州市昆山市昆山经济技术开发区的昆山中荣金属制品有限公司抛光二车间发生特别重大铝粉尘爆炸事故，事故造成97人死亡、163人受伤，直接经济损失3.51亿元，是一起重大生产安全责任事故。事故原因是厂房没有按二类危险品场所进行设计和建设，违规双层设计、建设生产车间，且建筑间距不够；生产工艺路线过紧过密，2 000平方米的车间内布置了29条生产线，300多个工位；除尘设备没有按规定为每个岗位设计独立的吸尘装置，除尘能力不足；车间内所有电器设备没有按防爆要求配置；安全生产制度和措施不完善、不落实，没有按规定每班按时清理管道积尘，造成粉尘聚集超标；没有对工人进行安全培训，没有按规定配备阻燃、防静电劳保用品；违反劳动法规，超时组织作业。

请思考：这起爆炸事故中哪些因素与5S管理有关？请结合工作实际，说明5S管理的意义。

（三）班组质量管理

> **基本概念：全面质量管理**
>
> 全面质量管理（Total Quality Management，TQM）就是一个组织以质量为中心，以全员参与为基础，目的在于通过让顾客满意和本组织所有成员及社会受益而达到长期成功的管理途径。

质量管理作为企业经营管理的一部分，其内容包括企业最高管理层对质量方针和质量目标的确定，以及为实现方针和目标所作的质量策划、质量控制、质量保证和质量改进等一系列管理工作。质量管理的思想、原理、知识和方法贯穿于班组的每项工作。班组质量管理是企业质量管理的重要组成部分，其主要特点是具有实践性，重在操作执行层面。班组质量管理的主要内容是通过质量控制、质量保证和质量改进确保企业或车间下达给班组的质量指标的实现。

随着社会生产力的发展，质量管理的形成和发展大致经历了质量检验阶段、统计质量控制阶段和全面质量管理三个阶段。在班组有效实施全面质量管理的基本方式是开展QC小组活动。

> **基本概念：QC小组**
>
> QC小组（质量管理小组）是指在生产或工作岗位上从事各种劳动的职工，围绕企业的经营战略、方针目标和现场存在的问题，以改进质量、降低消耗、提高人的素质和经济效益为目的而组织起来，运用质量管理的理论和方法开展活动的小组。

1. QC 小组的组建

QC 小组的组建必须遵循几个原则：一是自愿参加，这是组建 QC 小组的基本原则；二是由上而下、上下结合，领导、技术人员和普通员工三方结合是组建 QC 小组的好形式。参加一个 QC 小组的人员不必过多，一般 4—10 人为宜，一个人可同时参加多个 QC 小组。QC 小组成立后，由组员自行讨论命名小组名称，推选出小组组长。QC 小组组建以后，从选择课题开始，开展活动。

2. QC 小组的活动程序

QC 小组活动的具体程序包括：选题、确定目标值、调查现状、分析原因、找出主要原因、制定措施、实施措施、检查效果、制定巩固措施、分析遗留问题、总结成果资料等。QC 小组活动的全过程，体现了一个完整的 PDCA 循环。由于 QC 小组每次取得成果后，能够将遗留问题作为小组下个循环的课题（若无遗留问题，则提出新的打算），因此就使 QC 小组活动能够持久、深入地开展，推动 PDCA 循环不断前进。

（四）班组安全管理

班组安全管理要遵循"安全第一、预防为主、综合治理"的安全生产方针，保证国家、行业和企业有关安全生产、劳动保护和职业卫生的法律、法规、规章、标准、规定和措施最终在班组活动里得到落实，并贯穿于班组整个生产过程的始终。班组安全管理的主要内容包括：安全教育、安全生产、劳动保护、工业卫生和安全检查等方面。班组安全管理应遵循以下原则：

1. 零事故

班组安全管理要遵循"零事故"的安全目标，做好员工安全技能培训和安全思想教育，制定和坚决贯彻安全操作规程和安全制度，提升安全管理水平，确保生产系统安全、平稳、高效运行。

2. 系统性

要确立班组安全管理的具体内容和目标，构建班组安全管理连续的、闭环式的安全管理系统，使班组安全管理全过程与该系统相适应，并始终发挥作用，确保安全生产无事故。

3. 全员性

每个员工都必须从企业利益和企业生存、个人工作需要和岗位角度，主动发掘所在现场和设备的不安全因素，共同推进安全管理。

4. 预警性

班组管理过程中开展安全活动，将岗位和现场潜在的危险（不安全）因素辨识出来，尽早发现和掌握这些潜在的危险因素，并进行必要的预测和预知，及时加以控制和解决，从根本上防止事故发生。

5. 科学性

实现安全管理的科学化，一是要按事故、危害发生和经济发展的客观规律办事，有的放矢，采取措施；二是掌握和运用各种科学理论和方法，提高安全管理水平，努力把传统的安全管理经验和现代化的安全管理理论方法有机结合起来，提高班组安全管理水平。

（五）班组经济核算

班组经济核算是对班组生产过程中的消耗与成果或者投入与产出进行全面考核计算，评价班组生产效益或者成员的劳动成果。班组经济核算是整个生产现场管理的基础，也是现场成本控制不可缺少的重要环节。班组经济核算往往与班组员工的收入紧密联系，促使班组员工只有通过不断提高业务技能和生产能力，降低消耗，才能获得更高的收入。因此，班组经济核算也是一种班组管理的工具。

1. 班组经济核算的内容

班组经济核算的具体内容可分为三类：一是单项指标核算，即直接用实物量或工时量记录与计划或定额进行对比；二是价值综合核算，即以货币或企业内部货币为计算单位，计算和反映综合效益；三是自计盈亏的投入核算，即生产收入补偿支出后获得的内部利润。班组是以能相对独立地完成一定的生产和工作任务、分清经济责任、核算经济效果的最小经济核算单位。

2. 班组经济核算的指标

班组经济核算一般包括以下几项指标：一是产量指标，可采用实物、劳动工时、计划价格和产量计划完成率来计算。二是质量指标，可以采用等级品率、合格品率、废品率、返修品率等指标形式来反映。三是材料消耗指标，可以采用材料耗用数量、耗用金额来表示，也可用材料利用率等相对数来表示。四是工时指标，包括工时利用率和出勤率等指标。五是设备完好率和利用率指标。设备完好率，指的是完好的生产设备在全部生产设备中的比重，它是反映企业设备技术状况和评价设备管理工作水平的一个重要指标；设备利用率是指设备的使用效率，是反映设备工作状态及生产效率的技术经济指标。在一般的企业中，设备投资常常在总投资中占较大的比例。设备能否充分利用，直接关系到投资效益。提高设备的利用率，等于相对降低了产品成本。设备完好率和利用率指标一般用相对数表示。六是成本降低指标，这是综合性指标，一般只包括班组直接消耗的各种材料和支出的费用，不包括固定资产折旧及修理费用。

（六）班组人员管理

班组人员的管理是企业人力资源管理的重要组成部分，班组人员管理的重点是班组成员的配备及培训。

1. 班组人员的配备

班组人员的配备是根据班组作业的需要，为各种工作配备相应的工种和技术等级的员工，人尽其才，提高班组的劳动生产率。班组人员的配备要求能发挥班组成员的专长和积极性，每个员工都要有明确的岗位职责，因此人员配备上要考虑基本工和辅助工的比例、合理安排倒班、合理组织轮休制度等各种因素。

2. 岗位技能培训

班组的岗位技能培训是指根据班组中不同岗位的操作规范、作业标准和技能的要求，以提高员工技术业务素质和综合能力为目的而进行的针对性培训。班组的岗位培训主要包括生产技能培训、规章制度及管理知识培训、安全培训和创新能力培训。

实例：为什么选他做班组安全员

某厂矿的一个专业班组有一名组员，他的专业技术水平在班组里不算是很高的，但是，他对工作认真负责、精益求精的态度是班组里最好的，所以班组长就把班组安全员的工作交给了他。他对待工作兢兢业业、勤勤恳恳，在班组长的直接领导和全组员工的共同努力下，这个班组的安全事故为"零"，受到了厂矿领导的表扬和嘉奖。

请思考：班组长将班组安全员的工作交给他是基于何种考虑？如果你是班组长，你如何用好每一个组员，发挥好他们的作用？

第二节 团 队 建 设

相比传统的企业管理模式，团队的工作方式可以减少浪费，减轻官僚主义作风，提高工作效率。团队管理的工作模式，具有巨大的潜力。团队管理预示着传统的垂直式的科层制组织管理模式将向现代的扁平式的团队管理组织模式的转变。

一、团队的内涵

> **基本概念**：团队
> 团队是一个组织在特定的可操作范围内，由员工和管理层组成的共同体，该共同体合理利用每一个成员的知识和技能协同工作，解决问题、达到共同的目标。

团队作为一个共同体，其成员为实现特定的目标而努力工作，使其团队的绩效水平远大于个人绩效的总和。团队为组织创造了一种潜力，能够使组织在不增加投入的情况下提高产出水平，因此，现代管理越来越重视团队建设。

（一）团队的要素与角色

1. 团队的构成要素

团队的构成有几个重要的因素，管理学家把它们总结为5P。

（1）目标（Purpose）。团队应该有一个既定的目标，为团队成员导航，知道要向何处去。如果没有目标，这个团队就没有存在的价值。

（2）人员（People）。人是构成团队最核心的力量，一般来说三个（包含三个）以上的人就可以构成团队。在人员选择方面要考虑人员的能力是否符合团队的需要、技能是否互补、人员的经验对团队的作用等。

（3）定位（Place）。团队的定位包含两层意思：一是团队的定位，团队在发展过程中处于什么位置，由谁选择和决定团队的成员，团队最终应对谁负责，团队采取什么方式激励成员？二是团队中个体的定位，作为成员在团队中扮演什么角色？是制定计划还是具体实施或评估?

(4) 权限(Power)。团队领导人的权利大小跟团队的发展阶段相关。一般来说,团队越成熟,领导者所拥有的权利相应越小,在团队发展的初期阶段领导权是相对比较集中的。团队权限关系受两个方面的影响:一是整个团队在组织中拥有什么样的决定权;二是组织的基本特征,如组织的规模多大,团队的数量是否足够多,组织对于团队的授权有多大,它的业务是什么类型。

(5) 计划(Plan)。计划是团队目标最终实现所需要一系列具体的行动方案,它规定了完成团队任务的工作程序和工作进度。

2. 团队成员的角色

为确保一个团队能实现预定的目标,团队中成员的技能应该是互补的。一般来讲,团队中的成员存在九种角色。在分配团队成员角色的时候,要注意角色与成员的个人特征(性格、能力、经验等)相匹配,还要确保团队中角色的均衡。

(1) 联系人。联系人主要负责协调团队成员和团队活动,并作为团队与"外界"进行联系的代表,从而使整个班组(而不仅是团队)有了某种程度的一致性。

(2) 创造者。创造者也称为发明者或革新者,他们想象力丰富,善于提出新观点、新创意。

(3) 探索者。探索者也称为倡导者,他们接受、支持,并倡导那些新创意。在创造者提出新创意后,他们善于利用并找到资源支持新创意。

(4) 评估者。评估者也称为开发者,他们有很高的分析技能,善于评估、比较各种方案的优劣。

(5) 推动者。推动者也称为组织者,他们负责设定目标,制定计划,调配人、财、物、信息等资源,制定各项制度,以保证按时完成任务。

(6) 生产者。生产者与组织者类似,他们也关心活动的成果,但他们的着眼点在于坚持按时完成任务,保证所有的承诺都能兑现。

(7) 监督者。监督者最关心规章制度的建立与执行,他们善于核查细节,避免出现差错。

(8) 拥护者。拥护者也称为维护者,他们支持团队成员,积极保护团队不受外来者的侵害,他们能增强团队的稳定。

(9) 建议者。他们为决策寻求全面的信息,鼓励团队在作出决策前充分搜集信息而不是匆忙作出决策,对团队决策起着非常重要的作用。

(二)高效团队的条件

团队的凝聚力就是团队对其成员的吸引力和成员之间的相互吸引力,这种吸引力达到一定强度、成员个体价值与团队价值达到一致时,这个团队就具有高度的凝聚力。一个高效的团队应满足以下六个条件:

1. 目标清晰

团队应该有一个既定目标,为团队成员导航,知道要向何处去。没有目标,这个团队就没有存在的价值。高效的团队对所要达到的目标有清楚的了解,并相信这一目标所包含的意义和价值,而且这一目标与团队中个人的目标具有统一性。

2. 技能突出

技术技能是推动目标实现的重要力量。甚至部分成员还拥有比较突出的"绝技"和"绝招"。同时团队成员学习力较强,接受新知识较快,能够紧跟技术进步的步伐。

3. 相互信任

团队成员的协作来源于信任。这种信任是自然的、无私的,也是绝对的。正是这种信任使一个团队成为一个整体。

4. 沟通无阻

团队中的每个成员相互间要有畅通的交流渠道,在内部有健全的信息反馈机制,对外有必要的交流途径。在工作中,成员之间没有相互隐瞒和相互猜疑。

5. 管理有序

一个高效团队的内部各项管理制度和措施必定全面、执行有力。表现在职责清晰、岗位明确、分工合理、奖惩得当,人人各负其责,各得其所。

6. 领导得当

团队中的领导对团队可进行指导和支持,但不控制;对团队进行领导和管理,但推行自主管理;充分地信任成员,并赋予权力和利益保障。

二、团队的类型

根据团队的目标、功能和特点,可以将团队分为三种类型:问题解决型团队、自我管理型团队、多功能型团队。

(一)问题解决型团队

在团队出现的早期,大多数团队属于问题解决型的团队。问题解决型团队是一种临时性团队,是为解决组织面临的特殊问题而设立的。问题解决型团队的核心是提高产品质量、提高生产效率、改善工作环境等。在这样的团队中,成员就如何改变工作程序和工作方法相互交流,提出建议。

在大多数情况下,问题解决型团队的目标和任务明确,团队成员为完成某项特殊任务或解决一个特殊问题而聚集在一起,一旦任务完成或问题解决,团队也就解散了。问题解决型团队这一概念最初出自日本的"质量圈"(QC)或"全面质量管理小组"(TQC)。问题解决型团队的做法行之有效,但在调动员工参与决策过程的积极性方面尚显不足。

(二)自我管理型团队

自我管理型团队是一种真正独立自主的团队,他们不仅探讨问题解决的方法,并且执行解决问题的方案,对工作承担全部责任。团队成员能够承担部分原来由上级承担的责任,可以在责任范围内控制工作进度,决定工作任务的分配等,甚至还可以自己挑选团队成员,并让成员相互进行能力评估。这样,主管人员的重要性就降低了,团队的事几乎都由成员进行自我管理。

自我管理型团队较问题解决型团队,在调动员工参与决策方面具有积极作用。但自我管理型团队并不一定带来积极的效果,如自我管理型团队的缺勤率和流动率偏高,因此自我管理型团队的采用需要具备一定的条件和范围。

（三）多功能型团队

多功能型团队是指为了完成某项特定任务而由来自同一等级、不同工作领域的员工组成的团队。它能够监督、改善涉及组织中不同部门的工作程序,使之标准化,并有效地提高工作效率。这种团队通常采用跨越横向部门界限的形式,能使组织内,甚至组织之间不同领域的员工相互交换信息,形成新的观点,共同完成复杂项目。因此,项目管理与多功能团队有着内在的联系。但是,在其形成早期往往要消耗大量的时间,才能使团队成员学会处理复杂多样的工作任务,使背景不同的团队成员建立起相互信任的关系。

 实例：庄臣公司的自我管理型团队

美国庄臣公司是著名的家居用品制造商,为了迎接日益激烈的市场竞争,公司组建了自我管理型团队。长期以来,庄臣公司都在运用流水线生产,在这种生产方式下,公司既不要求也不鼓励工人们对他们所从事的工作进行太多实际的思考,更不要说允许工人们自行决定如何降低成本了。

但是现在庄臣公司与以前大不相同了。举个例子来说,一个负责塑料容器制模的自我管理型团队由9个人组成。团队成员可以自主选择自己的领导人,培训新的成员,管理自己的预算,负责寻找削减塑料容器制模成本的方法。

Kim Litrenta是庄臣公司的一名老员工,他在公司设在威斯康星州的工厂里已经工作了17年。对于从流水线生产转变为自我管理型团队所产生的影响,他这样总结道:"过去,我们从来不参与决策,所以对成本耗费一无所知。现在,工人们竟然想出那么多节约成本的方法,真是令人吃惊啊!"

请思考：公司为什么要开展团队管理？团队管理给公司带来了哪些变化？

三、团队的创建与发展

（一）成立阶段

在团队的成立阶段,要有团队创建人,要完成一系列的准备工作,要得到上层领导的支持。这个阶段首先要考虑团队的定位问题,形成团队的内部结构框架,这包括：是否需要组建这支团队？要创建一个什么样的团队？团队的主要任务是什么？团队中应该包括一些什么样的成员？如何进行团队的角色分配？团队的规模控制在多大？对这些问题,创建者必须拿出一个明确的规划来。成立阶段的另一个问题是要建立起团队与外界的初步联系,这包括：建立起团队与组织的联系;确立团队的权限;建立与团队运作相适应的制度体系,如人事制度、考评制度、奖惩制度等;建立团队与组织外部的联系与协调的关系,如建立与企业顾客、企业协作者的联系,努力与社会制度和文化取得协调等。

团队的成立必须得到上层领导的支持。在团队初创时,需要在整个组织内部挑选成员,这就涉及组织内部的协调和沟通问题,一定要明确本团队直接向谁负责,谁是团队的最终裁定者,并争取得到他的支持。团队创建人需要花大量的时间和精力来带动自己的团队,因此责任重大。首先,创建人必须明确团队的目标,监控工作的进程并协调与外部的关系;其次,要促进团队成员之间的信任与合作,鼓舞团队成员的士气,培养团队精神。

当团队最初形成时,团队成员往往会经历一种"意向性"阶段。由于在最初的团队形成过程中,团队成员之间并不熟悉,这就会给人们的彼此交往带来一些紧张或压力感,人们大多表现出一种礼节性或礼貌性的交往。但随着时间的变化和彼此之间的了解,团队成员之间增加了认识,大家都意识到一种相互存在的关系,也即意识到"团队"和"团队性"的存在。在团队运行的开始阶段,每一个决策都可能是振奋人心的,每一个成员都希望发挥自己的才能,这正是获得建议和召开团队会议的最佳时机。

(二)动荡阶段

团队成员在熟悉之后开始逐渐表现出自己的感受,同时也会表现出拒绝和不满,从而给团队工作带来"动荡"或冲突。如果冲突不能够及时解决或冲突进一步扩散或升级,那么即使是小的矛盾或冲突,也可能酿成整个团队的动荡。

动荡阶段的团队可能有以下表现:团队成员们的期望与现实产生脱节,出现不满情绪;有挫折感和焦虑感,对团队目标能否完成失去信心;团队中人际关系紧张,冲突加剧;对领导权不满,当出现问题时,个别成员甚至会挑战领导者;组织的生产力持续遭受打击。

在动荡阶段,团队管理者首先要安抚人心,这是该阶段最重要的措施。管理者要认识并能够处理冲突,平衡关系。其次,管理者可以鼓励团队成员对有争议的问题发表自己的看法,在团队间进行积极有效的沟通。再次,要建立团队的工作规范,管理者要以身作则。最后,管理者要适时调整角色,适度对团队授权,鼓励团队成员参与决策,提高成员的自主性和积极性。

(三)规范化阶段

经过一段时间的动荡,团队开始逐渐走向稳定和成熟。在这个阶段,团队成员产生了强烈的团队认同感和归属感,团队表现出一定的凝聚力。团队成员的人际关系由分散、矛盾逐步走向凝聚、合作,彼此之间表现出理解、关心和友爱,并再次把注意力转移到工作任务和团队目标上,关心彼此的合作和团队的发展,并开始建立工作规范和流程,团队的工作特色逐渐形成,成员们的工作技能也有所提高。

这一阶段团队面临的最大问题是团队成员害怕遇到更多冲突,怕得罪人而不愿正面提出自己的建议。这时就应通过提高团队成员的责任心和建立成员之间的信任感,营造良好的文化氛围。

这一阶段是团队文化建设最有利的时期。团队管理者可进一步培养成员互助合作、敬业奉献的精神,增强对团队的归属感和凝聚力,促进团队共同价值观的形成,并鼓励团队成员为共同承诺的团队目标尽责。

(四) 高效阶段

团队只有接受和完成好一项任务,才能充分体现出团队的绩效,也才能对团队成员的合作状态进行检验。一个真正的团队能发挥其团队绩效,并使其成为高效的合作团队。

团队在高效阶段的表现如下:团队成员具有一定的决策权,自由分享组织的信息;团队成员信心强,具备多种技巧,能协力解决各种问题;团队内部采用民主的、全通道的方式进行平等沟通,化解冲突,分配资源;团队成员有着成就事业的高峰体验,有完成任务的使命感和荣誉感。

在此阶段,团队管理者应考虑以下工作:思考和推动变革,更新业务流程与工作方法;提出更具挑战性的团队目标,鼓励和推动员工不断成长;监控工作的进展,通过承诺而非管理达到更佳效果;肯定团队的整体成就,承认团队成员的个人贡献。

(五) 调整阶段

随着工作任务的完成,很多团队都会进入调整阶段。对团队而言,可能有以下几种结局:一是团队解散。为完成某项特定任务而组建的任务型团队会伴随着任务的完成而解散。在这一阶段,团队成员的反应差异很大,有的很乐观,沉浸于团队的成就中;有的则很伤感,惋惜团队中建立的合作关系不能再继续。二是团队休整。有的团队会休整一段时间后继续,此间可能会有团队成员的更替,即可能有新成员加入,或原有成员流出。三是团队整顿。对于表现差强人意的团队,进入休整期后可能会被勒令整顿,整顿的一个重要内容就是优化团队规范。

在团队调整阶段,应当对团队活动的规范进行分析,以总结经验。首先,要明确团队已经形成的规范,尤其是那些起消极作用的规范;其次,制定"规范剖面图",掌握与规范有差距的内容;最后,优化团队规范。要经过充分的民主讨论,制定系统的改革方案,实施改革措施,并跟踪评价,作必要的调整。

四、团队精神的培育

团队精神是指团队整体的价值观、信念和奋斗意识,是团队成员为了团队的利益和目标而相互协作、共同奋斗的思想意识。团队精神是大局意识、协作精神和服务精神的集中体现,核心是协同合作,反映的是个体利益和整体利益的统一,并进而保证组织的高效率运作。团队精神是组织文化的一部分,良好的管理可以充分发挥集体的潜能。促使团队保持高绩效的根源,不在于其成员个人能力的卓越,而在于其成员强大的整体"合力",其中起关键作用的就是团队精神。团队精神是高绩效团队的灵魂,是成功团队身上难以模仿的特质。团队精神反映在团队的工作作风上,即团队的凝聚力、团队合作以及团队士气。

(一) 提升团队凝聚力

团队凝聚力也称团队内聚力。团队凝聚力表现为团队成员强烈的归属感和一体性。团队凝聚力有着多方面的内容,具体来说,包括:

1. 归属意识

归属意识即希望自己在某个组织中有一定的位置,以获得物质上和精神上的满足。团队成员将自己在社会中的位置具体定位于所在团队,认识到团队为自己提供了工作,个人命运与团队是紧密相关的。

2. 亲和意识

亲和意识即个人愿意与他人建立友好关系和相互协作的心理倾向。团队成员在工作中互相依从、互相支持、密切配合,建立了平等互信、相互尊重的关系,如同处在一个家庭中。

3. 责任意识

责任意识即团队成员有着为团队的兴盛而尽职尽责的意识,具体包括恪尽职守、完成任务、勇于创新、遵守团队规则等。

4. 自豪意识

自豪意识即团队成员认为自己所在的团队有令他人羡慕的声誉、社会地位和经济收入等的荣耀心理。

团队凝聚力是影响生产效率的决定性因素,因此提升团队凝聚力是团队建设中的关键内容。提升团队的凝聚力可以采取以下措施:强调团队而非个人努力;增强领导效能;强调集体奖励;保证成员个人目标和团队目标的一致;培养集体荣誉感;控制团队规模。

(二)增强团队互信合作

团队精神的精髓在于其协同工作的精神,没有合作团队就无法取得优秀的业绩。协同精神是所有成员的动机、需求、驱动力和耐力的结合体,是推动团队前进的强大力量。团队合作是指团队成员之间表现为相互协作和共为一体。

1. 团队成员互信的五个维度

美国管理学者罗宾斯认为团队成员之间的互信,包括以下五个维度:

(1)正直,即诚实、可信赖。

(2)能力,即具有技术技能与人际交往技能。

(3)一贯,即可靠,行为可以预测,在处理问题时具有较强的判断力。

(4)忠实,即愿意为别人维护和保全面子。

(5)开放,即愿意与别人自由地分享观点和信息。

2. 培养团队合作意识的举措

培养团队成员之间高度的、相互信任的精神的目的,是为了加强团队成员的合作意识,以便更快更好地达成团队目标。团队成员间的合作决定了团队目标的实现以及团队产出能否大于团队成员的简单组合。培养团队的合作意识可以采取以下措施:

(1)上级领导的鼓励与支持。优秀的领导会帮助团队建立一种互信合作的氛围,因为只有帮助下级才能使领导者得到下级的支持和拥护,才能获得事业上的成功。

(2)强调共同的利益。团队领导者给成员描绘未来的愿景,并让成员相信"这个蓝图我们一定会实现",这样的合作才会成为可能。

(3)建立长久的互动关系。对于团队的上级领导者来说,与团队成员之间的沟通、理解尤为重要。

(4)制定普遍认可的团队规范。要培养团队成员的合作意识,就需要制定团队合作的规则。团队规则是团队成员在工作中与他人相处时必须遵守的标准。每个团队都应该定出自己的规章,最好是同时制定出书面的、有益的团队行为和有害的团队行为表格,并向全体成员公布,以此来规范团队成员的行为。

（三）鼓舞团队士气

美国哈佛大学的詹姆斯教授说:"士气等于三倍的生产率。"保证团队具有高昂的士气,对于团队的业绩非常重要。所谓团队士气,就是团队的成员对自身所在的团队感到满意,愿意成为该团队的一员,并协助达成团队目标的一种态度。这种态度可以表现在一个人主动、努力工作的行为中。提升团队的士气可以采取以下措施:团队领导者率先燃起热情;做一个优秀的团队领导者;确保利益平衡;确保对团队目标的一致认可;形成明朗、和谐的人际关系。

具有高凝聚力、人际关系和谐、有强烈责任感和工作士气的团队有着强大的战斗力,因此企业应当努力培养团队精神,增加团队的凝聚力,强化团队成员的互信与合作意识,提高团队成员的士气。

1. 请把握下列概念:班组、班组管理、全面质量管理、QC 小组、5S 管理、团队。
2. 你认为班组长应具备哪些素质?请分析你自己是否具备了班组长的素质?在哪些方面还比较欠缺?如何弥补和提高?

1. 传球游戏

（1）步骤:教师发给每个小组(6—7 人一组)一个小球;小球在小组内传递。球不能给自己紧邻的组员,每个组员最少接到一次球,球最后传回发球者手中;记录完成一次传递的时间。在最短的时间内完成的小组获胜。

（2）目的:发挥学员的创造力;让学员体会到该如何协调不同的意见以达到最有效的沟通。

（3）讨论:在讨论过程中,有人发挥领导作用吗?这点重要吗?你们是怎样协调不同意见并找出最佳方案的?当第一次比赛结束后,如果知道别的团队获胜,你有什么感觉?

2. 小组交流

（1）总结本单位是如何开展班组管理和班组建设的;

（2）在个人总结的基础上,开展小组交流。

第九章 创业管理

第一节 创业者与创业活动

创业是创业者谋求生存乃至实现自我价值的一种模式。创业者不是被动地等待他人给自己就业机会,而是主动地通过发现和识别商业机会,成立活动组织,主动地为自己或他人提供就业机会。创业使得创业者能够自己控制自己的工作,自己决定何时何地以及如何工作。

一、创业的内涵与特点

(一) 创业的要素

> **基本概念:创业**
> 创业是一个发现和捕获机会并由此创造出新颖的产品、服务或实现其潜在价值的过程。

创业是一种普遍的活动。从广义的角度来讲,创业是指一切创新的过程;从狭义的角度讲,创业是指创立或创建任何类型的新企业。对于创业活动来说,它包括的要素有哪些呢?被称为"创业教育之父"的杰弗里·蒂蒙斯认为创业的关键要素包括三大要素:机会、创业者或其创业团队、资源,这三个要素是任何创业活动不可缺少的。没有机会,就不会有创业活动或者说是盲目的创业行为;但机会普遍存在,没有创业者的识别和发现,创业活动也不会发生;同时还要有相应的资源,没有资源,创业者也无法利用机会。创业过程依赖于这三大要素的匹配和均衡,它们的存在和成长决定了创业过程的发展方向。

在创业过程中往往存在着一种关键要素,它的状态和水平将会对另外一些因素的存在产生导向性的影响,最终影响创业的绩效。因此,开展创业活动时不能将所有要素一视同仁,而应确定某一关键要素(如创业者、战略、创业机会)为导向并决定其他要素的投入,进而决定所有创业要素的整合。

(二) 创业的特点

创业需要必要的时间和努力,很多创业活动的创业初期是在非常艰苦的环境下实现的。对于创业者来说,要做好各种创业准备,必须理解创业活动的特点。

1. 创造性

创业是一个创造价值、增加财富的过程,因此创业具有创造的属性。创业是一个创造出一种新的产品或服务来满足社会的某种需要的过程。创业者通过创业活动,可为市场带来新的产品、新的技术甚至产生新的产业,在满足消费者需求的同时,创业者获得创业的个人收益,实现创业者个人与社会价值的同步增加。

对于创业个人的收益而言,创业带来的回报最重要的是由创业而获得独立性和个人成就的满足感。当然,大部人会把金钱的回报视为成功与否的标准。一个真正的创业者会享受创业过程所带来成就与幸福。

2. 创新性

成功的创业离不开创新。每个成功的创业者都注重创新,他们可能开发出新的产品和服务,也可能找到新的商业模式,还可能探索出新的制度和管理方式,从而获得成功。创设一家新企业最容易也是最成功的方式就是设计一种独特的产品或服务,即开发有关产品或服务的全新创意。在多数情况下,潜在企业家都乐于利用"变革式创新"的方法创办企业。他们或者改进竞争对手的产品或服务,或者扩展产品或服务的供应区域,或者改进产品或服务的销售渠道。

创业活动具有创新性,但是创新与创业还是两种不同的活动。很多学者也尝试对两者的差异进行界定,如迈克尔·米克斯(Michael Meeks)认为:创业是创造新的商业;创新是在市场中应用一种发明。创业不是创新,创新也不是创业。创业可能涉及创新,或者也并不涉及;创新可能涉及创业,或者也并不涉及。查理·斯塔尔认为:创新包含新技术的导入,而创业导致新财富的创造。莫尼卡·迪奥翁以为:创新体现的是一种"结果",而创业是"工具或手段",它是通过创业而获得创新的过程。

总体来看,创业更侧重财富创造,更加关注市场和顾客;创业更加注重商业化过程,可以表现为创新并使之商业化,也可以表现为模仿并商业化。当然基于创新的创业活动更容易形成独特的竞争优势,也有可能为顾客创造和带来新的价值,进而实现更好的成长。

3. 风险性

创业是一个发现、创造和利用商业机会,组合生产要素并创造价值以获得商业成功的过程。由于新创企业资源、经验不足,市场环境不稳定,创业者往往面临较大的经营风险,这导致创业活动的失败率较高。因此,创业者需要承担风险。通常的创业风险主要包括人力资源风险、市场风险、财务风险、技术风险、外部环境风险、合同风险、精神方面的风险等几个方面。创业者应具备超人的胆识,甘冒风险,勇于承担多数人望而却步的风险。

实例：胡尔创立第一家 3D 打印公司

1986年美国科学家胡尔利用光敏树脂的液态材料被一定波长的紫外光照射后会立刻变成固体这个特性发明出世界上第一台3D打印机。他把液态光敏树脂倒进一个容器,液面下方0.05—0.15毫米有个升降平台,液面上方有一台激光器,激光器连接电脑,电脑里有虚拟物体的三维数据。电脑发出第一道指令,激光器发射紫外光,紫外光照射液面特定位置,这一片形状的光敏树脂马上发生光聚合反应,从液体变成固体,相当于"打印"完成了第一层。然后,平台下降0.05—0.15毫米,激光器再根据新指令发射光线,上面这层液体照射后固化,"打印"出第二层……平台一点一点下降,电脑发出一道一道指令,平台上的液体一层一层固化、累积,于是一件电脑里的三维模型就这样被"打印"成了一件立体实物。

1986年3月,胡尔为这项技术申请了专利,随后他从原来工作的UVP公司离开,成立了一家3D打印公司:3DSystems公司,致力于将该技术商业化。公司于1988年在纳斯达克挂牌交易(2011年转至纽交所)。由于年龄原因,胡尔在获得了一系列荣誉后于1997年辞去董事会主席职务,并于1999年宣布从公司退休。

请思考:胡尔创立的3DSystems公司体现了创业活动的哪些特点?如果您获得了3D打印技术的专利,您会离开原来的公司而自己创建新公司吗?为什么?

(三) 创业的类型

1. 个体创业与公司创业

根据创业主体的差异分类,创业可分为个体创业和公司创业。

个体创业是指创业者个人或者创业团队白手起家完全独立地创建企业的活动。随着科学技术的快速发展和技术周期的缩短,个人完全可以经历从理论研究到应用研究再到研究开发和创建企业这种技术创新成果商业化的全过程,因此,个体创业也就成为一种普遍存在的社会现象。

公司创业通常是指依托某一组织而进行的创业活动,是一种更广泛意义上的创业,其动机来源于企业生存和发展的需求。

公司创业与个体创业有许多共同点,但两者还存在一些明显的区别,如表9-1所示:

表 9-1 公司创业与个体创业的区别

类 型	公 司 创 业	个 体 创 业
范 围	在已有的组织环境下的创新,要考虑组织的物质、人力资源以及其他约束条件	通常并无限制
获得的支持	可以从现有组织的制度、管理、资源等诸多方面获得支持	一般能得到的最多是风险资本和投资

(续 表)

类　型	公 司 创 业	个 体 创 业
风　险	在企业内部有限范围内的激进式变革,哪怕失败也不会影响组织的生存	风险很大
规　划	更关注如何将短期与长期利益协调发展,并制定详细的计划、预算	以追求短期利益为主,以抓住时机为手段,避免制定详细的计划
障　碍	更大挑战来自官僚组织体制和既定的企业文化	可能来自资金的短缺和管理层面、操作层面的技巧

2. 机会型创业和生存型创业

根据创业动机进行分类,创业可以分为机会型创业和生存型创业。

机会型创业是指创业者实施创业活动是基于发现了某个具备潜在价值的创业机会而创业,而生存型创业则是指创业者谋求自身生存与发展而创业。

由于创业环境、创业文化的区别,各个不同国家的机会型与生存型创业的比例均有不同。根据清华大学中国创业研究中心的《2002—2012 全球创业观察中国报告》,我国的生存型与机会型创业的比重已经从 2002 年的生存型创业高于机会型创业转变为机会型创业比重高于生存型创业,2006 年是一个转折点,2006 年机会型创业的比重为 59.2%、生存型创业的比重为 38.7%。但中国创业活动虽然以机会型创业为主,但是总体质量不高,高学历创业者少,且较多集中于低技术行业,以利用劳动力成本优势为主,对长期的经济增长和出口贡献相对不足。

二、创业者的特质与素养

创业者是创业活动的核心,从开始的创业机会识别到创建新企业,以及创业企业的后期管理,创业者所代表的创业团队是这一系列活动的组织者和执行者。

(一) 创业者的特质

成功的创业者往往具有一些共同的态度和行为,具备一些共同的创业特质,杰弗里·蒂蒙斯等把这些创业特质归纳为以下六个方面:

1. 责任感和决心

承担责任和决心是创业者具备的第一要素。有了责任感和决心,创业者才能克服创业的重重阻碍。责任感与决心通常意味着个人牺牲。

2. 领导力

成功的创业者是富有耐心的领导者,他们能够勾勒出组织的愿景,并根据长远目标进行管理。他们无须凭借正式的权力,就能向别人施加影响,并能很好地协调企业内部和企业与顾客、供应商、债权人、合伙人的关系。他们善于化解冲突,懂得什么时候以理服人,什么时候以情感人,什么时候该作出妥协,什么时候寸步不让。由于不同的角色在目标上常会有冲突,创业者要成为一个调停者、磋商者而非独裁者。

3. 执着于商机

创业者的目标是寻求并抓住商机,并将其变成有价值的东西。他们受到的困扰往往是陷在商机里不能自拔。他们总能发现机会,这就要求创业者区分各种创意和机会的价值,抓住重点。

4. 对风险、模糊性和不确定性的容忍

高度风险、模糊性和不确定性几乎是不可避免的,但成功的创业者能容忍它们,他们能乐观而清晰地看到公司的未来,从而保持勇气。成功的创业者把压力化为好的结果,将绩效最大化,并把负面影响和其他不利因素最小化。

5. 创造性、自立与适应能力

成功的创业者相信自己的能力,他们不怕失败,从失败中学习,是持续的革新者。真正的创业者会积极主动解决问题,通过创新和创造实现生存和发展。成功的创业者有很强的适应力和恢复力,从错误和挫折中学习经验。

6. 超越别人的动机

成功的创业者内心成功的愿望非常强烈,喜欢追寻并达到富有挑战性的目标。新创建企业的创业者对地位和权力需求很低,他们从创建企业的挑战和兴奋中产生个人动机。他们受获取成就的渴望,而不是地位和权力的驱动。

(二) 创业者的素养

创业并不一定就会取得成功,不仅需要机遇与外部条件,对于创业者而言更需要具备一定的创业素质,创业者的素养包括以下几个方面:

1. 心理素质

所谓心理素质是指创业者的心理条件,包括自我意识、性格、气质、情感等心理构成要素。作为创业者,他的自我意识特征应为自信和自主;他的性格应刚强、坚持、果断和开朗;他的情感应更富有理性色彩。作为成功的创业者要有强烈的自我实现欲望和自信心,要有冒险精神、敏锐的洞察力和顽强执著的精神。

2. 身体素质

所谓身体素质是指身体健康、体力充沛、精力旺盛、思路敏捷。创业与经营是艰苦而复杂的,创业者工作繁忙、时间长、压力大,如果身体不好,必然力不从心、难以承受创业重任。

3. 专业素质

创业者的专业知识素质对创业起着举足轻重的作用。创业者要进行创造性思维,要作出正确决策,必须掌握广博知识,具有一专多能的知识结构。具体来说,创业者应该具有以下几方面的知识:熟悉政府政策,依法行事,用法律维护自己的合法权益;了解科学的经营管理知识和方法,提高管理水平;掌握与本行业本企业相关的专业技术知识,依靠科技进步增强竞争能力;具备市场经济方面的知识,如财务会计、市场营销、国际贸易、国际金融等。

4. 能力素质

创业者至少应具有如下能力:创新能力,分析决策能力,预见能力,应变能力,用人能力，组织协调能力，社交能力和激励能力。

当然，这并不是要求创业者必须完全具备这些素质才能去创业，但创业者本人要有不断提高自身素质的自觉性和实际行动。哈佛大学拉克教授讲过这样一段话："创业对大多数人而言是一件极具诱惑的事情，同时也是一件极具挑战的事。不是人人都能成功，也并非想象中那么困难。但任何一个梦想成功的人，倘若他知道创业需要策划、技术及创意的观念，那么成功已离他不远了。"

 实例：章燎原的创业之路

1976年出生的章燎原中专毕业后一直寻求创业机会，做过无数行业，一路失败，但一路坚持创业的梦想。2003年进入安徽詹氏食品有限公司，由业务员开始做起，负责芜湖地区的一线销售。这一年，芜湖成了詹氏本土之外的最大市场，29岁的他被破格提升为詹氏的营销副总经理。接着他对"詹氏"山核桃采取细分品类突围，并定位于徽派文化，2010年实现销售近2亿元。2011年，创建詹氏公司网络坚果子品牌"壳壳果"，提出细分品类品牌以及"15天新鲜坚果"概念，8个月销售即超过1 000万元，被誉为电商界的一匹黑马。在此期间，因其曾快速打造"壳壳果"网络坚果品牌，而被业界称之为"壳壳老爹"。

2012年他辞去董事总经理职位，创立"三只松鼠"纯互联网食品品牌，并获得中国最大的风险投资机构IDG资本150万美金的天使投资。

"生在农村，长于草根，18岁有梦想，19岁自学营销，摆过地摊，开过店，打过工也端过铁饭碗，一路失败！始终坚持！"章燎原如此总结自己的成功之路。

请思考：你认为章燎原具备哪些创业者素质？他的成功之处何在？

三、创业活动

（一）创业活动的主要内容

1. 创业机会的识别与评价

创业机会是创业过程的核心。现实生活中有各种各样的创意，但并不是所有的创意都是创业机会，对于创业者来说创业机会要具有一定的市场价值，并且与创业者所拥有的资源相匹配，并能带来相应的回报，否则就没有投资价值。因此创业者需要广泛地获取信息，从中发现创业机会，并对机会进行评估，判断该创业机会的价值。

2. 商业计划的制定

制定商业计划的目的在于将所识别的创业机会变为具有商业价值的企业，制定商业计划包括三部分主要工作，即如何准备商业计划、找出商业计划中最基本的问题和制定商业计划的内容。商业计划的内容大体包括：行业描述、技术计划、市场计划、财务计划、产品计划、组织计划、执行计划等。商业计划是开发商业机会、确定资源及创建一家新企业的最基础性工作。

3. 创业资源的整合

创业资源是指新创企业在创造价值的过程中需要的特定的资产，包括有形与无形的资产,它是新创企业创立和运营的必要条件。但对创业者来说创业初始往往缺乏足够的创业资源,因此整合资源是创业者开发创业机会的重要手段。整合资源意味着需要整合外部资源、别人掌控的资源来实现自己的创业理想。创业资源的整合主要有资金、时间、人才、市场等方面,同时也包括对这些资源的获取、分配和组织等方面的内容。

创业活动是创业者在资源匮乏的情况下开展的具有创造性的工作,面临很大的不确定性。在多数情况下,创业者自身对创业企业的未来发展也不清楚,所以不少创业者在创业初期乃至新企业成长的很长一段时间里,把主要精力都投入到融资的努力中。就公司创业而言,一般对新项目可以使用种子资金,采取内部风险投资的方式,或其他有偿使用资金的办法。种子资金是指企业专门用于帮助创业人员解决创业资金短缺问题,以有偿资助,或入股方式扶持企业发展的专项资金;而个人创业,则可以争取天使投资人,获得天使投资基金。天使投资是一种门槛较低的非组织化的创业投资形式,其资金来源大多是民间资本,而非专业的风险投资商,它会对原创项目构思或小型初创企业进行的一次性的前期投资。

4. 新企业的创建和管理

新企业创建是衡量创业者创业行为的直接标志。欲创建一家新企业,应先确定企业类型,然后根据公司类型来设计公司制度,选择经营地址,确定进入市场的途径等,当然还要去工商、税务等部门进行企业注册、登记等工作。对于新创业者来说,新企业成长过程的管理也是一个难题,创业者依据商业计划使用已有的资源进行管理,创业者必须关注企业成长过程中的运营管理问题,以企业核心产品或服务为基础,梳理出核心的流程及其各个关节点,设计合理的组织结构,进行工作分析,建立薪酬体系及绩效管理体系等。

5. 实现机会价值

创业者整合资源、创建新企业的目的是实现机会价值,并通过实现机会价值来实现自己的创业目标。在激烈的市场竞争环境中,保证新创企业的生存和成长是创业者的基本任务,创业者需要了解企业成长的一般规律,预见到企业不同成长阶段可能面临的管理问题,采取有效的措施予以防范和解决,使机会价值得到充分的实现。

6. 获得回报

对创业者来说,创业是获取回报的手段和途径,是一种载体,而不是目的本身。回报可能是多种多样的,对回报的满意程度在很大程度上取决于创业者的创业动机。对于以追求财富为主要动机的创业者来说,把自己创建的企业在短期内培养成为一家快速成长企业,并成功上市,可能是理想的获取回报的途径。

(二)创业活动的过程

任何企业组织都有一个从出生、成长、成熟到灭亡的过程,这是一个不可避免的客观规律。根据企业的生命周期,可以将创业过程划分为七个阶段,如图9-1所示:

1. 创意期

这一阶段,不论是创业机会还是创业团队均处于萌芽状态,创业的方向及目标市场仍未确定,创业者主要处于识别及开发市场机会、寻找创意的阶段。

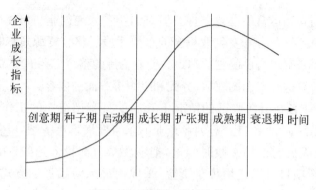

图 9-1 创业过程的阶段

2. 种子期

在种子期,创业者已基本确定适合自己开发的创业机会,开始寻找适合的合作伙伴并吸收各种社会资源。但此时的创业企业尚未组建,仅仅处于技术的研究开发及创业的前期准备阶段。

3. 启动期

在启动期,创业企业已成功组建,有处于初级阶段的产品可以投入市场,拥有分工明确的创业团队,组织结构初步形成。在此阶段,创业者要进一步规划企业的竞争战略及商业经营模式。但由于企业刚刚起步,容易出现现金流枯竭与亏损,导致破产。

4. 成长期

成功度过启动期后,企业已基本摆脱了亏损的问题,资源开始变得较为充裕,客户数量增加,市场规模扩大,企业开始获取利润。创业者在这一时期主要面临的难题是规范企业管理,建立良好的企业文化及制定企业长远发展战略。

5. 扩张期

在扩张期,企业已具备一定的经济规模,在市场上已占有一席之地,创业者也已初步确定了企业发展的目标与战略及新的商业运营模式。在这一阶段,由于资源丰富,故可以考虑在原有的创业机会的基础上,进一步开发相关产品和相关项目或进行新的创业活动。

6. 成熟期

进入成熟期后,企业的核心产品已在市场上拥有一定的知名度和市场份额,盈利额大幅增长,企业组织结构已较为完善。但进入成熟期后,创业者容易骄傲自满、固步自封,甚至出现阻止创新的惰性障碍。因此,创业者在这一阶段应注意保持企业的竞争力和企业活力,积极开拓新的发展渠道。

7. 衰退期

进入成熟期后,创业者如果不再积极寻求企业成长的机会,缺乏创新精神,那么企业将进入衰退期,市场规模、市场占有率及盈利水平将逐步萎缩,直至企业退出市场。

不同类型的企业有不同的生命周期,其生命周期的形态也存在较大差异,但企业的发展总是不进则退,因此创业者要居安思危,尽量延长企业的盛年时期。

第二节 创业机会识别与评价

创业机会的识别是创业活动的起点,创意的产生和创业机会的识别是一个复杂的过程。创业机会研究包含创业机会的来源、发现过程、评价和机会开发以及发现、评价和利用它们的个体和组合的研究。创业机会识别与评价是创业活动中不可或缺的一个重要环节。

一、创业机会的来源与特征

投资创业要善于抓住好机会,把握住了稍纵即逝的投资创业机会,就等于成功了一半。由于对于机会的甄别难以通过非此即彼的逻辑判断,也没有一个统一的指标进行衡量,因此对于创业机会的定义也是复杂的一件事,人们普遍认为创业机会是指预期能够产生价值的清晰的目的—手段的组合。

（一）创业机会的来源

创业机会产生于一定的环境中,创业机会的出现往往是因为环境的变化,会给各行各业带来良机。研究者们明确了三个主要的机会来源：技术变革、政治与制度变革以及社会与人口的变化。这三个主要来源为创业者提供了五种类型的机会：新产品和新服务、新的生产方式、新市场、新的组织方式以及新的原材料。

1. 技术变革

技术变革是有价值创业机会的最重要来源,这些机会使人们创建新企业成为可能。技术变革能使人们以更有效率的方式做事,或者可以使人们做以前不可能做到的事情。例如,在使用微信以前,人们通过传真、信件、面对面和电话等方式进行交流。尽管微信不能完全代替其他交流方式,但创业者注意到微信交流有其他交流方式所没有的优势,它具备了可看性、及时性、隐蔽性等特点。也就是说,新技术发明使人们能够开发出更有效率的交流方式——微信,因而成为一个有价值的机会来源。

2. 政治与制度变革

政治与制度变革意味着革除过去的禁区与障碍,使人们能够开发商业创意,从而用新的方法使用资源,这些方法或者更有效率,或者将财富从一个人重新分配给另一个人。例如,政府放松对电信业、银行业、运输业以及铁路系统的管制,必然会降低新竞争者的进入门槛,并使创业者可以将更有效率的商业创意引入这些行业,如支付宝等金融创新业务。

3. 社会与人口结构变化

社会与人口结构的变化也是创业机会的重要来源,它是通过改变人们的偏好和创造以前并不存在的需求来创造机会。首先,社会和人口结构变化改变了人们对产品和服务的需求。由于创业者通过销售顾客需要的产品和服务来赚钱,因而需求的变化就产生了生产新事物的机会。其次,社会和人口结构变化使人们针对顾客需求所提出的解决方案,比目前能够获得的方案更有效率。

（二）创业机会的特征

创业机会以不同形式出现。创业机会既存在于产品的市场机会上，也存在于生产要素市场上，如新的原材料的发现等。好的商业机会并不是突然出现的，而是对于"一个有准备的头脑"的一种"回报"。如何判断一个好的商业机会呢？杰夫里·A·蒂蒙斯教授在《21世纪创业》中指出，一个好的创业机会有以下四个特征：第一，它很能吸引顾客；第二，它能在你的商业环境中行得通；第三，它必须在机会窗口存在期间被实施；第四，创业者必须有资源（人、财、物、信息、时间）和技能才能创立业务。

不同的创业机会，其生命周期长短也不相同。有的机会昙花一现，有的机会持续时间可以长一些。蒂蒙斯在他的著作里描述了一般化市场上的"机会之窗"：机会窗口是指将创业想法或机会推广到市场上所花的时间，若竞争者已经有了同样的思想，并已经把产品推向市场，那么机会之窗也就关闭了。一个市场在不同时间、不同阶段，其成长的速度是不同的。在市场快速发展的阶段，创业的机会随之增多；发展到一定阶段，形成一定结构后，机会之窗打开；市场发展成熟之后，机会之窗就开始关闭。选择那些机会之窗存在的时间长一些的市场机会，创业企业可获利的时间也可长一些，取得成功的概率就大一些。

二、创业机会的识别

创业机会识别是创业的起点，创业过程就是围绕着机会进行识别、开发、利用的过程。识别正确的创业机会是创业者应当具备的重要技能。

（一）影响创业机会识别的因素

从本质上说，机会识别是一种主观行为，因此创业者个人是影响创业机会识别的重要因素之一。根据亚历山大和理查德的机会识别模型（图9-2），影响机会识别的三个因素是先验知识、创业的警觉性和社会关系网络。

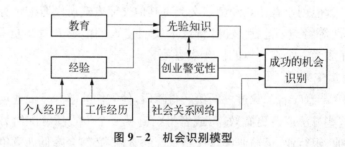

图9-2 机会识别模型

1. 先验知识

并不是任何创业机会对所有创业者都是显而易见的，每一位创业者所受教育及个人的工作经历和社会经历建立起了先验知识，先验知识对创业机会的发现极为重要，有助于创业者对创业机会的识别。创业者创业前所担任管理职位的多样性越高、行业经验相关性越强，越有助于创业者识别创业机会。这些知识和经验会成为创业者的竞争优势，因为这些创业者本身所拥有的知识和经验很难被其他人模仿。有创业经验的创业者很容易发现新的创业机会，这是因为有过创业经验的创业者比没有经验的创业者更容易看到产业内的新机会。

2. 创业的警觉性

最早从创业者的角度研究机会识别的学者是柯兹纳,他认为创业者可以利用经济波动,依据自己对事物的了解和识别能力(他人不具备的)发现并开发商业机会。柯兹纳认为大多数机会是偶然发现的,资金回报是一个人发现机会的动机。在柯兹纳研究的基础上,加利奥进一步认为机会识别就是洞察那些具有潜在商业价值的初始创意,要求创业者必须具有警觉性和洞察潜在商机的意识。警觉性也是创业者的技能之一。当创业者对某个领域有很深入的了解,那么他对该领域内的创业机会就会比别人有更高的警觉性。如一个计算机行业内的人对手机技术发展带来的创业机会比一个普通的教师会有更高的警觉性。

 实例:李维斯与第一件 LEVIS 牛仔裤

李维斯·史特劳斯于1847年17岁时从德意志帝国移民至纽约。1853年加州淘金热的消息使年轻的史特劳斯相当入迷,于是搭船航行到旧金山。途中一条大河拦住了大家前进的道路,这时李维斯设法租了一条船给过河的人摆渡,他则收取摆渡费,年轻的李维斯赚了第一笔钱。不久摆渡的生意被别人抢走了,这时李维斯发现采矿工人饮用水短缺,于是他又卖起了水,不久卖水生意也被人抢了。当时他还带了几卷营帐和大蓬车用的帆布,准备卖给迅速增加的居民。但他发现帆布有更好的用途,于是他把卖不完的帆布送到裁缝匠处订制了第一件 LEVIS 牛仔裤。因为挖金时矿工是跪在地上的,裤子的膝盖特别容易磨损。

请思考:为什么李维斯·史特劳斯总能发现赚钱的机会?他具有哪些创业者特征?

3. 社会关系网络

创业者的社会网络是指在创业过程中,与创业者存在直接或间接联系的其他主体之间所形成的关系网络。一般来说,创业者的社会网络是由创业者本身、顾客、供应商、制造商、分销商、政府、中介机构等构成的。在这个关系网络中,信息和资源得到了更好的传递和交换,因此使得创业者能够更有效地识别出可能的商业机会。创业者的社会关系网络对创业机会识别相当重要,而且通过实证检验发现拥有大量社会关系网络的创业者与单独行动的创业者在机会识别上有显著的差异。创业者社会网络结构不仅能影响获得的信息量,而且能影响信息的品质。

(二) 创业机会识别的过程

对于创业者个人来说,创业机会的识别过程可分为五个阶段(图9-3),如果在某个阶段无法使识别过程继续下去,那么就要返回到准备阶段,以获得更多的信息后重新开始识别。

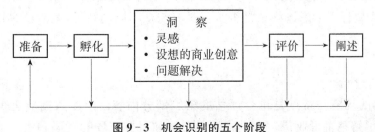

图9-3 机会识别的五个阶段

1. 准备阶段

准备阶段是创业机会识别的基础，主要是指创业者在机会识别过程中所需要的知识、经验等准备。通常，创业者所拥有的知识、经验等背景是别人难以模仿的。

2. 孵化阶段

孵化阶段是创业者对创意的认识和思考阶段，也是对创业机会辨识的必不可少的过程。有时孵化是有意识的行为，有时也表现为无意识行为。

3. 洞察阶段

洞察阶段是机会识别的初始，人们也称之为灵感或第六感觉，这种创意还具有很大的不确定性，有些情况下灵感在合适的条件下会推动过程的发展，但大多数情况下会返回到准备阶段重新开始。

4. 评价阶段

评价阶段是对创意的审查并分析创意可行性的阶段，评价过程是创业者对创意的可行性研究，它具有很大的挑战性，要求创业者从一个客观公正的角度对创意进行研究。

5. 阐述阶段

阐述阶段是将创意变为最终形式的过程，将创意变为有价值的产品、新服务或新的商业理念。

需要特别指出的是：并不是所有创业者都能成功把握住创业机会，成功的机会识别是创业愿望、创业能力和创业环境等多因素综合作用的结果。

三、创业机会的评价

创业管理是一个系统的组合，并非某一因素起作用就能导致企业的成功，事实上新创业获得高度成功的几率大约不到1%。如果创业者能以比较客观的方式对创业机会进行评价，那么创业成功的概率就会得到提升。罗伯特 D·赫里斯认为，一个典型的创业机会评估包括四个方面：创意及竞争力描述、国内和国际市场评估、创业者及其团队的评估和关键环节评估。

（一）创意及竞争力描述

创意及其竞争力描述是机会评估的主要内容之一，这一部分详细描述了产品或服务的细节，全面理解产品结构和特征。同时要确认国内外市场里所有竞争产品和竞争企业，至少要与三个满足相似市场需求的竞争对手的产品或服务进行对比。通过分析突出自己产品或服务的差异性，从而形成独特卖点。新产品或服务至少要具备三到五个与众不同的特点，否则，创业者就需要仔细考虑该创意是否真正具有与众不同的特征，是否能足以成功地开发市场。

（二）市场评估

分析市场的规模和特点是机会评估的第二部分内容。市场数据应至少3年收集一次，这样才能了解整个行业、整个市场、细分市场和目标市场的发展趋势。创业者要掌握

市场的规模和特点,并最终决定是否进入新市场。创业者可以从以下六个方面进行市场评估:

1. 市场定位

一个好的创业机会,必然具有特定市场定位,专注于满足顾客需求,同时能为顾客带来增值的效果。创业带给顾客的价值越高,创业成功的机会也会越大。

2. 市场结构

针对创业机会的市场结构进行分析主要包括:进入障碍、供货商、顾客、经销商的谈判力量、替代性竞争产品的威胁,以及市场内部竞争的激烈程度。

3. 市场规模

市场规模大小与成长速度,是影响新企业成败的重要因素。一般而言,市场规模大者,进入障碍相对较低,市场竞争的激烈程度也会略为下降。如果要进入的是一个十分成熟的市场,那么即使市场规模很大,由于市场规模已经不再成长,利润空间必然很小,因此这类新企业恐怕就不值得再投入。反之,一个正在成长中的市场,通常也会是一个充满商机的市场,所谓水涨船高,只要进入时机正确,就会有获利的空间。

4. 市场渗透力

对于一个具有巨大市场潜力的创业机会,市场渗透力(市场机会实现的过程)评估将会是一项非常重要的影响因素。创业者应该选择在最佳时机进入市场,也就是市场需求正呈大幅成长之际,获利的可能性相对较大。

5. 市场占有率

从预期可取得的市场占有率目标来说,一般而言,欲成为市场的领导者,最少需要拥有20%以上的市场占有率。倘若低于5%的市场占有率,则这个新企业的市场竞争力显然不高,自然也会影响未来企业上市的价值。

6. 产品的成本结构

产品的成本结构,可以反映新企业的前景。例如,从物料与人工成本所占比重之高低、变动成本与固定成本的比重,以及经济规模产量的大小,可以判断企业创造附加价值的幅度以及未来可能的获利空间。

(三)创业团队评估

创业者和创业团队的经验和能力关系到企业是否能成功创建。要确保团队中至少有一人具备新创意所属行业领域的相关经验。在创立新企业之前,创业者和创业团队要明确创业确实对自己有足够的吸引力,并且这个创意和机会是与创业者和创业团队的背景相匹配的。

(四)关键环节评估

确定从创意到新企业的关键环节,并将这些环节进行排序,对每个环节需投入的时间和资金进行预算。如果自有资金不足,则需确定资金的来源。在关键环节评估中效益评估是必不可少的环节,包括合理的税后净利,应该在两年内达到合理的损益平衡,投资回报率在25%以上。资本需求、毛利率、策略性价值、资本市场活力、退出机制与策略等内容都是需要评估的因素。

四、商业模式的确定

创业过程中创业者最主要的一个任务就是建立与创业机会相配匹的商业模式。彼得德·德鲁克说:"当今世界企业之间的竞争不是产品之间的竞争,而是商业模式之间的竞争。"由此可见商业模式在创业过程中的重要性。

(一)商业模式的内涵

> **基本概念:商业模式**
> 商业模式是指企业探求所经营业务的利润来源、生成过程和产出方式的系统方法,并且围绕企业如何盈利这个核心来配置企业资源和组织企业所有内外部活动的一个行为过程。

人们经常听到很多有关商业模式的说法,比如:运营模式、盈利模式、b2b 模式、b2c 模式、"鼠标加水泥"模式、广告收益模式等,不一而足。其实,商业模式是一种简化的商业逻辑。许多研究者从不同的角度给出了商业模式的定义。蒂蒙斯认为:商业模式是产品、服务和信息流的一个体系架构,包括说明各种不同的参与者以及他们的角色、各种参与者的潜在利益以及企业收入的来源;玛格丽塔认为:商业模式是用以说明企业如何赚钱的方式,它必须回答管理者关心的一些基本问题:谁是顾客,顾客的价值何在,如何在这个领域中获得收入,以及如何以合适的成本为顾客提供价值;弗尔佩尔认为:商业模式表现为一定业务领域中的顾客核心价值主张和价值网络配置,包括企业的战略能力和价值网络其他成员(战略联盟及合作者)的能力,以及对这些能力的领导和管理,以持续不断地改造自己来满足包括股东在内的各种利益相关者的多重目的;奥斯特瓦德等认为:商业模式是一个概念性工具,它借助一组要素以及要素之间的联系,用以说明一个企业的商业逻辑,它描述了企业向一个或多个顾客群提供的价值,企业为产生持续的赢利性收入所建立的架构以及移交价值所运用的合作网络与关系资本;塞登和李维斯认为:商业模式是对一组活动在组织单位中的配置,这些单位通过企业内部和外部的活动在特定的产品市场上创造价值。

不同研究者对商业模式的各种表述,大体指向了商业模式具有这样的共性:商业模式是一个由客户价值、企业资源和能力、赢利方式构成的三维立体模式。客户价值即"客户价值主张",指在一个既定价格上企业向其客户或消费者提供服务或产品时所需要完成的任务;"企业资源和能力"即支持客户价值主张和盈利模式的具体经营模式;"赢利方式"即企业用以为股东实现经济价值的过程。

(二)商业模式的基本类型

通俗地讲,商业模式就是公司通过什么途径或方式来赚钱。只要有赚钱的地方,就有商业模式存在。创业者在选择商业模式时,可以考虑的类型有以下几种:

1. 运营性商业模式

运营性商业模式重点解决企业与环境的互动关系,包括与产业价值链环节的互动关系。运营性商业模式创造企业的核心优势、能力、关系和知识,主要包含以下几个方面的主要内容:

(1) 产业价值链定位。企业处于什么样的产业链条中?在这个链条中处于何种地位?企业结合自身的资源条件和发展战略应如何定位?

(2) 赢利模式设计(收入来源、收入分配)。企业从哪里获得收入?获得收入的形式有哪几种?这些收入以何种形式和比例在产业链中分配?企业是否对这种分配有话语权?

2. 策略性商业模式

策略性商业模式对运营性商业模式加以扩展和利用。应该说策略性商业模式涉及企业生产经营的方方面面。

(1) 业务模式。企业向客户提供什么样的价值和利益,包括品牌、产品等。

(2) 渠道模式。企业如何向客户传递业务和价值,包括渠道倍增、渠道集中/压缩等。

(3) 组织模式。企业如何建立先进的管理控制模型,比如建立面向客户的组织结构,通过企业信息系统构建数字化组织等。

实例:商业模式的发展

20世纪50年代,新的商业模式是由麦当劳(McDonald's)和丰田汽车(Toyota)创造的,麦当劳在美国创造的商业模式是"特许经营+商业地产",丰田汽车的商业模式则是精益生产系统;20世纪60年代的创新者是沃尔玛(Wal-Mart)和混合式超市(Hypermarkets,指超市和仓储式销售合二为一的超级商场);到了20世纪70年代,新的商业模式出现在FedEx快递和Toys R US(反斗城)玩具商店的经营里;20世纪80年代有Blockbuster影视租赁连锁商店、Home Depot的家庭装潢现代仓储式连锁超市。Intel的商业模式是自身拥有独一无二的芯片设计和精尖制造的双重能力以及英特尔在整个产业链中所建立的令产业伙伴信赖的领导力,Dell公司创造了电脑直销的商业模式;20世纪90年代有西南航空(Southwest Airlines)廉价经营模式、Netflix的在线数字视频经营模式、eBay的C2C模式、Amazon.com在线零售的B2C模式和星巴克咖啡(Starbucks)连锁经营模式。

请思考:你能不能观察一下你熟悉的公司,指出它采用的是哪一种商业模式?你知道还有哪些商业模式?能举例说明吗?

(三) 创业者商业模式的设计

每个创业者都想为自己的企业设计一个独一无二的商业模式,用新的商业模式来颠覆产业内现有的企业,但商业模式创新并不容易,很多创业者在模仿或改进现有企业的商业模式过程中,逐步形成自己的独特的商业模式。一个成功的商业模式不一定是在技术上的突破,而是对某一个环节的改造,或是对原有模式的重组创新,甚至是对整个游戏规则的颠覆。每一种新的商业模式的出现,都意味着一种创新、一个新的商业机会的出现。谁能率先把握住这种商业机遇,谁就能在商业竞争中拔得头筹。创业者商业模式设计主要有以下几种:

1. 模仿型设计

对于大多数创业者而言，一味地追求创新，成功的概率其实很小。企业并不需要成为所谓创新的英雄，企业需要的是在市场上获得最终的成功。模仿和抄袭不同，抄袭只是邯郸学步地跟进，但模仿是一种深度的学习，大多数成功者是深度模仿者，即系统性的模仿。模仿的目的是为了追赶甚至打败行业的领导者，深度模仿是整个系统的模仿，因为在没有进行系统性模仿之前，往往并不能深入体会到成功者究竟成功在何处，以及还有哪些可以改进。

 实例："凡客"的深度模仿

"凡客诚品"并不是第一个通过网络销售服装的公司。在中国，第一个这样做的公司是PPG，PPG的商业模式曾经获得过不少创新或最佳商业模式的奖项，但PPG最终没有成功，失败是由于其广告费用的不合理使用。"凡客"起步之初，产品和PPG极像，甚至广告风格也接近，但凡客在深度模仿的基础上，更加优化了供应链，并且在广告投放上没有像PPG那样大量使用平面媒体，而是使用了更有针对性的CPS（Cost Per Sale：是网络广告的一种，广告为规避广告费用风险，按照广告点击之后产生的实际销售笔数付给广告站点销售提成费用）。时至今日，PPG烟消云散，"凡客"却是如日中天。"凡客"在模仿过程中首先是找到一个合适的标杆，然后再进行深度模仿，并修改模仿对象的不足之处，加以改造，再诞生出更为卓越的商业模式。

请思考：为什么PPG烟消云散，"凡客"却是如日中天？请通过网络搜索或查阅相关文献，了解这两家公司的背景资料，总结"凡客"在商业模式设计中的成功之处，并进一步思考模仿与创新的关系。

2. 竞争型设计

成功的商业模式能够产生具有自我强化能力的良性循环（或说反馈机制）。这是商业模式最具影响力的一个方面，同时，也是最易被忽视的一个方面。然而，良性循环也不可能周而复始、永不停歇。一般它们会达到一个极限，并引发制衡循环；或者，它们因为与其他商业模式的互动而放缓运行的速度。企业通过商业模式开展竞争的方式有三种：

（1）强化自身的良性循环。比如空客公司研发出空客380，在超大型商用客机市场挑战了波音747的垄断地位，不仅帮助空客公司维持了在小型和中型飞机领域的良性循环，而且对波音公司的良性循环形成了有效遏制，改变了空客公司的弱势地位。

（2）削弱竞争对手的良性循环。比如从理论上说，Linux的价值创造潜力或许比Windows更大，但是微软利用与代工生产商（OEM）的合作关系，在个人台式机和手提电脑上预装了Windows操作系统，从而阻止了Linux拓展客户的基础，成功地遏制了Linux的良性循环。

（3）变竞争为互补。比如在线博彩交易所必发公司创新了博彩方式，允许彩民匿名相互下注，由此与传统博彩公司展开了较量。但由于必发从整体上调整了赔率，让玩家得以少输一些钱。这样，玩家会更多地下注，从而形成一个良性循环。这极大地拓展了英国的博彩市场，竞争对手也渐渐地越来越包容它的存在了。

实例：安踏对耐克的超越

安踏通过模仿耐克，在国内市场一步步掌控了产业链上附加值较高的环节，如品牌管理、产品设计等，同时又利用本土优势，实现对耐克的超越。一方面，在生产上既进行外包，也保留自产，这种混合模式，令安踏的产品推出速度远远快过耐克；另一方面，在中国本土的渠道建设方面，更是在一二三四线城市，设立了6 000多家门店。八年间销售收入翻了58倍，大有赶超国际巨头之势。安踏通过模仿超越成为一个中国企业商业模式转型的榜样。

请思考：安踏是如何提高其商业模式自我强化能力的？安踏对耐克的超越体现在哪些方面？

第三节 创业计划的编制

创业计划是创业活动的行动指南。有了创业计划，就可以按"计划"逐项进行工作，并努力付诸实践。一份好的商业计划会使投资者更好地了解该企业，促使投资者参与该企业，起到为企业筹措资金的作用。

一、创业计划的制定步骤

> **基本概念：创业计划**
> 创业计划是创业者计划创立业务的书面文件，该文件描述了创建一个新企业所需要的所有相关的外部和内部因素，通常是由营销、财务、生产和人力资源这类功能计划所构成的结合体。

创业计划是创业者计划创立业务的书面摘要，它用以描述与拟创办企业相关的内外部环境条件和要素特点，提供业务的发展指示图和衡量业务进展情况的标准。创业计划书的起草与创业本身一样是一个复杂的系统工程，不但要对行业、市场进行充分的研究，而且还要有很好的文字功底。专业的创业计划书既是寻找投资的必备材料，也是企业对自身的现状及未来发展战略全面思索和重新定位的过程。创业计划书的编写涉及的内容较多，因而制定创业计划前必须认真、仔细。制定创业计划应包括以下几个步骤：

（一）准备

创业团队需要对创业活动进行总体的规划，明确企业的竞争对手、客户、技术和企业的盈利模式等内容。主要有如下一些准备工作：确定创业计划的目的与宗旨；组成创业计划小组；制定创业计划编写计划；确定创业计划的种类与总体框架；制定创业计划编写的日程安排与人员分工。

(二)市场调研

以创业计划总体框架为指导,针对创业目的与宗旨,需要对企业所处的行业、环境和政策背景进行调研,对企业的竞争对手情况和客户情况展开细致的研究。资料调查可以分为实地调查与收集二手资料两种方法。实地调查可以得到创业所需的一手真实资料,但时间及费用耗费较大;收集二手资料较易,但可靠性较差。创业者可根据需要灵活采用调查方法。

(三)创业计划的形成

根据企业的构想和市场情况,制定出明确的目标、市场和竞争战略,拟定实施战略的具体措施,并说明企业团队的执行能力,再对公司的未来做一份完整的财务分析,拟定创业执行纲要,在此基础上形成创业计划的基本框架。

(四)创业计划的检查和调整

将创业计划写成一个1—2页的摘要并放在最前面,检查并修正可能存在的错误,可能的话最好求助融资顾问把关。最后,设计封面,编写目录与页码,然后打印、装订成册。

二、创业计划编写

(一)创业计划的格式规范

一般来说,创业计划书应按照如下顺序及格式来编排:封面页、目录表、概要、主体部分和附录。

封面页包括公司名称、地址以及主要联系人名字、联系方式等;目录表概括了创业计划书的各主要部分;概要涵盖了计划主体部分的内容的要点,以便读者能在最短的时间内评审计划并作出判断;主体部分是商业计划的基本要素;附录在正文后面,经常是分开单独装订,可以包括:详细的财务计划、公司创建人和核心员工的简历等。

创业计划书一般不要超过50页,而且要越短越好。创业计划书的主要目的是以清楚的方式解答新技术或产品开发的相关问题。创业计划应该是一份规范的商业文件,而不应使用太过艳丽的图例或过分夸张的文字描述。创业计划的质量,往往会直接影响创业发起人能否找到合作伙伴、获得资金及其他政策的支持。

(二)创业计划的基本要素

无论通过哪种渠道融资,投资者都会从以下七个方面对创业计划进行审视:商业模式、市场、产品(服务)、竞争、管理团队、执行及项目的风险与规避,它们构成了创业计划的基本要素。

1. 商业模式

投资者特别关注商业模式是否蕴含着巨大的利益,是否对现有的和潜在的利益进行重新组合和再分配。因此,除了要向投资者阐明选择的商业模式,还要让投资者确信商业模式能够获得成功,能够随着市场和自身条件的变化进行创新等。商业模式应该避免多方向的收入来源,因为来源多了,就没有重点,没有重点也就没有结果。

2. 市场

创业计划还要向投资者提供对目标市场的深入分析和理解。因为投资者最关心的还是产品/服务有没有市场,市场容量有多大,顾客为什么要买产品(服务)。要打消投资者的顾虑,就应在商业计划中对消费者购买本企业产品(服务)的行为进行细致分析,说明经济、地理、职业和心理等因素如何影响消费者行为,并通过营销计划说明将如何通过广告、促销和公关等营销手段来达到预期的销售目标。

3. 产品/服务

在创业计划中,还要提供产品(服务)的所有相关细节,即所提供的产品(服务)的基本价值是什么,还需向投资者说明企业销售产品的策略、企业的目标顾客、产品的生产成本和售价、企业开发新产品或新服务的计划等。

4. 竞争

在创业计划中还必须就竞争对手的情况展开细致的分析,明确竞争对手是谁,或者有哪些,尤其要注意行业的领先者和垄断者,并对他们进行逐一的深刻分析,分析比较相互之间的优势与劣势,这决定了创业的环境和成长的可能性,是预测创业能否取得成功的重要指标。

5. 管理团队

管理团队是投资人考虑投资与否的关键因素之一,投资者对创业团队的关注甚至超过产品/服务本身。一个好的管理团队应该具备这样的条件:有相关行业成功的经验、有几年的合作经验、有明确的核心人物、有适合的股权结构、有执行力和效率。因此,在创业计划中要描述一下整个管理队伍及其职责,分别介绍每位管理人员的特殊才能和特点,描述每个管理者能够对公司作出的贡献,并明确企业的管理目标和组织机构。

6. 执行

计划能否执行,一是取决于计划是否合理,二是取决于配套团队的执行力。在创业计划中,要提供有关进度、成本、质量控制等方面的信息。

7. 项目风险与规避

任何项目都不可能没有风险,所以在创业计划里,最后也要写有关项目风险的分析和规避方式。在创业计划书中不仅要列出这些风险,还要明确应对这些风险的策略。

第四节 新企业申办的程序

新企业的申办需要一定的程序,而且不同类型的企业形式其具体程序也有所差异。在新企业申办之前需要准备好注册资金及选择好办公地点或厂房。

一、确定企业申办类型

首先是项目的选择,也就是控制项目的风险。公司制有利于业务拓展,小型企业在创办之初成立独资、合伙企业或个体工商业户,等规模做大后再适时变更为有限责任公司。有限责任公司以其法人资产对外负有限责任,即如果企业亏空,风险最大的亏空也是该公司所有,而独资、合伙企业和个体工商业户承担无限责任,即企业所有盈亏风险要负责到底。对合伙企业,为了降低税率,可多设一些合伙人。如某夫妇成立一家独资公司,年所得58 000元,则适用35%的税率,须纳个人所得税58 000×35%－6 750＝13 550元;如以两人成立合伙企业,则适用20%税率,应纳税:(58 000/2×20%－1 250)×2＝9 100,节税额4 450元,节税率33%。

普通的有限责任公司,最低注册资金为3万元,需要2个(或以上)股东。从2006年1月起新的《公司法》规定,允许1个股东注册有限责任公司,这种特殊的有限责任公司又称"一人有限公司"(但公司名称中不会有"一人"字样,执照上会注明"自然人独资"),最低注册资金为10万元。如果创业者和朋友、家人合伙投资创业,可选择普通的有限公司,最低注册资金为3万元;如果只有创业者一个人作为股东,则选择一人有限公司,最低注册资金为10万元。

二、注册公司

(一)注册准备

注册公司就是申请合法的经营模式。在工商部门注册登记的程序为:领表—查询名称—提交材料—受理—审查—核准—收费—发票。一般来说,从申请执照开始,如果材料全面,一般七个工作日可以走完流程,所需费用根据所申请经营项目不同而不同,一般几百元便可。

为鼓励创业,对微利行业实行政府据实全额贴息。微利项目具体为19个行业,包括:家庭手工业、修理修配、图书借阅、旅店服务、餐饮服务、洗染缝补、复印打字、理发、小饭店、小卖部、搬家、钟点服务、家庭清洁卫生服务、初级卫生保健服务、婴幼儿看护和教育服务、残疾儿童教育训练和寄托服务、养老服务、病人看护、幼儿和学生接送服务。

(二)注册流程

1. 核名

到工商局去领取一张"企业(字号)名称预先核准申请表",填写你准备取的公司名称,由工商局上网(工商局内部网)检索是否有重名,如果没有重名,就可以使用这个名称,就会核发一张"企业(字号)名称预先核准通知书"。这一步的手续费是30元(30元可以帮你检索5个名字,很多名字重复,所以一般常见的名字就不用试了,免得花冤枉钱)。

2. 租房

去专门的写字楼租一间办公室,如果你自己有厂房或者办公室也可以,有的地方不允许在居民楼里办公。租房后要签租房合同,并让房东提供房产证的复印件。签好租房合同后,还要到税务局去买印花税,按年租金的千分之一的税率购买,例如你每年的房租是1万元,那就要买10元钱的印花税,贴在房租合同的首页,后面凡是需要用到房租合同的地方,都需要是贴了印花税的合同复印件。

3. 编写"公司章程"

可以在工商局网站下载"公司章程"的样本,修改一下就可以了。章程的最后由所有股东签名。

4. 刻法人私章

刻法人私章（方形的），费用大概 20 元左右。

5. 领取"银行询征函"

联系一家会计师事务所，领取一张"银行询征函"（必须是原件，会计师事务所盖章）。创业者可以通过报纸上的分类广告，去了解更多的会计师事务所的信息。

6. 开立公司验资户

所有股东带上自己入股的那一部分钱到银行，带上公司章程、工商局发的核名通知、法人代表的私章、身份证、用于验资的钱、空白询征函表格，到银行去开立公司账户。开立好公司账户后，各个股东按自己出资额向公司账户中存入相应的钱。银行会发给每个股东缴款单，并在询征函上盖银行的章。我国《公司法》规定，注册公司时，投资人（股东）必须缴纳足额的资本，可以以货币形式出资，也可以以实物（如汽车）、房产、知识产权等出资。到银行办的只是货币出资这一部分，如果有实物、房产等作为出资的，需要到会计师事务所鉴定其价值后再以其实际价值出资，这比较麻烦，因此建议创业者直接拿钱来出资。

7. 办理验资报告

拿着银行出具的股东缴款单、银行盖章后的询征函，以及公司章程、核名通知、房租合同、房产证复印件，到会计师事务所办理验资报告。一般费用为 500 元左右（50 万元以下注册资金）。

8. 注册公司

到工商局领取公司设立登记的各种表格，包括设立登记申请表、股东（发起人）名单、董事经理监理情况、法人代表登记表、指定代表或委托代理人登记表。填好后，连同核名通知、公司章程、房租合同、房产证复印件、验资报告一起交给工商局。大概 3 个工作日后可领取执照。此项费用约 300 元左右。

9. 刻公章和财务章

凭营业执照，到公安局指定的刻章社，去刻公章、财务章。后面步骤中，均需要用到公章或财务章。

10. 办理企业组织机构代码证

凭营业执照到技术监督局办理组织机构代码证，费用是 80 元。办这个证需要半个月，技术监督局会首先发一个预先受理代码证明文件，凭这个文件就可以办理后面的税务登记证、银行基本户开户手续了。

11. 开立基本账号

凭营业执照、组织机构代码证，去银行开立基本账号。最好是在原来办理验资时的那个银行的同一网点办理，否则，会多收 100 元的验资账户费用。开基本户需要填很多表，需要备齐各种资料，包括营业执照正本原件、身份证、组织机构代码证、公财章、法人章。开基本户时，还需要购买一个密码器（从 2005 年下半年起，银行大多有这个规定），密码器需要 280 元。今后公司开支票、划款时，都需要使用密码器来生成密码。

12. 办理税务登记

领取执照后，30 日内到当地税务局申请领取税务登记证。一般的公司都需要办理 2 种税务登记证,即国税和地税。费用是各40元,共80元。办理税务登记证时,必须有一个会计,因为税务局要求提交的资料之中有一项是会计资格证和身份证。你可先请一个兼职会计,小公司刚开始请的兼职会计一般200元工资就可以了。

13. 申请领购发票

如果公司是销售商品的,就应该到税务部门去申请发票;如果是服务性质的公司,则到地税申领发票,然后就可以开始营业了。

三、税务缴纳

只要公司受到法律的保护,就要缴纳一定的税。个体工商业户目前只征收个人所得税;私营独资、合伙企业,从2001年起不征收企业所得税,比照"个体工商业户的生产经营所得"征收个人所得税;私营有限责任公司征收企业所得税。对私营有限责任公司的税后利润应按规定进行分配,剩余的未分配利润如用于投资的不征收个人所得税,如用于个人消费的则按"利息、股息、红利所得"项目征收个人所得税。在税率上,"利息、股息、红利所得"项目个人所得税税率为20%。私营有限责任公司的最高税率为53%,最低税率为38%。而"个体工商业户的生产经营所得"的个人所得税税率为5%—35%的5级超额累进税率,最高税率为35%,而最低税率仅为5%,在决定企业注册类型时还要注意起征点的有关规定。企业所得税的基本税率为33%,但应纳税所得额在3万元以上、10万元以下的,税率有所优惠,为27%;应纳税所得额在3万元以下的,税率为18%。

值得注意的是,每个月应按时向税务机关报税,既使没有开展业务,不需要缴税,也要进行零申报,否则会被罚款。

问题与思考

1. 请把握下列概念:创业、创业过程、创业机会、商业模式、创业计划。

2. 你是否有创业的意愿?你认为自己是否具备了创业的条件?为此要做好哪些必要的创业准备?

3. 企业创业与个体创业有哪些不同?你能不能收集两个实例,分析企业创业与个体创业的区别?

实践与应用

1. 请上网查找三份创业计划,指出它们写得好的方面,以及存在哪些不足,并在此基础上修改完善。

2. 小组交流

(1) 请比较创业者与打工者的差异;

(2) 如果你有一个创业设想,请你和你的小组伙伴们讨论它的可行性,并通过头脑风暴法,制定出一份详细的创业计划。

参考文献

[1] 王志平.管理学概论[M].上海:复旦大学出版社,2003年.
[2] 芮明杰.管理学:现代的观点[M].上海:上海人民出版社,1999年.
[3] 斯蒂芬·P·罗宾斯,等.管理学(原书第11版)[M].李原,等译.北京:中国人民大学出版社,2012年.
[4] 海因茨·韦里克,等.管理学:全球化与创业视角(原书第13版)[M].马春光,译.北京:经济科学出版社,2011年.
[5] 陈传明,周小虎.管理学原理[M].北京:机械工业出版社,2007年.
[6] 周三多,陈传明,鲁明泓.管理学——原理与方法(第5版)[M].上海:复旦大学出版社,2009年.
[7] 胡君辰,杨永康.组织行为学[M].上海:复旦大学出版社,2002年.
[8] 罗伯特D·赫里斯,等.创业管理[M].蔡莉,等译.北京:机械工业出版社,2009年.
[9] 杰弗里·蒂蒙斯,等.创业学[M].周伟民,等译.北京:人民邮电出版社,2005年.
[10] 梅强.创业管理[M].北京:经济科学出版社,2011年.
[11] 姚裕群.团队建设与管理(第3版)[M].北京:首都经济贸易大学出版社,2013年.
[12] 黄安心.企业班组现场管理[M].武汉:华中科技大学出版社,2013年.
[13] 王瑞祥.现代企业班组建设与管理[M].北京:科学出版社,2007年.

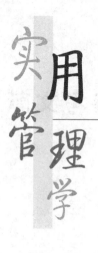

后　记

　　由上海市总工会和上海开放大学联合主办的 EBA 培训项目已持续开展了近 15 年。2001 年这个项目启动时,我有幸参与了由市委党校王志平教授主编的《管理学概论》教材的编写。物换星移,不仅 EBA 培训项目的受训者来源和成分发生了变化,更为重要的是,管理理论和实践也在不断发展和突破,这是我们编写这本《实用管理学》的动因和初衷。

　　彼得·德鲁克曾经说过"管理是一种实践与应用",他还指出:"如果你理解管理理论,但不具备管理技术和运用管理工具的能力,你还不是一个有效的管理者;反过来,如果你具备管理技巧、能力,而不掌握管理理论,那么你充其量是一个技术员。"基于这样的认识,我们一方面努力传承管理学已有的理论成果,另一方面试图突出这些理论的应用价值,以期在丰富学习者管理理论方面素养的同时,提高他们的管理技能。

　　教材的编写是在市总工会和上海开放大学继续教育学院相关领导直接关怀和有力推动下进行的。从框架结构的拟定、章节内容的组织到书稿的审定,我们都得到了上海财经大学王玉教授的专业指导。在编写过程中,我们通过各种渠道参阅了大量的文献,排列于后的文献书目难免挂一漏万,在此一并表示感谢。

　　除了两位主编之外,参与撰写的还有上海开放大学管理系徐蔚老师、上海开放大学宝山分校董曲波老师。感谢教材编写团队成员的精诚合作。此外还要感谢复旦大学出版社徐惠平先生以及他的同事们所付出的高效的专业性劳动。

　　在主编 EBA《管理学概论》(2003 版)时,王志平教授曾说:"宁愿被说'没水平',也要编得'有水平'。"在这本《实用管理学》书稿即将付梓之际,我对王志平教授的话有了格外的感受。事实上这也是我们在编写过程中一以贯之的指导原则。至于这本教材是否体现了这样的特色,是否保证了特有的"水平",这有待读者、特别是参与 EBA 培训的广大师生的检验和指正!

杨加陆
2015 年元旦于学习广场

图书在版编目(CIP)数据

实用管理学/杨加陆,袁蔚主编. —上海:复旦大学出版社,2015.2(2019.7 重印)
初级工商管理(EBA)系列教材
ISBN 978-7-309-11237-5

Ⅰ. 实… Ⅱ. ①杨…②袁… Ⅲ. 管理学-高等学校-教材 Ⅳ. C93

中国版本图书馆 CIP 数据核字(2015)第 023507 号

实用管理学
杨加陆 袁 蔚 主编
责任编辑/徐惠平 姜作达

复旦大学出版社有限公司出版发行
上海市国权路 579 号 邮编:200433
网址:fupnet@fudanpress.com http://www.fudanpress.com
门市零售:86-21-65642857 团体订购:86-21-65118853
外埠邮购:86-21-65109143 出版部电话:86-21-65642845
常熟市华顺印刷有限公司

开本 787×1092 1/16 印张 13.25 字数 291 千
2015 年 2 月第 1 版 2019 年 7 月第 5 次印刷
印数 24 101—30 100

ISBN 978-7-309-11237-5/C·296
定价:20.00 元

如有印装质量问题,请向复旦大学出版社有限公司出版部调换。
版权所有 侵权必究